JN116780

アジア労働法入門

香川 孝三 編著

晃洋書房

はしがき

本書はアジア14か国の労働法を解説した本である．これまで日本ではアジア地域の法律をまとめた本は多くは出版されてこなかった．第二次世界大戦後，アジア法の概略を解説した本として山崎利男・安田信之編『アジア諸国の法制度』（アジア経済研究所，1982年）が最初の出版物である．次に北村一郎編『アクセスガイド外国法』（東京大学出版会，2004年）の中で，アジアの９か国の法情報へのアクセスが取り上げられている．最近では，鮎京正訓編『アジア法ガイドブック』（名古屋大学出版会，2009年10月）があるが，これはアジアの14か国を対象として各国の法の歴史，統治構造，司法制度，法学教育，法情報へのアクセス等の基本的な法律にかかわる情報を概観している．

さらに，アジア法の全体像を描こうと努力した安田信之の一連の研究業績がある．安田信之『アジアの法と社会』（三省堂，1987年），安田信之『ASRAN 法』（日本評論社，1996年），安田信之『東南アジア法』（日本評論社，2000年）が出版されている．

これに対して個別の法律についての本としては，作本直行編『アジア諸国の憲法制度』（アジア経済研究所，1997年），稲正樹・孝忠延夫・國分典子編『アジアの憲法入門』（日本評論社，2010年）が出版されている．少しずつではあるが憲法以外の分野でも本の出版がなされてきている．それは会社法，税法や知的財産法等の会社実務に関係する分野にみられる．

労働法については塚本重頼編『アジア諸国の労働法』（アジア経済研究所，1974年）が出版されて以来，アジア諸国の労働法をまとめた本は日本企業のアジア進出に伴って投資環境の一部として弁護士によって出版されてきている．研究者による本は中国，韓国，タイ，ベトナム，インド等の国毎の本は出版されてきているが，アジア労働法全体を概観する本が最近出版されはじめてきた．本書もそれを目的として，これまでアジア労働法に関心を持ち，研究業績のある研究者の協力を得て，出版を企画することにした．

アジア諸国の言語，宗教，社会構造は多種多様であり，一筋縄ではとらえ切れない．しかし，日本，韓国，シンガポールの経済発展を遂げた国を除くと，アジア諸国の多くは開発途上国と位置づけられている．中国は世界第２位の経済大国になってはいるが，開発途上国の側面も有している．

開発途上国では国の基本政策として経済開発を中心に組み立てられてきた．その後経済開発だけでなく，それによって生まれた貧富の格差の拡大を是正するために社会開発や人間開発の必要性が叫ばれ，それらを包括する開発学が主張され，その法的側面に着目した開発法学が唱えられている．アジア諸国の労働法はこの開発法学の重要な分野となっている．産業化や工業化によって労働者が生まれ，労働者を雇用する使用者との間に労使関係が形成され，使用者と労働者や労働組合とのかかわりが，開発にとって重要な問題となってきている．使用者と労働者や労働組合との在り方を規制するのが労働法であるが，アジアの開発法学の中で，経済開発や社会開発・人間開発の場での労働法の果たす役割を検討しなければならない．その役割にアジア独特の要素がみられるのであろうか．欧米や日本の労働法とどのように違っているのであろうか．その分析のために前提となるアジア諸国の労働法の歴史や現状を分析することに本書は力を入れている．本書がきっかけとなって，アジア諸国の労働法への関心を高めることができれば，大変ありがたいことである．

晃洋書房の西村喜夫さん，徳重伸さんには本書の出版にあたって大変お世話になりました．こころから感謝申し上げます．さらに同志社大学名誉教授であった故中條毅先生が中心となって設立された一般社団法人国際産業関係研究所から出版助成を受けたことを記し，ここに感謝申し上げます．

2021年12月

香川孝三

目　　次

第Ⅱ部　東南アジア

第Ⅲ部　南アジア

第1章 「アジア労働法」への誘い

1　本書の狙い

アジア諸国の労働法の現状を明らかにして，アジア諸国の労働法の特徴を分析することを目的とする．アジアの範囲であるが，極東の日本から西の端はトルコであるが，大きく分けてアジアは東アジア（日本，中国，韓国，北朝鮮，モンゴル，香港と台湾は中国とは異なる法制度を採用しているので，ここに含める），東南アジア（フィリピン，ベトナム，ラオス，カンボジア，タイ，ミャンマー，マレーシア，インドネシア，東チモール，ブルネイ），南アジア（インド，バングラデシュ，パキスタン，ネパール，スリランカ，ブータン，モリディブ），中央アジア（キルギス，ウズベキスタン，タジキスタン，カザフスタン，トルクメニスタン），西アジア（中近東諸国とも言い，イラン，イラク，アゼルバイジャン，クエート，レバノン，ヨルダン，シリア，オマーン，イエメン，アラブ首長国連邦，カタール等々）に分けられる．本書では，東アジア，東南アジア，南アジアの国々の中から14か国を取り扱うことにする．そこには日本とのかかわりが相対的に大きい国々が含まれている．中央アジアと西アジアを扱わないのは，編者の身近に担当をお願いする研究者がいなかったためである．これらの地域もいずれは研究する必要があることは言うまでもないが，今回は取り扱わないことにする．

2　これまでのアジア労働法に関する本の出版

これまでアジア諸国の労働法をまとめた本は日本では出版された事例は多くない．アジア労働法の研究史[1)]を見てみると，第二次世界大戦までの時期は，日本が植民地統治や企業の海外進出のために労働法研究の必要性が生じ，台湾，韓国，旧満州，南洋地域の労働法研究がなされた．第二次世界大戦後，占領軍の統治のもとでアジア研究が禁止されていたが，再開されたのは1960年代に入ってからである．

アジア経済研究所では，1960年代に『インドの労働事情』『パキスタンの労働事情』『タイの労働事情』『ビルマの労働事情』『マラヤ・インドネシアの労働事情』が出版され，その中で，それぞれ国の労働法についての情報を記述している．JETRO も報告書の形でアジア諸国の労働法の現状についての情報を提供していた．それまでの労働法をとりまとめた本としてアジア経済研究所から塚本重頼編『アジア諸国の労働法』（1974年）が出版された．これは第二次世界大戦後の最初のアジア労働法に関する本であった．

日本労働協会（労働政策研究・研修機構の前身）は「多国籍企業労働問題調査研究企画会議」を1974年に設立して，現地調査を踏まえて，「わが国海外進出企業の労働問題」

のシリーズを発行した．シンガポール，韓国，台湾，フィリッピン，マレーシア，インドネシア，タイ，香港，インドについて社会労働問題と関連させながら労働法の情報を提供してきた．1977年からは，「海外労働プロジェクト調査」を立ち上げて，これらの国についての最新情報提供のために，新たに本を出版した[2)].

1960年代から1980年代初めごろまでは，研究者が個々の興味・関心に基づき，個人的努力によって国別・分野別の研究が続けられ，成果を発表してきた[3)]．このときは，アジア労働法は王道をいく労働法研究者が研究対象とはしない地域であって，日本にとってなんの役に立つのかという冷ややかな目で見られていた時期である．

日本企業の海外進出は1960年代から始まっており，円高を受けて東南アジアへの直接投資が本格化し，海外進出する企業での雇用問題に対応する必要性からアジア労働法への関心が高まってきた．さらに，1980年代後半から社会主義経済の崩壊によって改革開放・市場経済化が推し進められたことである．これによって中国，ベトナム，カンボジア，モンゴル等の社会主義国の労働法が大きく変化して，新たな研究対象として注目を浴びるようになった．さらに，1996年に始まった国際協力機構による日本の法整備支援によって，市場経済化に合わせた法整備支援への関心が高まってきた．労働法は日本の法整備支援の対象ではないが，アジア法への関心を高める要因になったと思われる[4)].

日本企業のアジア進出が社会主義市場経済化の国々にも拡大し，繊維・縫製関係から重化学工業・自動車産業へと広がっていった．それとともにアジア労働法への関心が高まり，日本労働法学会94回大会（1997年）で「アジア諸国の労働法」をテーマとするシンポジウムが開催された（報告内容は学会誌・労働法91号に掲載）．研究史の上では重要な出来事であったといえよう．これに続いて95回大会では中国労働法に関する分科会が開催された（報告内容は学会誌・労働法92号に掲載）．学会創立60周年記念シンポジウム（2010年）では「東アジアにおける労働紛争処理システムの現状と課題」がテーマとして議論された（報告内容は学会誌・労働法116号に掲載）．

日本労働法学会の動きに刺激を受けつつ，２つの研究会がこのころ結成されている[5)]．１つは2007年結成のアジア労働法研究会，もう１つは2010年に始まった日韓労働法フォーラムである．アジア労働法研究会は本書の執筆者が主な会員として参加しており，藤川久昭（当時は青山学院法学部教授・現在は弁護士）が研究代表となって科学研究費を受けてきたが，本書はその研究会の成果を発表するという意味もある．さらに，吾郷眞一立命館大学教授の尽力で，ILO アジア太平洋地域総局から援助を受けて，アジア労働法学会（Asian Society of Labour Law）がアジア諸国の労働法研究者によって創設され，第１回会議がクアラルンプールで開催されたのが2008年11月であるが，このアジア労働法学会との交流を目的としてアジア労働法研究会は組織された[6)].

日韓労働法フォーラムは2010年から日韓の労働法研究者が中心となって科研費を受けてフォーラムを開催してきた．隣国同士でお互いに影響しあう関係をもっていることから，労働法の理論的な共同研究を促進する目的で結成されたものである．2019年までに13回のフォーラムが開催されている．フォーラムの成果は『日韓比較労働法』として第３巻[7)]まで出版されている．

これらの労働法関係の研究会が結成された時期の少し前（2003年）に，アジア諸国の様々な法律を研究対象としている者によってアジア法学会が組織された．それまでアジア法をテーマとした研究報告ができる場（日本比較法学会イギリス法・アジア法合同部会や社会主義法・アジア法部会等）が限られていたが，中国法を中心としてアジア法に関心や興味を抱く人々の数が増えたことによって組織化が実現した．それを後押ししたのは1990年代後半から本格的に始まった日本のアジア諸国への法整備支援事業である．これは日本において法律の分野でもアジアとのかかわりが深化してきたことを示す事業であり，アジア法研究が学会において市民権を獲得するきっかけとなったと言えよう．政治学や経済学の分野ではアジア研究は第二次世界大戦後の早い段階で研究が積み重ねられてきた状況（アジア政経学会は1953年に設立）と比較すると，法学の分野では21世紀になって政治学や経済学にようやく追いついたという気がする．

さらに1983年に留学生10万人を受け入れるという計画が政府によって策定され，それが2003年には実現している．2007年には留学生30万人計画が策定され，2017年には実現した．学部だけでなく大学院にも留学生が増加した．アジアからの留学生が多いが，特に中国，韓国，台湾から多くの留学生を受け入れてきた．これらの留学生を受け入れる大学では，アジアへの関心や興味を持ち，研究へとつなげる必要性が増大している．法学部に「アジア法」の講義が設けられはじめたのはその証拠である[8)]．労働法を専門領域として選んだ留学生が日本語によって自国の労働法を日本と比較しながら分析した博士論文を執筆し，それをもとに本も出版されるようになった[9)]．今後3か国以外の留学生にも拡大する可能性が見込まれる[10)]．

最近，弁護士が日本企業のアジアへの投資のための情報の一環として会社法や外資法，税法と並べて労働法を取り扱っている本が何冊も出版されている．これらは労働法がメインではないために扱っている情報は多くない．その中で労働法に焦点をあてた本は，弁護士である安西明毅・栗田哲郎・小山洋一・中山達樹・塙晋共著『アジア労働法の実務Q&A』（商事法務，2011年）と小堀景一郎・政岡英樹・山田恵子編『アセアン諸国の労務管理ハンドブック（清文社，2012年），森倫洋・松井博昭編『アジア進出・撤退の労務』（中央経済社，2017年），五十嵐充・杉田昌平・田畑智砂・藤井嘉子『中国・タイ・ベトナム労働法の実務』（労働調査会，2019年），One Asia Lawyers Group/弁護士法人One Asia『最新東南アジア・インドの労働法務』（中央経済社，2021年）等がある．ともに実務の役に立つことを目指した本である．さらに労働政策研究・研修機構のプロジェクトで，日系進出企業の投資環境についての情報提供として，労働社会事情と関連させて『インドの労働・雇用・社会』（2016年），『ミャンマーの労働・雇用・社会』（2017年），『カンボジアの労働・雇用・社会』（2019年），『ラオスの労働・雇用・社会』（2020年）を出版している．ベトナムについては報告書「ベトナムの労働を取り巻く現状」（JILPT海外労働事情19—03，2019年）としてまとめられている．これまで研究対象とされてこなかったミャンマー，カンボジア，ラオスについての最新情報をまとめ，その中で労働法の情報提供を行っている．

さらに，熊谷謙一『アジアの労使関係と労働法』（日本生産性本部，2015年）が出版されている．15か国を対象に，国際労働財団で働いていたことを生かして現地で資料収集をして，労働組合役員としての経験を生かして1人でまとめている．各国の労使関係上の諸問題を分析すると同時に労働法の問題にも取り組んでいる．15か国という多くの国について１人でまとめた最初の本と言えよう．

国際比較の中でアジアを取り上げる本も出版されている．グローバル化が進む中で，アジア労働法を世界の中でどう位置づけるかを議論する本である．アジア諸国の多くは西欧諸国の植民地支配を受けたために，旧宗主国の法律の影響を受けてきたし，日本やタイのように独立を保っていながらもフランス法やドイツ法の影響を受けて法の近代化を目指した．近代化のモデルとして旧宗主国から法を継受しながらも，それを咀嚼する過程で，旧宗主国とは異なる展開を示すこともある．つまり，継受法の土着化がおこってくる．ここにアジア労働法を国際的に比較する意味がある．たとえば，解雇法制を中心にまとめたフレッシュフィールズブルックハウス編『よくわかる世界の労働法』（商事法務，2016年）や労働組合法制や従業員代表制を中心にまとめた濱口圭一郎『団結と参加――労使関係法政策の近現代史』（労働政策研究・研修機構，2013年）がそれである．

本書はこれまでに出版された本と比べて，以下の特徴がある．１つ目は14か国を扱い，これまでの本と比べると扱う国が多い．それでもアジアのすべての国をカバーすることはできなかった．２つ目は労働法の研究者によって執筆されていることである．インドネシアの執筆者以外は日本労働法の教育・研究も行っており，日本と比較するという視点を持っている．３つ目はアジア労働法の特色を描くことに心がけ，各国の相違点を比較することができることを目指している．４つ目は実務家とは異なった視点を出すことによって，アジア労働法研究の蓄積を示すことである．５つ目は本として枚数制限があるうえに，14か国を扱ったために，労働法の基本的問題を中心に議論せざるをえなかったが，アジア労働法の基本を理解していただけることを目指している．

3　本書の分析枠組

アジア諸国の労働法は第二次世界大戦前の植民地時代から始まっていた．フィリピンはスペインとアメリカ，インド・バングラデシュ・ミャンマー・シンガポール・マレーシアはイギリス，インドネシアはオランダ，台湾・韓国は日本，ベトナム・カンボジア・ラオスはフランスの影響を受けてきた．独立以前の法律は憲法に違反しないかぎり独立後も引き継がれてきたが，その中から経済発展のために旧宗主国とは異なった法制度を取り込み，その国に実情に合わせた労働法が制定され，土着化がすすめられた．しかし，旧宗主国の労働法とのかかわりも無視できないので，旧宗主国から受け継いだ労働法の役割を探る必要性がある[11]．植民地になった経験のない日本，タイ，ネパールでも西洋先進諸国の法律の影響を受けてきたことから法継受の側面からの分析も必要である．

第二次世界大戦後，アジア諸国は独立を実現し，国作りの基本方針として工業化（産業化）政策を目指した．1950年代から1960年代前半までは輸入代替型工業化政策が採用されたが，国内市場規模が小さいために失敗に終わった．そこで1960年後半から，方向転換して輸出志向型工業化を目指した．この輸出志向型工業化政策が，台湾，シンガポール，韓国では成功し，経済発展のきっかけをつかんだ．そのために，国内に資本の蓄積が少ないために外資を導入する政策を採用したが，それを促進するために60年代から

80年代にかけて「開発独裁」体制（権威主義体制）を作り出した．外資導入のために国内の政治的社会的安定を確保する必要があるが，権威主義的体制を維持することによって，それらの安定性を得ることができた[12]．シンガポールのリー・クアン・ユー首相（1965年～1990年），マレーシアのマハティール首相（1981年～2003年），インドネシアのスハルト大統領（1965年～1998年），フィリピンのマルコス大統領（1965年～1986年），台湾における国民党の一党支配，韓国の朴正煕・全斗煥大統領（1963年～1988年），タイのサリット首相とタノーム首相（1958年～1973年）らが，その代表的事例である．そのおかげで一定の経済発展を実現し，90年代以降中産階層が誕生して，民主化がすすんできた．タイでの「半分の民主主義」や「タイ式民主主義」，インドネシアの「指導された民主主義」や「パンチャシラ民主主義」を見ると，権威主義的体制側からの「上からの民主化」にすぎず，欧米の民主主義にまでは至っていない．1990年代には民主化が進展すると予想されていたが，21世紀に入って，民主化が後退をして人権侵害を伴う強権政治が広がりつつある（事例としてカンボジアのフン・セン首相，フィリピンのドゥテルテ大統領，インドネシアのジョコ・ウィドド大統領，マレーシアのナジブ首相，タイのタックシン首相）．その強権政治は選挙制度によってえらばれた政治家によって担われており，その政治家はポピュリスト的性格を持っている．民主化を実現しなくても経済発展を実現できるという北京コンセンサスがひろがってきている[13]．

さらに，経済開発では経済の規模の拡大・富の拡大に力点がおかれ，そこで生み出される富の分配が十分なされなかった．そのために経済開発だけでなく社会開発や人間開発の必要性がうまれてきた．労働組合は富の拡大だけでなく富を公平に分配する役割をもっているが，権威主義体制のもとでは富の拡大への協力が求められ，富の公平な分配の役割を十分に果たせない状態に置かれてきた．今後，持続可能な経済開発を追求するためには，富の公平な分配の役割をはたすための組合の働きが不可欠になるであろう．

中国，ベトナム，ラオスは社会主義市場経済を追求している国であるが，政治体制である社会主義は堅持され，一党独裁体制のもとで人権侵害を伴う強権政治が維持され，民主化はその程度は国によって異なるが，鈍化させる状況になってきている．経済面では国有企業による統制経済を放棄して，外資を導入して工業化を促進するという政策転換を実行している．その結果，民主化を実現しなくても経済開発の実現を一党独裁体制のもとで実現することが可能であるという主張が強まってきている．これはまさに開発独裁である．資本主義国であるカンボジアは中国との関係を深め，開発独裁を強化しようしている国である．

以上の考察からわかるように，アジア発展途上国では資本主義国も社会主義国も強権政治の方に向かいつつあるのが現状である．経済のグローバル化を乗り切るために広がった新自由主義のために経済格差や不平等が拡大し，それを批判する勢力を抑制するために強権政治の方向に向かわせている．これは労働組合にとっては不利であり，その活動が規制される可能性が強まる．

その中で労働法はどのような役割を担ってきたのか．独立前には植民地支配のために悲惨な労働条件のもとでの労働を余儀なくされた労働力を最低限救済する法律が制定され，数少ないが組織された労働組合が独立運動の中心となることを恐れて登録制度によって植民地支配の枠内にとどめるために労働組合への規制を強化してきた．第二次世界大戦後の独立当時は冷戦体制であり，資本主義国では共産主義運動を担う労働組合を弾圧するために登録制度が利用された．1967年アセアンは冷戦体制の中で，社会主義国と対抗するために東南アジアの資本主義国によって結成された組織であり，共産主義の影響を受けた労働組合や政府に反旗を翻す労働組合に対抗するために登録制度が活用された．[14)]

独立後の工業化政策による経済発展政策の実施が進むにつれて，経済開発の手段として労働法は利用されてきた．したがって開発法学の一分野として労働法が位置づけられてきた．工業化の一方の担い手である労働者・労働組合は使用者と協調的関係をもって経済開発に協力することが期待されていた．生産性向上に協力する労働者・労働組合であることが期待されてきた．労使間に対立関係がうまれる場合には，両者の調整をどう図るかが問われた．その時に政労使三者による調整が図られたが，その三者を主導するのは政府であり，政府の意向が大きくかかわってくる．増える富をどう分配するかは使用者と労働者・労働組合とが対立する場面である．労働組合は富を労働者に賃金として分配する割合を高め，社会開発・人間開発に貢献することが期待されているが，その力量は強くない．

労働法は結社の自由にかかわる集団的労使関係の分野と，労働契約にかかわる個別的労働関係・労働基準の分野に分けてみる必要がある．

（1） 集団的労使関係の領域

集団的労使関係法の領域では，労働組合・使用者団体の結成，団体交渉，労働協約，ストライキとロックアウト，労使紛争処理が主要な問題点である．団結権，団体交渉権，ストライキ権の労働三権の保障が遵守されているのかどうかが問題となる．

（a）結社の自由

労使関係の分野では資本主義国と社会主義市場経済国を目指す国で区別して議論する必要がある．両者間での結社の自由の中心である労働組合の位置づけが異なっているからである．[15)]

資本主義国では，労働三権がどの程度遵守されているかをITUC Global Right Indexが５段階に分けて評価をしている．[16)] １段階が良く，５段階が悪い評価になっている．それによるとアジア太平洋地域は平均点3.95で，中東および北アフリカの平均点4.55についで悪い点数になっている．最も遵守状況の良い１段階にはアジアの国はどこも入っていない．日本，台湾，シンガポールが２段階，３段階にはネパールとスリランカが入っているが，この両国は本書では取り上げていない．本書で扱うマレーシア，タイ，ミャンマーが４段階，インド，バングラデシュ，インドネシア，フィリピン，カンボジアが５段階に評価されている．労働三権の遵守状況がアジア諸国は概して低い評価になっている．

労働組合の推定組織率をみても，統計資料が不備であるという条件のもとでも，低いと言えるであろう．ILOの統計資料（ILOSTA 2018）によると，シンガポール21.2%，インド12.8%，カンボジア9.6%，フィリピン8.7%，マレーシア8.8%，インドネシア７%，ミャンマー１%である．社会主義国の統計もあり，中国44.9%，ラオス15.5%となっており，資本主義国と比較して高い数字になっているが，その活動内容に違いがある．

労働組合の組織形態であるが，職種別組合，産業別組織，企業別組合，一般組合の4種類に分類されているが，アジア諸国ではすべての組織形態がみられる．その中でも産業別組織と企業別組合が多い．マレーシアでは産業別組合が主流であったが，1988年の企業別組合の登録を認める政策公表以来，企業別組合（in house union）が徐々に増加傾向にある．タイでは企業別か業種別でしか組合登録ができず，職能組合や一般組合は組織できない制度になっているが，企業別組合が多数を占めている．インドでも産業別組合やナショナル・センターの活動が注目されてきたが，それに対抗する形で1940年代以降，企業別組合が組織されてきた．タタ鉄鋼労働者組合のように設立以来100年を超える企業別組合が活動している．韓国においては，1997年労働改正以来，産別組織が広がってきているが，今でも大企業では企業別組合が支配的である．台湾でも企業別組合が確固たる地位を得ている．社会主義市場経済国では基礎組合は企業別に組織されている．このように日本以外にも企業別組合が組織されており，企業別組合の成り立ちやその活動を他のアジア諸国のそれと比較する研究の必要性がある[17]．

労働組合法制の中心は登録制度である．インドはイギリスの影響で任意登録制度を採用しているが，これがスリランカに移植された時に強制登録制度に転化した[18]．この強制登録制度がマレーシア，シンガポール，バングラデシュに広がっていった．イギリスの植民地でなかったタイ，インドネシア，フィリピン，カンボジアでも強制登録制度が採用された．独立直後は共産主義の影響を排除するために登録制度が利用されたが，その後経済開発を促進するために利用されてきた．ミャンマーはイギリスの植民地であったが，1962年労働組合の結成が禁止されてから約50年その状態が継続したが，2011年に軍政から民政に移管され，翌年の2012年から労働組織法の施行を受けて，強制登録制度のもとで労働組合の結成・活動が認められた．しかし，それからわずか10年で国軍のクーデターのために，民主化の動きが弾圧され，労働組合の結成や活動がどうなるのか不透明になっている．

経済発展を目指して外資導入による工業化政策を実現させるために，戦闘的な戦術を採用する労働組合を否定し，労使協調によって生産性向上に協力する労働組合の結成・活動を促進するために強制登録制度の採用が広がっていったものと考えられる．登録するために登録要件を満たす必要があるし，登録後も活動報告や会計報告を義務づけている．それらに違反する場合には，登録官の判断によって登録取り消しがなされる．つまり，登録を取り消された登録組合は違法な団体となってしまう．登録官の登録を認めるかどうかの判断や取り消し処分の権限が組合統制の手段となる仕組みが採用されている．

欧米では最初法律によって団結を禁止していたが，禁止措置をやめて放任政策に移り，さらに積極的に団結を保護する方向に展開してきたが，アジア諸国でも同じ歴史的展開が期待されるのであろうか．強制登録制度のもとでは難しいのではないかと思われる．

強制登録制度では，登録申請から登録されるまでの間にタイムラグがあるために，登録申請中に組合役員や組合員を解雇したり，組合つぶしが行われて，登録された時点では組合の実態がなくなっている場合がある．したがって登録申請中の組合の保護が必要であるが，バングラデシュでは登録申請中の組合役員の雇用条件の変更を労働法によって禁止しているし，カンボジアでも登録申請中や登録後30日間の解雇禁止を定めており，立法によって解決を図っている．ミャンマーでは「結社の自由ガイドライン」と呼ばれる協定を世界的に有名ブランドの下請工場として仕事を請け負っている企業と組合との間で，登録申請中の組合保護を定めている[19]．これは縫製業と製靴業だけの適用になっている．しかし，2021年２月の国軍のクーデターのために今後どうなるか不透明となっている．

登録要件として最低組合員数を法律で定める場合，その数が高いと組織化が困難になるし，低いと小規模組合が乱立して．複数組合の併存という問題を生みだし，どの組合と使用者が団体交渉するかという問題を起こしている．

企業や事業所レベル，産業レベル，全国レベルまで，組合登録をみとめているが，各レベルで１つの組合にしか登録を認めない場合と，複数組合を認める場合がある．韓国・台湾は前者であり，タイは後者である．

組合役員にだれを選出するかは組合の自由であるが，企業やその企業が所属する産業に従事していない部外者が役員になることを制限する制度を導入している事例がある．この問題は南アジア諸国に共通にみられる．部外者はプロのオルグであり，特定の政党とつながって過激な戦術を採用する傾向があり，生産性向上に反対する路線が生まれてくるために，外部者の割合の規制がなされている．

結社の自由を保障する制度として不当労働行為制度があるが，これが組合活動を助成する機能を果たしているのか，使用者側だけでなく労働者・労働組合側の不当労働行為も定められ，経済発展を阻害する行為を禁じている事例がみられている．使用者の不当行為（解雇や懲戒処分）を規制していて，労働組合活動保護という意義が反映されていない事例もみられる．救済方法として可罰主義を採用している事例が多い．

新しい動きとして，以下の２点を指摘できる．第１点は女性組合役員の割合を留保する制度（クオーター制）を採用しているのはバングラデシュと本書では扱っていないパキスタン，ネパールでみられる[20]．世界的にITUCは女性組合委員を全体の40％以上にするという目標を掲げているが，アジア諸国ではそれを達成していない．日本では指導的地位に占める女性の割合を30％以上とする政策目標を国は掲げているが，女性組合役員の割合には言及していない．世界経済フォーラムが発表しているジェンダー格差指数を計測するための指標にも入っていない．しかし，アジア諸国では組合におけるジェンダー問題への配慮が生まれてきている．

第２点は経済のグローバル化が進展し，国際貿易協定の中で結社の自由や中核的労働基準が遵守されていることを貿易の条件とする労働条項（たとえば，環太平洋パートナーシップに関する包括的および先進的な協定CPTTP）が採用されている．さらに，国連人権理事会で策定された「ビジネスと人権」に関する指導原則も，人権に配慮する企業経営が求められている．これらは開発途上国の企業に製品の製造を発注する先進国の企業に，社会的責任を負うべきとする考えが広まってきたためである．これはサプライチェーンの責任と呼ばれている．この事例の１つが先に述べたミャンマー結社の自由ガイダンスである．この動きが開発途上国の企業にとっては外圧として，結社の自由を促進につながるかどうかが問われることになろう．さらに，国際的労働組合は結社の自由や中核的労働基準が遵守されるための積極的な運動を展開している[21]．また，国際や国内のNGOが労働組合の支援やそれに代わって活動している場合もみられる．一方，ミャンマーのように，国軍のクーデターによって，それらが抑制されてしまうおそれも存在する．

一方，社会主義市場経済国では，政治体制は一党独裁体制を維持しており，労働組合は大衆団体として体制を維持する役割を担っている．その一党が認める組合しか結成できず，それ以外の自由な組合を結成することが認められていない．したがって組合選択の自由が認められていない．基礎組合は企業や事業所に基盤を置いており，管理職にも組合員資格が認められている．組合は組合員からの会費だけでなく，使用者や政府からも財政援助を受けており，社会主義体制を維持する行政機関に準じる組織として位置づけられている[22]．

新しい動きとしてベトナムでは全国組織であるベトナム労働総同盟に加入しない組合（独立組合）の設置を認める制度を導入していこうとしている．これはCPTTPやEUとの自由貿易協定に定められている中核的労働基準を順守するためである．そこで，労働者がベトナム労働総同盟に加入しない独立組合の結成を認める法制を導入した．しかし，現実に独立組合を結成することが可能なのか．ベトナム労働総同盟が独立組合の存在を黙認するのか，いったん独立組合が結成されてもベトナム労働総同盟に吸収されてしまわないのかという疑問が生じる[23]．これまで独立組合を設立し，また設立しようとすることは一党独裁体制への挑戦であるとして，政治犯として逮捕され，刑務所送りになっていたことを考えると，労働組合政策の大転換である．

中国が2021年９月16日CPTTPに加盟を申請した．その申請が認められるかどうか不明であるが，ベトナムと同様に結社の自由をどう順守していくかという問題を解決することが求められよう．さらに中核的労働基準の中の強制労働の禁止がウイグル自治区で順守されているかという問題が問われることになろう．

（b） 団体交渉と労働協約

労働組合の役割の中心は，使用者・使用者団体との団体交渉によって労働条件の維持向上を図ることである．社会主義市場経済国では団体交渉は企業や事業所別の基礎組合レベルで実施されているが，実際には労働条件を話し合う団体交渉はまだ組合の重要な任務とはなっていない．

資本主義国では，交渉のレベルとして企業や事業所別の交渉や産業別レベルの交渉がある．企業や事業所レベルの交渉において，どの組合と交渉するかという問題がある．交渉代表制を採用しているフィリピンはアメリカの影響を受けて排他的交渉代表と交渉する制度を取り入れているし，マレーシアやシンガポールでは組合承認手続によって交渉の相手を決定している．さらに，団体交渉手続が法律によって定められ，マレーシアやシンガポールでは経営権事項は団交対象から外されている．団交のできる期間は短く設定され，次の段階である労使紛争処理手続に移行しやすくなっている．労使の団交による自主的解決を促進する制度になっていない．政府や政労使三者がかかわる労使紛争処理の方向に向いている．

団体交渉だけでなく労使協議制度や従業員代表制度を取り入れている事例がある．推定組織率が低いために，団体交渉より労使協議が好まれ，協調的労使関係を構築することを狙っているものと理解される．韓国では法律によって労使協議制度を取り入れているが，多くの国では法律より規制のゆるやかな行動規範によって促進を図っている．生産性を阻害する組合活動を抑制して生産性向上を図り，経済発展の促進を目指すことが労使協議制に期待されている．

労働協約は労使の合意として紳士協定として存在するイギリスの法理が採用されず，労働協約の認証が行政機関によってなされ，その際に協約内容にも介入することがあるし，団体交渉によって労使の合意ができても，あえて労使紛争処理手続に係属させることによって法的拘束力を認めるという手法が採用されている．このような行政関与によって労働協約の効力が認められることは政府主導による労働条件設定を可能にしている．その結果，労働協約が政労使三者の合意という性質を帯びてくる．

社会主義市場経済国では，制度上は団体交渉や労働協約を締結する権限が認められているが，「モデル労働協約」に基づく協約が形式的に締結されることが多い．使用者と組合が癒着しており，従業員の意見を代表する役割を組合が果たしていない．したがって，労働条件の中で中心となる賃金についての交渉には至っていないケースがみられる．賃金が別のルートで決められているからである．組合活動の中心は福利厚生活動やレクレーション活動にある[24]．ここから脱出できるのであろうか．

（c） 労使紛争処理

どの国も労使紛争処理手続が法律に明記されている．権利紛争と利益紛争で手続を異にしている場合が多い．権利紛争は最終的に裁判所によって解決され，利益紛争は政府機関や政労使が関与する調停や仲裁によって解決する手段で処理されている．また，集団紛争と個別紛争の区別がなされ，その処理方法が異なる国もある．

最も利用されているのは，調停官や政労使で構成される調停委員会でなされる調停であるが，そこでは両当事者の顔を立てて丸く収めるという手段が活用されている．これは伝統的にアジアでみられる村落で長老が紛争処理を行う手法と親和性がある．

仲裁には任意仲裁によって最終的に解決を図っているが，国内の経済危機を招く場合に最後の手段として強制仲裁制度によって紛争処理を図る仕組をもっている国もあるが，実際の事例は多くない．

（d） ストライキやロックアウト

ストライキとロックアウトを対等に規制しており，その規制や禁止の範囲が広く定められている．ストライキやロックアウトの開始手続（組合員の秘密投票によって一定数の賛成票が不可欠），予告期間の設定がみられる．さらに労使紛争手続中のストライキやロックアウトの禁止，公益事業や重要事業での制限がみられる．国家の緊急事態が発生した場合にはストやロックアウトが禁止されている．それらに違反した場合には罰則が科せられている．なぜならば，ストライキやロックアウトは生産性を阻害する要因としてとらえられ，経済発展にマイナスの効果をもたらすと考えられているからである．

ストライキ中の賃金については，「ノーワーク・ノーペイ」の原則が貫かれている国と，社会的弱者として労働者のスト中の生活保障の必要性から，一定の場合にスト中の賃金支払を認める国とがある．ストライキを終了する条件として使用者が解決金を支払う場合もある.

社会主義市場経済国では，中国ではストライキ権は認められていないし，ベトナム，ラオスではストライキ権は認められているが，組合内部の手続や予告手続を踏んでストライキに至る前にストライキに踏み切っている状況にある．つまり，ベトナムでは組合の承認を得ない山猫ストが発生して抗議活動を実施している．ラオスでは政府からはストライキは発生していないとされているが，小規模な怠業のような労務不提供がおきている場合がある.

(2) 個別的労働関係法の領域

個別的労働関係法の領域では，労働市場法制，労働契約の締結・終了（有期契約，請負労働等を含む），就業規則，賃金，労働時間，休日・休暇，女性労働，年少労働・児童労働，障がい者労働，外国人労働，安全衛生・労災補償に焦点をあてている．この分野はILO条約や技術協力を通じたILOの影響がアジア諸国に強くみられる．そのおかげで，アジア諸国の労働基準は，比較的よく整備されている．労働基準は国際基準に準じており，決して低いわけではない．これは資本主義国だけでなく，社会主義市場経済国でも同様である.

最低の労働基準を個別的労働関係法で制定し，それを上回る労働条件を獲得するために労働組合が結成され団体交渉によってそれを実現するという関係が十分に育っていない．生産性向上に協力することを期待される労働組合は協調的労使関係の構築のために富の分配において果たすべき役割が弱体化してくる．さらに，推定組織率が低いために，組合のない企業や事業所が多く，そこでは法律や就業規則によって定められている労働基準でさえ遵守されない可能性がある．小規模な企業ほどその傾向が強まってくる.

労働基準の遵守にかかわる問題をみてみよう．外資を導入しやすくするために，低賃金・低コストで進出できることを宣伝材料に用いている．特に労働集約型産業の誘致の場合にはそれが有効な手段である．そのために労働基準が遵守されることに注意が払われない．あるいは意図的に遵守されないまま放置される．さらには，労働基準の適用範囲を一定規模以上の企業や事業所に限定して小規模な企業や事業所を適用範囲から除外されるという方法が用いられる．また，管理職的地位にいる者を適用から除外することによって適用範囲を制限する方法が用いられる．さらに，労働監督官の腐敗のために，金銭の見返りに労働基準違反を見逃してもらったり，たとえ罰則を支払わされても違反した方がむしろ企業にとって得策になると判断される場合さえある．その結果，労働力が磨滅してしまわない程度に労働者を保護するという状況になってくる.

しかし，それが通用しなくなる状況が生まれてきている．消費者運動の高まりによって，労働基準に違反した状態で生産された商品を輸入したり，購入することに抵抗する動きがある．たとえば，児童労働や強制労働によって製造された商品の購入を拒否する動きがあるし，先進国の発注元企業が開発途上国の企業に製造を発注する場合，開発途上国の企業が労働基準に違反した状態で製造しないよう指導する責任が発注先の企業に生じるという議論が生まれてきている[25]．これは結社の自由でも述べたように企業の社会的責任としてサプライチェーン・マネジメントを行う任務が課せられ，このことによって途上国の労働基準を遵守しなければ，生産した部品や商品を買ってもらえないという外圧が強まってきている．それを多数国間や二国間の貿易協定の中の社会条項として明記することも，労働基準の遵守を促す要因になっている．

このような外圧だけでなく，内側からの労働基準遵守を促す動きが不可欠である．各国でどこからこの動きが生まれてくるであろうか．労働組合が進める運動は当然であるが，国際的労働組合，たとえば，国際労働組合総連合・アジア太平洋地域組織（ITUC-AP）が支援をしている．さらに，国際および国内のNGOが労働者保護の活動に従事している場合もある．

（a） 労働市場法制

職業紹介制度が徐々に整備されてきているが，親族や友人を通じて血縁や地縁という縁故関係を利用して職を見つけるルートが一般的であるために，公的職業紹介の利用度が低い．民間の職業紹介も法律によって認められているが，最近はインターネットや携帯電話の利用によって就職先を探す機会が増加し始めている．

人材育成の方法として職業訓練制度はどの国も力を入れている分野であり，経済発展のために労働者の能力開発が重要であることは認識されている．職業訓練と職業紹介との連携がうまくつながっていないとう問題が指摘されている．

失業保険制度の導入が広がってきている．保険料収入と失業手当として支払う支出のバラスが取れないと保険制度の維持が難しいが，これは一定の経済発展によって可能になった国が増えてきたことを示している．韓国，中国，タイ，シンガポール，マレーシア，インドネシア等に広がってきている．しかし，失業保険制度を導入できない国も存在する．

（b） 労働契約

労働契約が合意だけで成立する国と書面による締結を求めている国とがある．後者の場合，書面の労働契約書を監督官庁に届け出ることを求めている国もある．書面の労働契約書の作成を求める場合，非識字者への対応が必要となってくるし，多くの少数民族がいて複数の言語が使われている場合への対応も必要となってくる．

アジア諸国でも，非正規労働者や請負労働者・派遣労働者の割合が増加していることが問題となっている[26)]．経済のグローバル化によって国際競争が激化してきて，それを乗り切るために低コストでの経営を目指しているからである．しかし，それに労働法はどう対応しているのか．たとえば，期間のある労働契約が何度も更新された場合，期間の定めのない労働契約に転化する国となにも定めをもっていない国とがある．

業務請負はアジア諸国でもよく利用されているが，請負労働に関して労働法上に規定をもっている国となにも定めのない国とがある．前者の場合には請負労働を利用できる業種を制限している例がみられる．インドでは，請負労働者を保護する特別法があるが，これは例外的事例である．

業務請負と類似する派遣も利用されているが，両者を日本のように明確に区別することなく取り扱われている事例もみられ，混在した形で利用されている．

試用期間が設けられているが，その期間をいくらにするか，本採用になるために必要な手続が問題となっている．試用期間中の賃金が本採用の労働者の賃金の何割とするかが法律で決められている国がある．

労働契約上の最も重要な問題は解雇規制である．イギリスの解雇予告さえすれば解雇自由という考えは，旧イギリス植民地であった国々でも取り込まれていない．解雇を厳しく規制して労働者の雇用保護に努めている．整理解雇や懲戒処分も同様に厳しい規制になっている．インドのようにその規制を緩和しようとする国もある．違法解雇の救済方法として原職復帰だけでなく金銭による解決も導入されている．解雇のための予告期間は勤続年数によって差を設け，ホワイトカラーとブルーカラーで格差を設けている国がある．

労働者側から退職する場合の規制が設けられている．離職率が高いために，離職によって企業経営への悪影響を及ぼさないために規制がなされている．

（c） 就業規則

就業規則の制定が義務づけられている国が多いが，雇用される労働者の人数によっては義務づけられていない場合もある．ヤンマーやシンガポール・マレーシアでは就業規則について法律はなにも定めていない国もあるが，これらの国でも，実際には就業規則が任意に制定されている．

就業規則を作成すると，監督官庁に提出して，内容のチェックを受けることが求められている．就業規則に書くべき事項が法律で明記されており，それが法律に違反していないかのチェックを受けている．多くの国でモデル就業規則を作成しており，それに準拠して作成されれば監督官庁の認可を得やすくなる．さらに労働組合や従業員代表からの意見を聴取することが求められている．複数の言語が使われている場合には，それへの対応が必要となってくる．就業規則は労働協約と同様に，政労使の三者で取り組まれる規範となっている．

（d） 賃　金

賃金の支払方法，現物による支払の規制，支払時期，前払いの制度，制裁や損害賠償支払い際の控除額の制限，賃金台帳の整備等が労働法によって規制されている．

賃金の中で，現在最も重大な問題は最低賃金である．アジア諸国の中で，過去にはマレーシア，香港，シンガポールには最賃制度が導入されておらず，制度は設けられていても実施されなかった時期があったが，現在は最賃が法制化され，いくら上げていくかが大きな問題となっている．最賃額がそれぞれの国での賃金を上げる基準となってきている．政労使三者の審議会によって審議され，最終的に大臣や首相によって決定されている手続がとられている．最賃額を決める判断要素が定められているが，最終的に政府側が判断して決めているケースが多い．さらにはトップの政治的判断によって上乗せされる場合もある．全国一律で決められる場合と地域の生活水準の違いを考慮して地域毎に決められる場合とがある．最賃が標準賃金として機能しているケースが多く，労使の関心が極めて高くなっている．さらに最賃額の国際比較によって低い額ほど外資を引き付ける要因となっている．そこで最賃額を低くしておく要因と国内での労働者の生活を確保するために必要な額を決める必要があるという要因とがぶつかり合い，両者の妥協によって最賃額が決められている．

2020年以降，新型コロナ感染症がアジア地域に拡大し，企業経営に深刻な悪影響を与えている．労働組合は最低賃金額を上げる要求をしているが，企業側は改定の先送りか一時凍結を要望している．最賃を上げることによって経営の苦しい企業が企業存続のために人員整理を行う可能性があり，失業が増加する問題を引き起こす可能性がある．どこまで労働組合の要望に配慮するか政府側の判断が問われている．

最賃が適用になる範囲がどうなっているか．理想的にはすべての労働者に一律に適用になる最賃が定められることであろうが，国によっては，企業の労働者数によって適用範囲を決めている場合，特定の職種だけに限定して最賃を設定しているがある．そこには各国の労働事情が反映されている．一度最賃が決められると，他の業種や職種に影響を与え賃金決定の目安となることがありうる．

賃金を構成する項目のうち，どの項目が最賃額でカバーされるのかが問題となっている．基本給や物価手当は最賃額がカバーするが，様々な手当はどこまでカバーされるのかが問題となっている．

労働者の種類によって最賃額によってカバーされない場合がある．試用期間中の労働者，年少者，障がい者の場合には最賃額より低い額が認められる．逆に厳しい条件のもとで働く労働者には最賃額の何割か増やした額が支払われる場合がある．管理職にも最賃額の適用を認める国もある．

ボーナスについては法律で支払いを義務づける国とそうでない国がある．就業規則や慣例で13か月目の賃金としてボーナスを１か月の給与相当額を支払っている国がアジアには多い．

使用者の責めに帰すべき理由による休業の場合，一定の割合の休業手当の支払いが定められている．

（ｅ） 労働時間

所定労働時間は１日８時間，１週40～48時間となっており，アジア諸国間で大きな違いはみられない．日本と比較すると時間外労働の時間制限や割増率の高さに違いがある．総時間外労働の制限が日本より厳しいし，割増率も高い．これは既存の労働者が残業によって仕事をこなすより，新たに労働者を雇用して仕事をこなすことを促す意味がある．つまり，失業者やインフォーマル・セクター従事者[27]に雇用の機会を増やすことを狙っている．既存の労働者の場合，給与が低く抑えられれば，時間外労働によって賃金を補うという行動様式がみられるが，アジア諸国では長時間の時間外労働が意外にも多くない．副業や兼業によって収入を補うためや，学校に通って資格を取得したいために，本業の企業や事業所での時間外労働はやりたくないという状況がみられるからである．副業や兼業の労働時間と合算をすれば長時間となるであろうが，それを合算して総労働時間を規制するという制度がみられない．未消化の年休の買い取り制度が導入されているのも収入を増やすという意味がある．

柔軟な労働時間制の導入は進んでこなかったが，しだいに導入する国が増加しつつある．アジア諸国では労働時間短縮は日本ほど問題にはならなかった．長時間労働が一部でしかみられなかったためである．さらに，労働時間短縮は労働コストを高めるので，経済の国際競争力の低下を招くおそれがあり，経済開発にはマイナスに働くという判断があったためである．最近になって，変形労働時間制やフレックスタイム制が取り入れられつつある[28]．今後これらが拡大するかどうかが問われる．

休憩時間，深夜勤務や交代制勤務の場合，一定の規制を課している場合が多い．労働者への負担を考慮したものと思われる．労働力として摩滅してしまわないように配慮されている．

病気休暇制度が年休とは別に法律によって導入されている国が多い．熱帯では医療施設が不十分であり，病気への警戒心がきわめて強い．病気が重症化すれば業務への影響が大きくなるので，病気休暇を利用して治療に専念できるよう配慮している．

慶弔休暇制度も採り入れられおり，血縁とのつながりの維持への対応に配慮している．

（f） 女性労働

世界経済フォーラムが発表しているジェンダー格差指数をみると，比較的にアジア諸国のランキングが低い．2021年版によると，上位にあるのは156国のうち，フィリピン17位，ラオス36位，シンガポール54位，バングラデシュ65位，下位にあるのは韓国102位，ミャンマー109位，マレーシア112位，日本120位，ブータン130位，インド140位である．労働法とかかわる「経済活動の参加と機会」（指標として労働力の男女比，類似の労働における賃金の男女比，推定勤労所得の男女比，管理的職業従事者の男女比，専門職・技術職の男女比）を見てみると，上位にはラオス1位，フィリピン18位，タイ22位，ベトナム26位，シンガポール33位，カンボジア46位，中位には中国69位，下位にはミャンマー93位，マレーシア104位，ネパール107位，日本117位，韓国123位，ブータン130位，スリランカ132位，バングラデシュ147位，インド151位，パキスタン152位であり，経済分野に限定してみれば，上位と下位に分かれていることがわかる．

産前産後の休暇はどの国にも設けられている．その休暇中は有給としている国が多い．子育てにかかわる授乳時間の確保，育児休業制度は設けられていない国がある．血縁関係の強い国では，子育てに父母，家族や親戚の援助を受けることができ，出産や子育ての時期に退職せずに雇用の継続が可能になっている国が多い．産前産後の休暇を理由に解雇が禁止されているが，この制度があることによって女性の雇用されにくくなるという問題がおきている．一方，アジア諸国では高学歴の女性が女性のヘルパー（家事使用人）を雇用して家事や子育ての一部を担ってもらうことによって社会的に活躍することが可能になっている．つまり，高学歴のキャリアウーマンの労働が低学歴の貧困な女性によって支えられている状況がみられる．

女性，特に妊娠中の女性への労働時間の規制や重量物の規制が定められている．女性の子供を産む性の保護が強化されている．妊産婦や乳幼児の死亡率が高いアジア発展途上国では母性保護が必要であるが，そのために雇用の場の確保が困難になる場合がある．

積極的に男女の雇用格差を是正するための法律が制定されている．セクハラ禁止法，男女同一賃金法や男女雇用平等法が制定されている．国際的な男女雇用平等への動きに対応している．しかし，仏教，イスラム教，ヒンズー教等を基盤とする伝統的価値観からすると男女平等の実現が難しい状況にある．

（g） 児童労働・年少労働

年少者が労働に従事できる年齢制限や業種の制限はILO条約に従って定められている国が多い．したがって年少者や児童労働の法的規制はどの国もなされている．問題はそれをいかに施行するかである．2020年公表のILOの資料[29]によると，5～17歳で労働に従事しているのは1億6000万人であり，そのうちサハラ以南アフリカが8660万人で最も多く，それについでアジア太平洋地域が4870万人となっている．アジア太平洋地域では2016年公表の資料と比較すると1351万人減少している．ただ，この数字は新型コロナの拡大以前のものであり，実際にはコロナの影響で児童労働に従事する者が増加していることが予想される．

児童労働の要因は家庭の貧困であり，家計を支えるための児童労働が多い．最悪の形態の児童労働（人身売買，債務奴隷，兵士，売春，ポルノ製造，薬物取引，健康・安全・道徳を害する労働）も無視できない数が報告されている．ILOは児童労働撲滅計画（IPEC）によって財政支援や技術協力によって児童労働をなくす政策を実施しているが，アジア開発途上国での対策が不可欠である．さらにサプライチェーンの責任を負う必要から，発注先の企業は児童労働によって製造されている商品や部品を購入しないようチェックし，もしそれが見つかれば児童労働をなくすための援助を行わなければならない．

（h） 障がい者保護

障がい者に関する国際条約の批准をきっかけとして，障がい者の差別禁止や雇用率の設定による雇用確保がなされ始めている[30]．過去の戦争や内戦，地雷，交通事故等が障がい者を産む要因となっているが，自立して生活できるために，職業訓練，雇用の場の確保が必要になってくる．それらがやっと政策課題となってきている．それまで家庭内で面倒をみていた障がい者を国や社会で世話をしていく方向に向かい始めた段階である．障がい者に目配りできるだけの経済発展を達成しつつあるからであろう．

（i） 外国人労働者

外国人を受け入れる国と押し出す国とがある．台湾はベトナム，フィリピン，シンガポールやマレーシアはインドネシアやフィリッピンから，タイはラオス，カンボジア，ミャンマーから受け入れている．合法・非合法な受け入れがみられ，受け入れた外国人の労働条件の確保や人権上の問題が起きている[31]．

自国の産業にとって不足する技能者・技術者は歓迎しているが，単純労働者は自国で働くことには制限を課す国が多く，外国人を雇用する割合を制限している（カンボジア・ラオス）．逆に単純労働者や家事使用人として働く者は歓迎し，技能者・技術者が働くのには規制を加える国（シンガポール・マレーシア）がある．

（j） 労働安全衛生・労災補償

労働安全衛生に関する規制はどの国もなされており，ILOやASEANにおいても積極的に取り組んでいる．アジア諸国では熱帯や亜熱帯の気候を持つ国が多いために，職場の安全衛生確保の必要性が高い．そのためには国や職場における労働安全衛生体制の確立が不可欠である．しかし，企業だけでなく労働者側にも安全や衛生への配慮が足りない状況にある[32]．したがって法制はあっても，それが遵守されないという問題を抱えている．

労働災害への補償制度（労災保険制度）もどの国も設けているが，手続上の煩雑さや給付までの時間がかかるために労働者やその遺族は示談で任意に解決してしまう．しかも低額で妥協してしまう傾向が指摘されている．貯えがないために手っ取り早く現金が欲しいためである．

（3） 今後の問題点

請負労働者，派遣労働者（アジアでは，この両者を日本のように区別しない場合が多い），短期労働者のような非正規労働者の割合が高くなっており，正規労働者の労働条件との格差が広がってきている[33)]．日本と同じ問題をアジア諸国も抱えている．同一労働同一賃金の原則を定めていても，現実にはそれが実施されていない．これをどう実施していくべきかの検討課題が存在する．さらにアジア諸国の家父長制社会が強い中で，男女間の賃金格差という問題も抱えている．

アジア諸国でも，AI, IoT，ビッグデータ，ロボット等の新しい技術を使った仕事や，インターネット，プラットフォームを利用して仕事を委託するクラウドワークなどの自営的就労が広がっており，労働契約によらない就労の機会が増えてきている．このような就労に対して労働法上どのように保護を図ればいいのかという問題が生まれてきつつある．この問題はアジア諸国だけの問題ではないが，アジア諸国でも今後の検討すべき重要な問題となってきている[34)]．

アジア諸国は今後少子高齢化を迎えることが予測されている．日本，韓国，シンガポールのようにすでに少子高齢化が進んでいる国もあるが，現段階では若い世代が労働力の中心を担っている国が多く，高齢者の生活は家族で支えあうことが可能な状況にあるが，今後は高齢者の生活をどう確保していくかという問題に直面するであろう．定年制の延長によって高齢者の雇用が促進されるのかが労働法上の問題となってくる．それへの対策が必要になってきている[35)]．

アジア諸国ではフォーマル・セクター従事者の割合が低く，インフォーマル・セクターに従事する者が多い傾向にある．インフォーマル・セクター従事者には労働法や社会保障法が適用にならないのが一般的であるが，一定の経済発展を達成した場合，インフォーマル・セクター従事者への保護政策が視野に入り始めている[36)]．経済発展の成果の分配をインフォーマル・セクター従事者にも実施しようとする動きが注目される．

注

1） 香川孝三「日本でアジア労働法を学ぶ意義」季刊労働法262号，2018年，166-177頁．

2） 日本労働協会編『中国の労働事情』，『台湾の労働事情』，『タイの労働事情』（1988年），『フィリピンの社会と労使関係』（1980年），『韓国の労働事情』『マレーシアの労働事情』（1981年），『シンガポールの労働事情』『インドネシアの労働事情』（1985年）．

3） 比較的に早い段階にアジア労働法研究にとりかかった香川孝三が最初の論文「インドのストライキ権（1）（2）」アジア経済13巻９号29-47頁，11号40-62頁を発表したのは1972年であった．当時海外に留学することは容易でなかったので，日本の図書館に保存されている英語文献はインドに関する文献が多かったことと，インドがイギリスの植民地であったことからイギリス労働法の研究成果を活用できることからインドを選択した．香川孝三「私のアジア労働法研究」国際協力論集15巻１号，2008年，109-128頁．

4） 日本の法整備支援についての本として独立行政法人国際協力機構『世界を変える日本

式「法づくり」——途上国とともに歩む法整備支援』文藝春秋，2018年．労働法分野での法整備支援については入江克典「ラオス労働法ハンドブック作成支援」季刊労働法265号，2019年，158-169頁．

5） 東京大学労働法研究会とソウル大学労働法研究会が「比較労働法セミナー」を2014年から日韓で交代に開催している．さらに労働政策研究・研修機構は北東アジアの労働研究機関との交流のために，「北東アジア労働フォーラム」「日韓ワークショップ」「国際比較労働政策セミナー」を開催している．「国際比較労働政策セミナー」は2017年からアジア諸国の若手の研究者や実務家を招待して開催されている．また科研費（代表・和田肇）を受けて日臺労働法フォーラム「雇用社会の持続可能性：労働法のパラダイム転換」が2015年から３回開催されている．

6） アジア労働法の国際会議については香川孝三「アジア労働法学会第５回東京大会の開催」労働法律旬報1833号，2015年，４－５頁．

7） １巻は西谷敏・和田肇・朴洪圭編『労働法の基本概念』２巻は同編『雇用終了と労働基本権』（ともに旬報社，2014年），３巻は脇田滋・和田肇・宋剛直・盧尚憲編『韓国労働法の展開』旬報社，2019年．

8） 比較法学研究連絡委員会編「比較法および外国法科目の開講または設置状況」1993年（http://www.scj.go.jp/ja/info/kohyo/13/15-14.pdf, 2021年12月４日閲覧）．

9） 李ジョン『解雇紛争解決の法理』信山社，2000年，宋剛直『韓国労働法』悠々社，2003年，王能君『就業規則法理の研究——その形成・発展・妥当性・改善』信山社，2013年，鄒庭雲『派遣労働契約法の試み——派遣労働契約の法規制をめぐる日・中・仏の比較法的考』日本評論社，2018年．

10） たとえば，博士論文としてチェ・シュウマイ「不当労働行為救済制度のカンボジア・日本・アメリカ比較法研究——差別的取扱判断基準を中心として」（名古屋大学大学院法学研究科）．

11） 神尾真知子「アジア諸国の労働法と法の継受」学会誌労働法91号，1998年，49-58頁．

12） 林和彦「アジア諸国の経済発展と労働法」季刊労働法91号，1998年，85-107頁．香川孝三「アジア諸国の労働法を考える視点」季刊労働法91号，５-24頁．

13） 外山文子・日下渉・伊東司・見市健編『21世紀東南アジアの強権政治——「ストロングマン」時代の到来』明石書店，2018年，山本博史編『アジアにおける民主主義と経済発展』文眞堂，2019年．

14） 香川孝三「アジア諸国における労働組合の登録制度」アジア経済24巻９号，1983年，54-67頁．

15） 香川孝三「アジアの結社の自由の問題点」学会誌労働法132号，2019年，149-157頁．

16） ITUCとは2006年11月結成された国際労働組合総連合であり，そこが団結権，団体交渉権，ストライキ権の労働三権がどの程度遵守されているかを５段階で評価したのがITUC Global Rights Indexである．

17） 香川孝三「企業別組合の国際比較」労働法律旬報2001号，３－４頁，2022年．

18） 強制登録制度への転化に当時のシドニー・ウエッブ植民地大臣が発布した通達にあったことを分析したのは，香川孝三『マレーシア労使関係法論』信山社，1995年，30-35頁．

19） 香川孝三「ミャンマー結社の自由ガイドライン」労働法律旬報1955号，2020年，４－５頁．

20) バングラデシュでは，組合役員の10%を女性に割り当てること，パキスタンでは企業や事業所で雇用されている女性の割合と同じ割合の女性組合役員を選ぶことが組合の登録要件となっている．この登録は強制であるので，登録申請時に女性組合役員名を明らかにしなければならない．ネパールでは共産党系の組合で役員の3分の1を女性とする取り組みを進めている．

21) 鈴木則之『アジア太平洋の労働運動――連帯と前進の記録』明石書店，2019年がアジア各国での活動内容が記述されている．

22) 香川孝三『ベトナムの労働・法と文化』信山社，2006年，38-45頁．

23) 香川孝三「ベトナムの団結権」労働法律旬報1452号，2021年，4-5頁．

24) 香川孝三「中国労働法の理解を深めるために」学会誌労働法92号，1998年，27-36頁．

25) 2014年にバングラデシュにおいて締結された「防災・建物安全協定」(Alliance on Fire and Building Safety) がその典型的な事例である．

26) 香川孝三「非正規労働者の実態をふまえた問題提起」アジア法研究5号，2011年，17-25頁，さらに同じアジア法研究5号に，日本，中国，韓国，ベトナムの非正規労働者の問題が論じられている．

27) インフォーマル・セクター従事者とは開発途上国における経済活動で都市の不安定な雑業に従事している者を指す．露天商，行商，靴磨き，自転車タクシーの運転手，日雇い労働者，廃品回収に従事する者等が含まれている．労働法や社会保障法の適用を受けることができない層として捉えられている．

28) 連合総合生活開発研究所編『アジア諸国における労働時間諸制度の実施状況に関する調査研究報告書』連合総研，2000年．

29) ILO ed., Global Estimates of Child Labour 2016-2019, 2020, 香川孝三「児童労働――工場労働者としての子ども」初瀬龍平・松田哲・戸田真紀子編『国際関係のなかの子どもたち』晃洋書房，2019年，27-40頁．

30) 小林昌之編『アジア諸国の障害者雇用法制――差別禁止と雇用促進』アジア経済研究所，2012年．

31) 山田美和編『東アジアにおける人の移動の法制度』アジア経済研究所，2012年．

32) 川上剛「労働安全衛生分野における日本の経験と国際協力に関する研究」JICA 国際協力総合研究所，2007年．

33) 香川孝三「非正規労働者の実態をふまえた問題提起」アジア法研究5号，17-26頁，2011年．

34) 中国の状況については石井知章編『日中の非正規労働をめぐる現在』御茶の水書房，2018年．

35) 大泉啓一郎『老いてゆくアジア――繁栄の構図が変わる』中央公論新社（中公新書），2007年．

36) インドにおいてインフォーマル・セクター従事者への職業訓練，農村貧困者に100日間公共事業に従事させることで雇用を保障すること目指した2005年全国農村雇用保障法が施行されている．

（香川孝三）

第Ⅰ部

東アジア

第2章
韓　　国

1　戦後労働法の展開[1]

(1)　戦後期から開発独裁期まで

韓国の憲法（大韓民国憲法[2]）は，1948年に初めて制定され，1987年第9次改正において全文改正された．これが現行憲法である．その第32条では勤労権を定める．日本国憲法と比較すると，最低賃金制の法定，女性・年少者の保護を明記している点が特徴的である．第33条1項は「勤労者は，勤労条件の向上のために，自主的な団結権，団体交渉権及び団体行動権を有する」と定め，労働三権を保障している．ただし，公務員及び軍隊等については，法律による制限を明記している（2項[3]）．

朝鮮戦争末期の1953年，労働4法（労働組合法，労働争議調整法，勤労基準法，労働委員会法）が成立し，初めて体系的な労働法が登場した．しかし，労働4法はほとんど機能せず「法文あって労働法なし」の状態であった．1961年軍事クーデターにより朴正熙政権が誕生し，韓国における開発独裁が始まる．これ以降1980年代の全斗煥政権まで，労働法は「先成長，後分配」政策に奉仕する限度で活用されてきた．特に，労働組合に対する「三禁」が，長い間韓国労働法の象徴となっていた．三禁とは，①複数組合の禁止，②政治活動の禁止，③労使関係への第三者介入の禁止である．

(2)　民主化宣言からIMF通貨危機まで

1987年の民主化宣言と翌年の盧泰愚大統領の就任により，韓国の開発独裁は清算過程に入った．労働法も一定の規制緩和が行われたが，三禁はそのままであった．三禁が解除されたのは，1997年労働法改正においてである．この時に労働法体系が整理されて，現行の労働組合・労働関係調整法（以下「労働関係法」），労働者の参加・協力増進に関する法律が制定された．そして，旧労働組合法の三禁規定を削除するなどして，複数労組の容認，政治活動の自由化，第三者介入禁止解除が実現した．これにより，韓国で初めて労使自治と団結の自由が確立したといってよい[4]．しかし，当時はいわゆるIMF通貨危機の時期と重なり，労働市場の柔軟化が求められていた．そこで，1998年労働法改正において，労使政委員会の議論を経て，整理解雇制，変形労働時間制，労働者派遣制（派遣勤労者保護等に関する法律）の「三制」が定められた．

(3)　新たな労働立法の展開

2000年代に入ってからは，期間制職（パートなどの非正規労働者）の増加，産業別労働組合の進展などの変化がみられ，個別的労働法及び集団的労働法において，新たな課題が山積している．2006年には「期間制及び短時間勤労者保護等に関する法律」（以下「非正規職保護法」）が制定された[5)]．また，労働関係法が改正され，共同交渉代表制やタイムオフ制などが導入された[6)]．近年も，たとえば，長時間労働，貧富の格差，少子高齢化[7)]及びILO条約批准などが社会問題化している．

2　労働市場に関する法制——派遣勤労者保護法

（1）　対象業務など

韓国の労働市場法制としては，職業安定法，職業教育訓練促進法，派遣勤労者保護等に関する法律（派遣勤労者保護法），雇用保険法，雇用安定法などがあるが，ここでは派遣勤労者保護法について紹介する．

韓国では，わが国でいう派遣元事業主を「派遣事業主」，派遣先事業主を「使用事業主」と称する（2条3号，4号）．また「勤労者派遣」とは，派遣事業主が勤労者を雇用した後，その雇用関係を維持しながら，勤労者派遣契約の内容に従い使用事業主の指揮・命令を受けて使用事業主のための勤労に従事させることをいう（1号）．これらは，わが国の労働者派遣の関係と同様に考えてよい．

派遣対象業務は，いわゆるポジティブ・リスト方式であり「専門知識・技術・経験または業務の性質等を考慮して適合すると判断される業務」として大統領令が定める32業務である（常時許容業務，5条1項）．また「出産・疾病・負傷等により欠員ができた場合，または一時的・臨時的に人材を確保しなければならない必要がある場合」には，32業務以外の業務も派遣が認められる（一時許容業務，2項）．これに対し，派遣禁止業務は，建設業務，荷役業務，船員の業務などであるが，荷役業務は港湾に限られないなど，わが国の禁止業務よりも範囲が広い（5条3項各号）．なお，警備業務は，わが国とは異なり禁止の対象とされていない．

派遣期間は，1年であるが（6条1項），派遣事業主・使用事業主・派遣勤労者の合意がある場合には，派遣期間が2年を超えない範囲で期間を延長できる（2項）．派遣事業は，雇用労働部長官による許可制である（7条1項）．

（2）　派遣勤労者の保護の内容

最も重要な保護は，使用事業主の直接雇用義務であろう．使用事業主は，①派遣対象業務に該当しない業務に派遣勤労者を使用した場合，②派遣禁止業務に使用した場合，③派遣期間に違反した場合などの違法派遣を行った場合には，当該派遣勤労者を直接雇用しなければならない（6条の2第1項）．直接雇用する場合の勤労条件は，使用事業主の従業員に適用される就業規則の内容と同じにしなければならない（6条3項1号）．

また，優先雇用の規定もある．使用事業主は，派遣勤労者を使用している業務に勤労者を直接雇用しようとする場合は，当該派遣勤労者を優先的に雇用するように努力しなければならない（6条4項）．上記の直接雇用義務及び優先雇用義務は，わが国の労働者派遣法における労働契約申込みみなし制度（40条の6）及び労働者募集事項の通知制度（40条の5）に類似するが，韓国のほうがわが国よりもはるかにシンプルで分かりやすい規定といえよう．

次に特徴的なのは，派遣勤労者に対する差別の禁止及び差別是正手続である．派遣事業主及び使用事業主は，派遣勤労者であることを理由として使用事業主の事業内の同種または類似の業務を遂行する勤労者と比較して派遣勤労者に差別的処遇をしてはならない（21条1項）．この差別的処遇とは，不当解雇及び賃金差別の事案が多い．また，使用事業主は，派遣勤労者の性別・宗教・社会的身分または派遣勤労者の正当な労働組合の活動等を理由として，勤労者派遣契約を解約してはならない（22条1項）．

派遣勤労者は，差別的処遇を受けた場合は，労働委員会にその是正を申請することができる（2項）．是正手続は，非正規職保護法9条から16条までが準用される（3項）．

3　労働契約に関する法制

（1）　労働契約の締結

「勤労契約」（以下「労働契約」）とは，勤労者が使用者に勤労を提供し，使用者はこれに対して賃金を支給することを目的で締結された契約をいう（勤労基準法[8)]2条1項4号）．ここでいう「勤労者」とは，職業の種類を問わず賃金を目的に事業または事業場に勤労を提供する者をいう（1号）．また「使用者」とは，事業主または事業経営担当者その他の勤労者に関する事項に関して事業主のために行為する者をいう（2号）．

労働契約の成立時期・形式については特段の規定がなく，わが国における採用内定及び試用期間の法理と類似の考え方が，判例学説で採用されている．たとえば，労働契約は口頭でも成立しうるし，採用内定及び試用期間の法的性質は，解約権留保付労働契約と解するのが多数説といえる．したがって，採用内定の取消しは解雇に該当し，正当な理由が必要であり（23条1項），解雇予告の規定も適用される（26条）と解されている．試用期間中の解雇も同様である．

（2）　労働契約の期間

使用者は，2年を超えない範囲内で（期間制勤労契約の反復更新等の場合は，その継続勤労した総期間が2年を超えない範囲内で）期間制勤労者を使用することができる[9)]．ただし，事業の完了又は特定の業務の完成に必要な期間を定めた場合等の例外が認められている（非正規職保護法4条1項）．

（3）　配　転

韓国では，労働条件明示義務の内容として「就業場所」と「従事する業務」が含まれていることから（17条1項，施行令8条1号），これらを変更する配置転換が問題となる．判例では，使用者の広範な人事権による裁量が認められており，配転が業務上必要な範囲内のものであれば，権利濫用等の特別な事情のない限り，配転命令は無効とはいえないとされている．

(4) 解　雇[10)]

勤労基準法は，解雇について「使用者は，勤労者に，正当な理由なく解雇，休職，停職，降格，減給，その他の懲罰……をすることはできない」と定める（23条1項）．これは，わが国の解雇権濫用の禁止規定（労働契約法16条）と文言が異なるが，解雇の自由を前提として，その例外を定めたものと解するのが多数説である．また「懲罰」とあるが，本条には一般解雇と懲戒解雇を含むと解されている．

「正当な理由」については，労働者が精神的肉体的その他の理由により業務の遂行に著しい支障がある場合（一身上の事由による解雇），また労働契約上の義務違反行為ないし懲戒事由に該当するような企業秩序違反行為があった場合（行為・態度を理由とする解雇）などが考えられる．さらに，わが国の労働基準法19条と同様の解雇制限があり「勤労者が業務上の負傷若しくは疾病の療養のために休業した期間及びその後30日間または産前・産後の女性がこの法律により休業した期間及びその後30日間は，解雇できない」とされている（2項）．

韓国では，いわゆる整理解雇が明文でルール化されていることが大きな特徴である．すなわち「使用者が経営上の理由により勤労者を解雇するには，緊迫した経営上の必要がなければならない」とされる（24条1項）．この「緊迫した経営上の必要性」とあわせて，解雇回避努力義務および「合理的で公正な解雇の基準」（2項），過半数代表者への50日前の通知と誠実な協議義務が規定され（3項），いわゆる整理解雇の4要件が明記されている．そして，これらの要件がすべて満たされている場合に，解雇の「正当な理由」ありとみなされるのである（5項）．そればかりでなく，整理解雇した日から3年以内に被解雇者と同じ業務に労働者を採用しようとする場合には，当該被解雇者の希望により当該労働者を優先的に雇用しなければならない（優先再雇用制度，25条1項）．また，整理解雇された労働者に対して「政府は，前条により解雇された勤労者に対して，生計の安定，再就職，職業訓練等必要な措置を優先的に講じなければならない」（2項）．このように，整理解雇については労働者にも一定の配慮をしている点が注目される．

解雇予告制度については「使用者は，勤労者を解雇（経営上の理由による解雇を含む.）するには，少なくとも30日前に予告をしなければならず，30日前に予告をしなかったときは，30日分以上の通常賃金を支給しなければならない」と規定する（26条本文）．しかし，ただし書において例外が認められている（2019年1月15日改正）．それは①勤労者が継続して勤務した期間が3か月未満である場合（ただし書1号），②天災・事変，その他のやむをえない理由で事業を継続することができない場合（2号），③勤労者が故意に事業に重大な支障を招き，または財産上の損害を及ぼした場合であって雇用労働部令で定める理由に該当する場合（3号）である．

使用者は，解雇理由及び解雇時期を書面で通知しなければならない（27条1項）．これは効力発生要件である（2項）．

不当解雇等の救済は労働委員会の管轄であり，勤労基準法28条から33条まで救済手続が詳細に規定されている．その概要だけ紹介すると，労働者は，不当解雇があった日から3か月以内に労働委員会に救済を申請することができる（28条）．労働委員会は，調査及び尋問を経て，救済命令または棄却決定をしなければならない（30条1項）．救済命令は「勤労者が原職への復職を望まなければ，原職への復職を命じる代わりに，勤労者が解雇されていた期間勤労を提供していたならば受けることができた賃金相当額以上の金品を勤労者に支給する」という内容となる（3項）．労働委員会の判定に不服の当事者は，一定の期間内に，中央労働委員会の再審査申請さらに行政訴訟を提起することができる（31条）．なお，労働委員会の判定は，行政訴訟等によって効力は停止しない（32条）．労働委員会は，救済命令の履行期限までに救済命令を履行しない使用者に対して，2000万ウォン以下の履行強制金を賦課する権限をもつ（33条）．

（5） 定年制

周知のように，韓国では，雇用における年齢差別禁止及び高齢者雇用促進に関する法律が存在する．合理的理由のない年齢差別が禁止されるのは，① 募集・採用，② 賃金，賃金以外の金品支給及び福利厚生，③ 教育・訓練，④ 配置・転補〔転換〕・昇進，⑤ 退職・解雇である（4条の4第1項）．ただし「この法律又は他の法律により，勤労契約，就業規則，団体協約等で定年を設定する場合」は，例外的に年齢差別とはみなされない（4条の5第3号）．

定年年齢は「60歳以上」に定めることを義務付けられている（19条1項）．定年後再雇用については努力義務とされている（21条1項）．わが国のような65歳までの雇用確保措置義務の規定はない．

4　就業規則

常時10人以上の勤労者を使用する使用者は，次の各号の事項を記載した就業規則を作成し，雇用労働部長官に申告しなければならない．これを変更する場合も同様である（勤労基準法93条）．なお，わが国のような絶対的必要記載事項と相対的必要記載事項の区別はない．

1．業務の開始及び終了の時刻，休憩時間，休日，休暇並びに交代勤労に関する事項
2．賃金の決定・計算・支給方法，賃金の算定期間・支給時期及び昇給に関する事項
3．家族手当の計算・支給方法に関する事項
4．退職に関する事項
5．「勤労者退職給与保障法」第4条により設定された退職給与，賞与及び最低賃金に関する事項
6．勤労者の食費，作業用品等の負担に関する事項
7．勤労者のための教育施設に関する事項
8．出産前後休暇・育児休職等勤労者の母性保護及び仕事・家庭両立支援に関する事項
9．安全及び保健に関する事項

9の2．勤労者の性別・年齢または身体的条件等の特性に応じた事業場の環境の改善に関する事項
10. 業務上及び業務以外の災害扶助に関する事項
11. 職場内いじめの予防および発生時措置などに関する事項（2019年改正で追加）
12. 表彰及び制裁に関する事項
13. その他の当該事業または事業場の勤労者全体に適用される事項

使用者は，就業規則の作成・変更に関しては，過半数代表者の意見を聴かなければならない．ただし，就業規則を勤労者に不利益に変更する場合には，その同意を受けなければならない（94条1項）．また，就業規則の申告の際には，当該意見を記載した書面を添付しなければならない（2項）．

わが国と同様の減給制裁の制限規定もある．減給の制裁を定めるときは「1回の金額が平均賃金の1日分の2分の1を，総額が1賃金支給期の賃金総額の10分の1」を超えることはできない（95条）．就業規則の不利益変更には過半数代表の同意を要するとしている点は注目される．

就業規則の効力に関しては，わが国と同じ取扱いである．まず，就業規則は団体協約（労働協約）に反してはならない（96条）．個別の労働契約との関係では「就業規則で定める基準に達しない勤労条件を定めた勤労契約は，その部分に関しては無効とする．この場合，無効になった部分は，就業規則で定める基準による」とされている（97条）．

5 賃　　金

（1） 勤労基準法上の賃金規定

賃金とは「使用者が勤労の代価として勤労者に賃金，給料，その他のいかなる名称であっても支給する一切の金品をいう」（2条1項5号）．平均賃金とは，事由が発生した日以前の「3か月の間にその勤労者に支給された賃金の総額をその期間の総日数で除して得られる金額」をいう（6号）．これらの定義は，わが国の労働基準法とほぼ同じである．賃金支払い方法についても，わが国と同様，通貨払い，直接払い，全額払い及び毎月1回以上定期日払いの原則が定められている（43条1項，2項）．

韓国賃金制度の特色は，未払い事業主の公開など，賃金未払い防止のための詳細な規定が設けられていることである（43条の2，43条の3）．また，いわゆる重層請負の場合の上位請負人等の賃金支払い義務（44条），特に建設業における賃金支払いの連帯責任の規定があり，注意を要する（44条の2，44条の3）．

使用者の責めに帰すべき事由による休業手当は，わが国とは異なり，平均賃金の「100分の70」とされる（46条）．賃金請求権の消滅時効は3年間である（49条）．

（2） 最低賃金制度

韓国の一般的な賃金制度として，賞与や手当などが分厚い反面，基本給の割合が極端に小さい．賞与は，2か月に1回支給される場合が多く「会社創立記念日」や「社員激

励」という名目の手当があったり，冬には「キムチ手当」が支給されたりする[11]．

韓国では，雇用労働部に，最低賃金委員会が設置される（最低賃金法12条）．最低賃金委員会は，労働者委員，使用者委員及び公益委員各９名からなる三者構成である（14条）．この最低賃金委員会の審議・議決に基づき，労使団体による異議申立期間を経て，雇用労働部長官が毎年８月５日までに最低賃金を定めることとされている．

最低賃金（時間給）は，文在寅政権の所得主導成長政策によって，2018年以降大幅に引き上げられている．たとえば，2017年の最低賃金は6470ウォンであったが，2020年は8590ウォンとなっている．また，2018年に最低賃金法が改正され，毎月１回以上定期的に支給される賞与等及び現金で支給される福利厚生手当については，段階的に最低賃金に算入することとされた（６条４項[12]）．

（３）　退職金制度

韓国には勤労者退職給与保障法が存在する（勤労基準法34条参照）．これにより，使用者は退職給付制度を設け，退職者に退職給与（退職金）を支給しなければならない（４条１項）．これには，退職年金制度と退職前一時金制度とがある（２条６号）．適用事業所は，すべての事業所である（３条本文）．短時間労働者等に対しては，退職給付制度の設定義務はない（４条１項）．給付の最低水準は（30日分の平均賃金）×（勤続年数）である（８条１項）．

使用者は，勤労者が退職した場合は，その支給理由が発生した日から14日以内に退職金を支給しなければならない（９条）．退職金の消滅時効は３年である（10条）．

6　労働時間・休日・休暇[13]

（１）　法定労働時間

戦後韓国の法定労働時間は，１日８時間，週48時間であったが（1953年勤労基準法42条），1989年改正により週44時間に短縮された．さらに2003年改正で週40時間とされた．しかし，当時の解釈として，１週間とは月曜日から金曜日までであり，この間時間外労働は週12時間とされ，土曜日と日曜日の労働は休日労働として運用されていた．このため，一向に長時間労働が改善されず，大きな問題となっていた．

現行法は，2018年改正により，１週を「休日を含んだ７日」と解し（２条１項７号），その法定労働時間を40時間（50条１項），時間外労働の限度時間を12時間（53条１項），合計52時間までに制限した（週52時間労働制，2018年７月１日より企業規模に応じて段階的に施行，３項～６項）．

（２）　延長勤労（時間外労働）

延長勤労は「当事者間で合意したときは，１週間に12時間を限度として」法定労働時間を延長することができる（53条１項）．わが国のような過半数協定の定めはない．割増賃金は100分の50以上である（56条１項）．休日勤労の割増率は，勤労時間が８時間以内の場合は100分の50以上，８時間を超える場合は100分の100以上である（２項）．なお，夜間勤労（午後10時から次の日の午前6時まで）の割増率は100分の50以上である（3項，以上2018年改正）.

次に，労働時間の柔軟化として，次のような制度がある．①弾力的労働時間制（変形労働時間制，単位期間は2週間以内または3か月以内，51条），②選択的労働時間制（フレックスタイム制，52条），③補償休暇制（時間外労働に対して賃金に替えて休暇を与えることができる制度，57条），④みなし労働時間制（事業場外労働，58条1項，専門業務型裁量労働制，3項）．裁量労働制の対象業務は，大統領令により「専門的または創造的業務」とされ，具体的には勤労基準法施行令により「商品開発や研究業務」など，わが国とほぼ同様の業務が列挙されている.

（3）休　憩

使用者は，勤労時間が4時間である場合には30分以上，8時間である場合には1時間以上の休憩時間を，勤労時間の途中に与えなければならない（54条1項）．休憩時間は，勤労者が自由に利用することができる（2項）.

（4）有給休日

使用者は，勤労者に1週間に平均1回以上の有給休日を保障しなければならない（55条1項）．また，使用者は，勤労者に大統領令で定める休日[14]を有給で保障しなければならない．ただし，勤労者代表と書面で合意した場合は，特定の勤労日に変えることができる（2項）．本条は，2018年に改正・新設されたもので，2020年1月1日より段階的に施行される.

（5）年次有給休暇[15]

年次有給休暇制度は，1953年勤労基準法制定当時から規定されているが，わが国と同様，年休取得率の低迷（60％前後）が社会問題とされており，近年その改善のため法改正が行われている.

現行法では，使用者は，1年間に8割以上出勤した勤労者に，15日の年次有給休暇を付与しなければならない（60条1項）．使用者は，1年間8割出勤の要件を満たさなかった勤労者及び継続労働期間が1年に達していない勤労者に対し，1か月間の皆勤に対して1日の有給休暇を与えなければならない（2項）．これは日本にはない制度である．なお，4週間平均労働時間が15時間未満である「超短時間勤労者」については，年次有給休暇（及び休日）の規定は適用されない（18条3項）.

3年以上継続労働した者には，所定の休暇日数（最大25日）を加算して与えなければならない（4項）．「業務上の負傷や病気休業」「出産前後の休業期間」「育児休業期間」は出勤したものとみなされる（6項）.

年次有給休暇を取得する際の勤労者の「時期指定権」と，これに対する使用者の「時期変更権」との関係は，だいたいわが国と同様である．使用者は，勤労者の時期指定権の行使に対し，例外として「勤労者が請求した時期に休暇を与えることが事業運営に多大な支障がある場合」には，その時期を変更することができる（5項）.

わが国における使用者の年休付与義務（労働基準法39条7項）に類似するものとして，年休取得促進制度がある．これは，使用者は年次有給休暇の取得期間満了の6か月前を基準に10日以内に労働者に未取得の休暇日数を通知し，勤労者が書面で時期指定をするように促さなければならないなどとするものである（61条）．年休権の消滅時効は1年である（60条7項）．

7　安全衛生・労働災害

（1）　安全衛生

わが国の労働安全衛生法に対応する法律は，産業安全保険法である．文在寅政権は，安全衛生面を軽視する産業界の風潮を改めるため，2018年に本法を全面改正した．本法は「産業災害を予防して快適な作業環境を作ることにより，勤労者の安全及び保健を維持・増進すること」を目的とする（1条）．適用範囲は，私企業，公企業を問わず，原則としてすべての事業である（3条）．

安全保健管理体制としては，安全保健管理責任者（13条），それに代わる管理監督者（14条），それらを補佐する安全管理者（15条）及び保健管理者（16条）を設置しなければならない．また，産業安全・保健に関する重要事項を審議・議決するために，勤労者及び使用者が同数で構成される産業安全保健委員会を設置・運営しなければならない（19条1項）．事業主は，産業保健医を置くことも義務付けられている（17条1項）．以上の設置義務のある事業の種類・規模等については，大統領令で定められている．

また，事業主は，勤労者の健康を保護・維持するために，勤労者に対する健康診断を実施しなければならない（43条1項）．勤労者は，事業主の実施する健康診断を受診する義務がある（3項）．

わが国にみられない特徴として，顧客の暴言等による健康障害予防措置が事業主に義務付けられていることがあげられる．これは，顧客相手のサービス労働に従事する勤労者について「顧客の暴言，暴行，その他の適正な範囲を越えた身体的・精神的苦痛を誘発する行為……による健康障害を予防するために」必要な措置を講じなければならないとするものである（26条の2）．しかも，大統領令により「業務の一時的中断または転換」が必要な措置に含まれている（25条の7第1号）．上記規定は，事業主にカスタマーハラスメント（カスハラ）の予防措置を義務付けたものとして注目に値する．

（2）　労災補償

労災補償は，産業災害補償保険法によって行われる．保険事業は，労働部長官が管掌する（2条1項）．適用範囲は，すべての事業または事業所である（6条）．

業務上災害の認定基準としては「勤労者が次の各号のいずれか1つに該当する事由により負傷・疾病または障害が発生し，または死亡したときは，業務上災害であるとみなす．ただし，業務と災害との間に相当因果関係がない場合は，この限りでない」（37条1項）とし，業務上事故（1号），業務上疾病（2号）と並んで出退勤災害（3号）が例示されている．出退勤災害は，2018年改正で新設されたもので，わが国の通勤災害に相当するものであるが，これを業務上災害に含めている点がわが国と異なる．なお，各号では，さらに詳しい認定基準が明示されており，わが国の業務起因性，業務遂行性という判断基準よりも分かりやすい内容となっている．また，業務上疾病には「職場内いじめ，顧客の暴言等による業務上精神的ストレスが原因となって発生した疾病」が例示されており（2号ダ），うつ病自殺等のケースがカバーされている．

保険給与の決定及び支給，保険給与決定等に関する審査請求の審理・決定は，勤労福祉公団（公団）が行う（11条1項2号，3号）．保険給付の決定等に不服のある者は，公団に審査請求をすることができる（103条1項）．審査支給を審議するために，公団の中に産業災害補償保険審査委員会（審査委員会）が設置される（104条1項）．審査委員会の決定に不服のある者は，産業災害補償保険再審査委員会（再審査委員会）に再審査請求をすることができる（106条1項）．再審査委員会は，公団ではなく雇用労働部に置かれる（107条1項）．再審査委員会の決定に不服のある場合には，行政裁判所に行政訴訟を提起することになる．

8　女 性 労 働[16)]

（1）　男女賃金差別など

韓国女性の平均賃金は，男性の約60％で，OECD 諸国の中で最も賃金格差が大きい．女性の年齢別就業率は，明確な M 字型カーブを示している[17)]．韓国女性労働者の非正規率は40％である．

勤労基準法6条は，均等処遇として「使用者は，勤労者に対して男女の性別を理由として差別的取扱いをしてはならず……」と定める．これは，わが国労働基準法4条が「女性であることを理由として」と規定しているのに対し，男女を問わないことからジェンダー差別を禁止したものと解されている．また，禁止されるのは賃金差別に限られない．本条違反には，500万ウォン以下の罰金が科せられる（114条1項）．

韓国女性労働法制の大きな特徴は，男女雇用平等及び仕事・家庭両立支援に関する法律（男女雇用平等法）8条で同一価値労働同一賃金の原則を明文化していることである．その1項は「事業主は，同じ事業内の同一価値労働に対しては同じ賃金を支給しなければならない」と定め，2項で「同一価値労働の基準は，職務遂行に要求される技術，努力，責任及び作業条件等とし，事業主がその基準を定めるときには，第25条による労使協議会の勤労者を代表する委員の意見を聴かなければならない」として，判断基準を明示している．正規職と非正規職との間の合理的理由のない差別的処遇に関しては，非正規職保護法8条及び派遣勤労者保護法21条がそれぞれ禁止している．勤労者は，労働委員会にこれらの差別是正を申し立てることができる．また，勤労監督官は，事業主に対し差別是正を指導することができる．

（2）　勤労基準法上の母性保護

勤労基準法は，わが国労働基準法と比較してはるかに詳細かつ手厚い母性保護規定を設けている．たとえば，18歳以上の女性及び妊産婦の夜間勤労及び休日勤労の制限（70

条），産後１年が経過していない女性の時間外勤労制限（71条），女性の構内勤労の禁止（72条），生理休暇（73条），産前産後休暇等（74条），妊娠した女性勤労者の胎児検診時間の許容（74条の２），生後１年未満の乳児をもつ女性勤労者の育児時間（75条）などである．以上の違反に対しては，刑事罰が科される（107条，109条，110条，114条）．本章では，このうち主要な事項だけを紹介する．

まず，生理休暇については，女性勤労者の請求により「月１日」の生理休暇を与えなければならないとされる（73条）．生理休暇は，当初の勤労基準法では有給とされていたが，2003年の改正により無給になった．

産前産後休暇は，使用者は，妊娠中の女性に対し出産前と出産後を通じて90日（多胎妊娠は120日）の「出産前後休暇」を与えなければならない．その配分は，出産後に45日以上（多胎妊娠は60日以上）としなければならない（74条１項）．妊娠中の女性勤労者は，出産前は分割して休暇を取得できるが，出産後は連続して45日以上（多胎妊娠は60日以上）でなければならない（２項）．妊娠中の女性は，これとは別に「流産・死産休暇」を請求できる（３項）．出産前後休暇のうち最初の60日（多胎妊娠は75日）は有給が保障される（４項）．

妊娠中の女性勤労者に対しては，時間外勤労をさせてはならず，また本人の要求により，軽易な勤労に転換しなければならない（５項）．「事業主」は，出産前後休暇終了後には，休暇前と同じ業務または同等な水準の賃金を支給する職務に復帰させなければならない（６項）．使用者は，妊娠後12週以内または36週以後にある女性勤労者が１日２時間の勤労時間短縮を申請した場合は，これを許容しなければならない（７項）．使用者は，この勤労時間短縮を理由として賃金を削減してはならない（８項）．

最後に育児時間であるが，生後１年未満の乳児をもつ女性勤労者が請求したときは，１日２回それぞれ30分以上の有給の授乳時間を与えなければならない（75条）．育児時間を有給で保障している点が，わが国の労働基準法67条１項と異なっている．

（３）　男女雇用平等法の概要

男女雇用平等法は，1987年に制定され，2007年に「男女雇用平等及び家庭両立支援に関する法律」に改称された．本法は，わが国の男女雇用機会均等法及び育児介護休業法を統合した内容となっている．

雇用差別禁止の中心は「第２章 雇用における男女の平等な機会保障及び待遇等」の諸規定である．そこでは，直接差別の禁止として，募集及び採用における男女差別（７条），同一価値労働同一賃金の原則（前述，８条），福利厚生における男女差別（９条），教育・配置及び昇進における男女差別（10条），定年・退職・解雇における男女差別の禁止（11条）等が明記されている．

間接差別については，差別の定義規定の中で「事業主が，採用条件又は勤労条件を同一に適用していたとしても，その条件を充足できる男性または女性が他の性に比べて顕著に少なく，それにより特定の性に不利益な結果を招き，その条件が正当であることを証明できない場合を含む」とすることによって禁止されている（２条１号）．なお，８条から10条まで及び11条１項（定年・退職及び解雇）は，常時５人未満の勤労者を雇用する事業に対しては適用されない（3条1項ただし書，大統領令2条2項）．

セクシュアルハラスメントについては，12条から14条の2まで詳細な規定を設けていているのが，わが国との大きな相違点といえよう．事業主のセクハラ予防教育及び防止措置義務（13条），被害者に対する不利益取扱いの禁止（14条6項）はもとより，セクハラ行為そのものを禁止している（12条）．また，顧客等によるセクハラ（いわゆるカスタマーハラスメント，カスハラ）の防止措置を講じることが事業主の義務とされている（14条の2第1項）[18]．

韓国の雇用平等法には，わが国とは異なり罰則が設けられている．たとえば，定年・退職・解雇の差別に対しては，5年以下の懲役または3000万ウォン以下の罰金が科せられる（37条1項）．セクハラに対しても，被害労働者に対し解雇その他不利益な措置をとった場合には，3年以下の懲役または2000万ウォン以下の罰金が科され（2項2号），事業主がセクハラに関して適切な措置を講じなかった場合には，300万～1000万ウォンの過料（行政罰）が課せられる（39条1項以下）．

次に「仕事と家庭の両立支援」関連として，育児休職（育児休業）についてみていく．使用者は「満8歳以下または小学校2学年以下の子供」を養育するために休職を申請した場合は，これを許容しなければならない（19条1項）．休職期間は1年である（2項）．事業主は，育児休職を理由として解雇またはその他の不利益な処遇をしてはならず，育児休職期間中はその勤労者を解雇できない（3項）．事業主は，育児休職を終えた後は，休職前と同じ業務または同じ水準の賃金が支給される職務に復帰させなければならない（4項）．この4項の規定により，いわゆるマタハラ問題が生じる可能性は少ないであろう．

育児休職を30日以上取得した勤労者は，一定の要件を満たした場合，雇用保険法により育児休職給与が支給される（70条1項）．給与額は，最初の3か月間は通常賃金月額の80%（上限150万ウォン／下限70万ウォン），4か月目以降は通常賃金月額の50%（上限120万ウォン／下限70万ウォン）とされている（大統領令第95条）．

9　年少労働

15歳未満である者（「初・中等教育法」による中学校に在学中である18歳未満である者を含む）は，勤労者として使用することができない（勤労基準法64条）．18歳未満の者を道徳上または保健上有害・危険な事業に使用することができない（65条1項）．

15歳以上18歳未満の者の勤労時間は，1日7時間，1週間35時間を超えることができない．ただし，当事者の間の合意により1日に1時間，1週間に5時間を限度として延長することができる（69条）．18歳未満の者を午後10時から午前6時までの時間及び休日に勤労させることができない（70条2項）．18歳未満の者を坑内で勤労させることができない（72条）．

10　労働組合・使用者団体

(1)　労働関係法改正の概要

韓国では，開発独裁体制の下で，長い間複数組合が禁止されていたが，金泳三政権下の1997年旧労働組合法改正で（この時労組法と労調法が一本化された）複数組合禁止条項が削除された．その後は経過措置により施行が遅れたが，2011年7月よりついに，事業所レベルでの複数組合が完全に許容されることとなった．複数組合の解禁と同時に，交渉窓口単一化制度が導入された（後述）．

1996年旧労働組合法改正において，ノーワークノーペイの原則に基づき組合専従者への賃金支給が禁止された（現行労働関係法24条2項）．そして，その行為を経費援助の不当労働行為として禁止した（81条4号）．これらの規定も長い間経過措置がとられていたが，2010年7月から本則どおり施行されている．

ただし，これと同時に「タイムオフ制」（勤労時間免除制）が導入された．これは，専従者が，一定の勤労時間の範囲内で，①労使間の協議，交渉，苦情処理，安全衛生など労使の共同行動，②労働組合の維持・運営活動を行う場合に，賃金が支払われるというものである．このように，韓国では1997年のIMF危機を契機として，集団的労働法制に大きな変化がみられる．

次に，主な組織形態を見ていくと，ナショナルセンターとして，韓国労働組合総連盟（韓国労総，FKTU）と韓国全国民主労働組合総連盟（民主労総，KCTU）がある．韓国労総は中小企業が多く，民主労総は大手企業を多く組織化している．勢力は，韓国労総が約93万人，民主労総は81万人とほぼ拮抗している．組織人員は韓国労総が93.6万人，民主労総が81.3万人である．全体の組織率は11.8%である（2018年）．韓国では，複数組合が禁止されていた1960年代から，すでに産別化志向がみられた．民主労総が合法化された1999年以降，この傾向に拍車がかかり，現在は，特に金属，化学，金融，交通・運輸，建設，公務などの分野で産別化が広がっている．とはいえ，大企業では企業別労働組合が支配的である．

近時の集団的労働法における重要課題は，いわゆるILO核心条約[19]とりわけ結社の自由と団結権保護に関する条約（87号，98号）の批准である．ILOは韓国に対し，労働組合加入資格の制限（労働関係法2条4号，後述），労働組合設立申告制度（10条1項，後述），労組専任者の賃金支給禁止（81条4号）等の制度を是正するよう勧告している．

(2)　労働組合の設立

以下では，現行の労働関係法に即して主な制度の概要をみていく．前述のとおり，大韓民国憲法では勤労者に労働三権を保障しており（33条1項），労働関係法5条1項では「勤労者は自由に労働組合を組織し，またはこれに加入することができる，ただし，公務員及び教員に関しては，別に法律で定める」と規定している．なお，労働組合は，わが国と同様，民事免責（3条）および刑事免責（4条）の保護を受ける．

労働関係法上の労働組合とは「勤労者が主体となって自主的に団結し，勤労条件の維持・改善その他勤労者の経済的・社会的地位の向上を図ることを目的に組織する団体またはその連合団体をいう．ただし，次のいずれかに該当する場合には，労働組合とはみなさない」とされている（2条4項）．この定義規定は，わが国の労働組合法2条とほぼ同じ内容と解してさしつかえない．

韓国の労働組合法制の特徴の1つは，設立申告制度がとられていることである．労働組合を設立しようとする者は，役員の姓名及び住所等を記載した申告書に組合規約を添えて，雇用労働部長官等に提出しなければならない（10条1項）．雇用労働部長官等は，設立申告書を受け付けたときは，3日以内に申告証を交付しなければならない（12条1項）．しかし，組合規約等に不備があったり自主性の要件（5条1項ただし書）に抵触する場合には，補完を求めたり設立申告書を返還しなければならない（12条2項，3項）．

自主性の要件の1つとして「使用者または常にその利益を代表して行動する者」は組合員資格がない（2条4項ただし書カ）．また「勤労者でない者」も加入資格がない．ただし，被解雇者が労働委員会に不当労働行為の救済申請をした場合には，中央労働委員会の再審判定がある時までは，勤労者とみなされる（ラ）．なお，労働組合の役員は，その組合員の中から選出されなければならない．また，役員の任期は，規約で定めるものとし，3年を超過できない（23条1項，2項）．

このような設立申告手続を経て申告証を交付された労働組合が法適合組合である．法適合組合でなければ，労働委員会による労働争議の調整及び不当労働行為の救済を受けることができないばかりでなく（7条1項），労働組合という名称を使うこともできない（2項）．

（3） ユニオン・ショップ

韓国では，ユニオン・ショップは合法とされている．その根拠は不当労働行為の規定に求められる．労働関係法81条2号は，不当労働行為として次のように定める．

「勤労者がある労働組合に加入しないこと若しくは脱退することを雇用条件とし，または特定の労働組合の組合員になることを雇用条件とする行為．ただし，労働組合が当該事業場に従事する勤労者の3分の2以上を代表しているときは，勤労者がその労働組合の組合員になることを雇用条件とする団体協約の締結は妨げられない．この場合において，使用者は，勤労者がその労働組合を除名されたこと，またはその労働組合を脱退して新しく労働組合を組織し，若しくは他の労働組合に加入したことを理由として，勤労者に身分上不利益な行為を行ってはならない」．

わが国の理解と異なっているのは，ユニオン・ショップ協定の締結資格を，従業員の3分の2以上を代表している労働組合に限定していること，また，使用者がユニオン・ショップ協定に基づき労働者を解雇できるのは，当該労働者が単純に脱退した場合に限られることである．労働組合から除名されたことは，解雇理由にはならない．

（4） 不当労働行為制度

韓国の不当労働行為制度は，わが国のものと類似している．不当労働行為の類型としては，労働者個人に対する不利益取扱いの禁止（81条1号），黄犬契約の禁止（2号本文)，団交拒否（3号)，支配介入・経費援助の禁止（4号）及び労働委員会への申告を理由とする不利益取扱いの禁止（5号）である．

このうち，ユニオン・ショップ協定が明文で認められていること（2号ただし書，要件と効果はわが国と異なる）は前述のとおりである．また，4号の経費援助をめぐって，結社の自由に関するILO条約を批准するために法改正が行われる見通しである.[20]

救済制度についてわが国と大きく異なるのは，労働委員会による原状回復主義と並んで，科罰主義を併置していることである．上記81条各号の規定に違反した者は，2年以下の懲役または2000万ウォン以下の罰金に処せられる（90条)．

11　団体交渉・労働協約

（1）　団体交渉の当事者・担当者

大韓民国憲法33条1項は，勤労者の団体交渉権を保障する．これを受けて，労働関係法は団体交渉につき詳細な規定を設けている．まず，団体交渉の当事者とは「労働組合の代表者」と「使用者および使用者団体」である（29条1項)．労働組合の代表者は，交渉権限ばかりでなく労働協約（条文では団体協約）の締結権限も認められている（同)．

2010年以降の複数組合解禁に伴い，交渉代表労働組合の代表者は「交渉を要求したすべての労働組合または組合員のために」交渉し労働協約を締結する権限を有するとされている（2項)．また，ここでいう使用者団体とは「労働関係に関して，その構成員である使用者に対し，調整または規制することができる権限を有する使用者の団体をいう」と定義されている（3項)．なお，交渉当事者は，第三者に交渉及び労働協約締結権限を委任することができる（4項)．

（2）　交渉窓口単一化制度

複数組合の解禁に伴い，交渉窓口単一化制度が新設された．これは，1つの事業または事業場（交渉単位）において「組織形態に関係なく」労働組合が2個以上ある場合，労働組合は「交渉代表労働組合」を決めなければならないというものである．ただし，使用者がこの制度によらないことに同意した場合は「この限りでない」(29条の2第1項)．

交渉代表労働組合の決定方法は，まず，一定期限内に労働組合どうしが「自律的に」決定する（2項)．それができなかった場合は「交渉窓口単一化手続に参加した労働組合の全組合員の過半数で組織された労働組合」が交渉代表労働組合になる（3項)．それでも決まらない場合は，交渉窓口単一化手続に参加したすべての労働組合により「共同交渉代表団」を構成する．ただし，手続に参加した労働組合の全組合員の100分の10未満の少数組合は除かれる（4項)．これらの手続に異議ある労働組合は，労働委員会の決定を申請することができる（5項以下)．交渉単位に争いがある場合，労働委員会は，当事者の申請により交渉単位を分離する決定をすることができる（29条の3第2項)．

(3)　公正代表義務・誠実交渉義務

交渉窓口単一化制度に関連して，交渉代表労働組合及び使用者は，交渉窓口単一化手続に参加した労働組合またはその組合員の間で「合理的理由なく差別をしてはならない」(29条の4第1項)．これが公正代表義務である．また，一般的に団体交渉・労働協約締結当事者は「信義に基づき誠実に」交渉・協約締結しなければならず，また権利を濫用してはならない (30条1項)．さらに当事者は「正当な理由なく交渉または団体協約の締結を拒否しまたは懈怠してはならない」(2項)．これらは，労使双方の誠実交渉義務を明文化したものといえよう．

(4)　労働協約

韓国の労働協約法制は，おおむねわが国と類似しているが，細部で異なる点もある．労働協約の成立要件は，当事者双方の「署名または捺印」が必要である (31条1項)．労働協約は，行政官庁への申告義務があり，行政官庁は，内容に違法な点があれば是正を命じることができる (2項，3項)．

労働協約の有効期間は2年である (32条1項，わが国は3年)．また，いわゆる余後効が法定されており，効力満了日から3か月間は効力が持続する (3項)．労働協約の解約は，6か月前までに相手方に通告する (同，わが国は90日前)．

労働協約の規範的効力に関する規定は，わが国労働組合法16条とほぼ同じである．労働協約の基準に「違反する」就業規則または労働契約の部分は無効となり，無効となった部分は労働協約に定めた基準が適用される (33条1項，2項)．有利原則については，否定説が多数説である．

労働協約の拡張適用制度も存在する．一般的拘束力は，同種の勤労者の「半数以上」が1つの労働協約の適用を受けるときに生じる (35条，わが国は4分の3以上)．地域的拘束力は，1つの地域における同種の勤労者の「3分の2以上」(わが国は「大部分」) が1つの労働協約の適用を受けるときに生じる．地域的拘束力は，当事者の双方または一方の申請により，または職権で，行政官庁 (わが国は「厚生労働大臣又は都道府県知事」) が労働委員会の議決を得て決定する (36条1項)．

12　ストライキとロックアウト

(1)　労働争議・争議行為の定義

労働争議とは，労働関係の当事者間で「賃金・勤労時間・福祉・解雇その他の待遇等勤労条件の決定に関する主張の不一致によって発生した紛争状態をいう」(労働関係法2条5号前段)．ここでは，労働争議の対象を利益紛争に限定している点が特徴的である．[21] また「主張の不一致」とは，これ以上当事者間の自主交渉による合意の余地がない場合をいう (後段)．

争議行為とは「ストライキ (条文は「罷業」)・怠業・職場閉鎖その他労働関係当事者がその主張を貫徹する目的で行う行為及びこれに対抗する行為であって，業務の正常な運営を阻害する行為をいう」(6号)．これは，わが国の争議行為の定義とほぼ同じと解される（労調法7条）.

（2） 争議行為の成立時期

労働争議（争議行為ではない）が発生したときは，相手方に書面で通知しなければならない（45条1項）．労働関係当事者は，労働争議が発生した場合，自主的調整の努力（47条）及び自主的解決の努力（48条）の義務が課せられる．争議行為は，53条から73条までの調整手続（調停，仲裁）を経なければ行うことができない（調整前置主義，45条2項）[22]．争議行為は，調整期間を経た後「業務の正常な運営を阻害する行為」（2条6号）が行われたときに成立すると解される．なお，争議行為は，組合員の「直接・秘密・無記名投票による組合員の過半数の賛成」がなければ行うことができない（41条1項前段）．この違反に対しては，1年以下の懲役または1000万ウォン以下の罰金が課せられる（91条）．

（3） 争議行為の制限

争議行為の基本原則として，争議行為は「その目的・方法及び手続き」の面で法令その他社会秩序に違反してはならない（37条1項）．また，組合員は労働組合によって主導されない争議行為をしてはならない（2項）．争議行為の方法に関する規制として，争議行為と関係のない者等を妨害してはならず，争議行為への参加の訴えや説得の際に暴行・脅迫を用いてはならない（38条1項）．作業施設の損傷，原料・製品の変質または腐敗を防止する作業は，正常に行われなければならない（2項）．この2つの条項については罰則がある（89条1項，91条）．

一方で，使用者は，争議行為期間中，操業を継続するために「当該事業に関係のない者」を採用したり代替したりすることはできず，また当該業務を請負または下請に出してはならないとされている（43条1項，2項）．労働組合は，争議行為が適法に実行されるように指導・管理・統制する責任を有する（3項）．なお，上部団体等のいわゆる第三者の争議行為介入の禁止規定は，2006年改正で削除された．

韓国では「必須維持業務」に該当する事業においては，争議行為が禁止されている（42条の2第2項）．必須維持業務とは，公益事業をさらに絞り込んだ「必須共益事業」（71条2項）のうちで，公衆生活を著しく危険にする業務として大統領令で定める業務をいう（42条1項）．たとえば，鉄道，航空，水道，電力，ガス道の関連業務が定められている．

以上の争議行為制限に抵触しない正当な争議行為に対しては，民事免責（3条）及び刑事免責（4条）が保障されていることは前述のとおりである．

使用者によるロックアウト（職場閉鎖）は「労働組合が争議行為を開始した以後にのみ」行うことができる（46条1項）．この意味で，前述の争議行為の開始時期が重要となる．ロックアウトをする場合には，使用者はあらかじめ行政官庁及び労働委員会に申告しなければならない（2項）．

13　労使紛争処理制度[23)]

（1）　労働委員会

韓国では，集団的労働紛争及び個別的労働紛争を問わず，労働委員会が紛争処理システムで重要な役割を果たしている．1953年の労働委員会法制定当時は，不当労働行為の紛争処理が中心だったが，1989年の勤労基準法改正により個別的労働紛争を扱うようになり，2007年からは非正規職労働者に対する差別是正業務，2011年からは複数組合解禁に伴う交渉窓口単一化業務を取り扱うことになった．

労働委員会は，公益委員，労働者委員，使用者委員の三者構成であり，地方労働委員会（12か所）及び中央労働委員会がある．労働委員会は，権利紛争と利益紛争とを問わず，労使間に賃金，解雇，その他の待遇について争いがある場合に，当事者双方または一方の申請により調停や仲裁を行う．また，労働委員会は，わが国と同様判定業務も行う．

差別是正業務は，公益委員のみの差別是正委員会が審問を行ったうえで差別是正命令を発したり，調停・仲裁手続きに移行したりするものである．なお，労働委員会の審理では，公認労務士（わが国の社会保険労務士）が代理人として参加を認められている．

労働争議の調整については，調停，仲裁及び緊急調整の手続が詳細に規定されているが（労働関係法第5章），本章では省略する．

（2）　裁判所（法院）[24)]

労働委員会の命令に不服の当事者は，裁判所に当該命令の取消しを求めることができる．わが国と異なるのは，韓国には行政裁判所があり，労委命令の取消訴訟は行政裁判の管轄となることである．労災保険審査会の決定に不服の場合も同様である．控訴されると，高等裁判所の特別部に係属する．最高裁は，民事訴訟と行政訴訟の区別がない．労働委員会から裁判所まで，全部で「五審制」となることは，わが国と変わらない．もちろん，労働者は賃金，解雇その他の労働条件に関して，直接通常裁判所に提訴することができる．

注

1）　林和彦「労働法における開発独裁の清算——韓国の経験」日本法学66巻2号，2000年，45頁，李鋌「韓国版働き方改革の行方」季刊労働法264号，2019年，60頁．なお，本章の条文訳は「韓国労働法試訳集2019」（労働政策研究・研修機構ホームページ）によったが，韓国語原文から適宜拙訳を用いている．

2）　高橋和之編『新版 世界憲法集』（第二版）（國分典子訳・解説），2012年，350頁．

3）　韓国の公務員の労働法制は複雑であり，本章では必要な限りで言及するにとどめる．

4）　もっとも，三禁解除がすぐに実現したわけではなく，様々な経過措置により施行が延期された．たとえば複数組合の禁止が真に解消されたのは2010年であった．

5）　徐侖希「韓国における非正規勤労者の雇用安定と処遇改善に関する法規制の評価と課

題」和田肇・緒方桂子編『労働法・社会保障法の持続可能性』旬報社，2020年，259頁.

6） 新谷眞人「韓国における非正規労働者と労働組合――労働法学の視点から」アジア法研究5号，2011年，69頁.

7） 2019年の韓国における出生率は0.92％であり，過去最低を記録した．これは，OECD平均の1.6％，日本の1.42％と比べても低い（日本経済新聞2020年2月28日付）.

8） 勤労基準法は，5人未満の事業場には適用されない（11条1項）.

9） 勤労基準法16条は，勤労契約の期間は1年を超えることができないと定めるが，本条は2007年6月30日で失効している.

10） 李鋌『解雇紛争解決の法理』信山社，2000年，243頁，国際研究部「解雇ルールと紛争解決――韓国」菅野和夫・荒木尚志編『解雇ルールと紛争解決――10ヵ国の国際比較』労働政策研究・研修機構，2017年，354頁.

11） 「韓国の働き方改革・下」朝日新聞2019年1月20日付.

12） 都在亨「最近の韓国における最低賃金の議論」東京大学・ソウル大学第6回比較労働法セミナー資料，2019年.

13） 李相熙（武井寛訳）「韓国の長時間労働と労働時間規制」労働法律旬報1950号，2019年，7頁.

14） 三・一節，光復節など，日曜日を除き年間約15日（1990年11月5日大統領令13155号）. 盧尚憲ソウル市大教授のご教示による.

15） 韓仁相（尹文熙訳）「年次有給休暇制度の主な争点と課題」労働法律旬報1950号，2019年，17頁.

16） 神尾真知子「韓国の女性労働法制と課題」季刊労働法246号，2014年，259頁，「JILPT海外労働情報16-09第16回日韓ワークショップ報告書・女性労働問題：日韓比較」労働政策研究・研修機構，2016年.

17） M字カーブの解消のために「経歴断絶女性等の経済活動促進法」が制定されている（2017年9月22日施行）.

18） このほか，積極的雇用改善措置（ポジティブアクション）として17条の3から同条の9まで詳細な定めがあり，わが国の女性活躍推進法に類似の制度が示されているが，本章では省略する.

19） 結社の自由（87号，98号），強制労働禁止（29号，105号），児童労働禁止（138号，182号），差別禁止（100号，111号）の8条約を指す．韓国は，結社の自由及び強制労働禁止関連の4条約が未批准である.

20） 2020年4月現在，具体的な改正案は明らかでないが「労働組合の自主的な運営を侵害する恐れのない範囲内の運営費の援助行為は例外とする」という内容が含まれることになる（盧尚憲ソウル市大教授のご教示による）.

21） 労働協約の解釈・履行方法等の権利紛争は，当事者は労働委員会に見解の提示を要請することができる（34条1項）.

22） 最短では10日，調停の延長や仲裁手続に入れば，さらに長引くことになる.

23） 李鋌「韓国における労働紛争処理システムの現状と課題」日本労働法学会誌116号，2010年，3頁.

24） 韓国では，憲法裁判所以外の裁判所を「法院」と呼んでいる．以下では，便宜上「裁判所」と称する.

参考文献

海外調査シリーズ50『韓国の労働法改革と労使関係』日本労働研究機構，2001年.

金裕盛『韓国労働法の展開』信山社，2001年.

熊谷謙一『アジアの労使関係と法』日本生産性本部生産性労働情報センター，2015年.

宋剛直『韓国労働法』悠々社，2001年.

孫昌熹『韓国の労使関係』日本労働研究機構，1995年.

西谷敏・和田肇・朴洪圭編『日韓比較労働法１　労働法の基本概念』旬報社，2014年.

————『日韓比較労働法２　雇用終了と労働基本権』旬報社，2014年.

法政大学大原社研編『韓国労使関係の展開と現状』総合労働研究所，1997年.

李鋌「韓国の最近における労働立法の動向について——非正規職保護立法と複数組合問題を中心に」季労223号139頁，2008年.

労働政策研究・研修機構「韓国における労働政策の展開と政労使の対応——非正規労働者問題の解決を中心に」JILPT 資料シリーズ No. 155，2015年.

脇田滋・和田肇・宋剛直・盧尚憲編著『日韓比較労働法３・韓国労働法の展開』旬報社，2019年.

（新 谷 眞 人）

第3章
台　湾

1　台湾の概要

台湾の労働法について述べる前に，台湾の概要を見よう．

まず，一般的に台湾とは，中華民国政府が実効支配している領域を指す．すなわち，台湾本島のほかに，澎湖，東沙諸島，中沙諸島，南沙諸島，金門，馬祖等からなり，面積は３万6000平方キロメートル（ほぼ九州とおなじ）である．2021年11月の人口は2339万4787人[1)]，様々な民族から構成されるが，漢民族が98％を占め，そのなかでも本省人（河洛人と客家人からなる．日本統治以前から台湾に居住していた者及びその子孫）及び外省人（戦後中国各地から中華民国政府とともにやってきた者及びその子孫），さらに原住民（２％）がいる．公用語は北京語（國語）であるが（中国の普通話とほぼ同じだが，台湾では繁体字が使われる），その他に台湾語（河洛語），客家語及び各原住民の言語も使われている．

政治体制は，中華民国憲法に基づく民主共和制（五権分立［立法，行政，司法，監査，考査］）である．1949年から1987年まで40年ほどにわたる世界最長の戒厳令下にあったが，当時の李登輝（国民党）総統のもとで民主化が進められ，現在の総統は蔡英文（民進党）である．国際連合からは脱退しており，国際的な枠組みの多くから外れている．わが国を含む多くの国とは外交関係を有せず，1972年の日中間の外交関係樹立に伴う日台国交断絶により（中華民国政府は，中華人民共和国と国交を樹立した国とは断交する方針をとっているため），現在わが国と台湾との間には正式な国交はない．しかし，かねてより日台間の往来は多いため，民間機関の形をとりながらも実質的な大使館の役割を果たすものとして，日本は公益財団法人日本台湾交流協会，台湾は台灣日本關係協會を設置している．

2　労働法の概要

労働法の概要を見ることとしよう．

個別的労働関係法のなかでも労働基準法（勞動基準法）が重要である．工場法（［工廠法］中華民国政府が中国にあったときの1929年制定，2018年廃止）が施行されていたが，産業の中心が第２次産業から第３次産業に変わりつつあるなかで，同法では不十分なことが明らかとなったことから，1984年に労基法が制定された．なお，中華民国政府が中国にあったときの1936年に労働契約法（勞動契約法）が制定されているが，いまだ施行されていない．

労基法は，第１章「総則」（１～８条），第２章「労働契約」（９～20条），第３章「賃

金」(21〜29条)，第4章「労働時間，休息，休暇」(30〜43条)，第5章「年少者，女性」(44〜52条)，第6章「退職」(53〜58条)，第7章「災害補償」(59〜63-1条)，第8章「訓練生」(64〜69条)，第9章「就業規則」(70〜71条)，第10章「指導及び監督」(72〜74条)，第11章「罰則」(75〜82条)，第12章「附則」(83〜86条）から構成されている．その違反に際して，使用者に罰則を科すことにより，実効性の確保を図っている．

第1章「総則」において，本法が最低基準を定めていること（1条)，労働者や使用者といった用語の定義（2条)，適用範囲（3条）について規定し，3条1項は，1号から7号まで農林業等適用事業を列挙し，8号で「中央主務官庁が指定する事業」として，適用事業につき，労働部（日本の旧労働省に相当）に委任している．その上で，同条3項は，「この法律はすべての事業所に適用される．但し，事業形態，経営形態及び業務の性質等から，この法律の適用が困難な場合，行政官庁の告示（公告）により指定される業種又は従事者（工作者）については，これを適用しない」旨規定している[2]．さらに，強制労働の禁止（5条)，中間搾取の排除（6条)，労働者名簿（勞工名卡）備え付けの義務（7条）等を定めている（労働時間や賃金といった具体的な労働条件に関する定めについては，後述)．

均等待遇については，思想等様々な事由を列挙し，それらに関する雇用上の差別禁止を定める就業サービス法（就業服務法）のほかに，日本の男女雇用機会均等法に相当し，性差別や使用者へのセクシュアル・ハラスメントの防止義務を定める，雇用における性差別禁止法（性別工作平等法）が重要である（2002年の制定時は「両性工作平等法」であったが，2008年に現行名に改称)．

集団的労使関係法は，中華民国政府が中国にあったときに制定された労働組合法（[工會法］1929年制定)，労働協約法（[團體協約法］1930年制定）及び労働争議処理法（[勞資爭議處理法］1928年制定）の3つの法律が中心となる（これらを「労働3法」という)．戒厳令下では労働組合を抑圧する方針がとられており，戒厳令解除後の労働3法の内容と台湾社会の現状が合致しないことが明らかとなったため，2008年から2010年にかけて改正され（労働組合法は2010年，労働協約法は2008年，労働争議処理法は2009年)，いずれも2011年に改正法が施行された．

労働市場法については，わが国の職業安定法の性格を有し，かつ外国人が台湾で就労する際の根拠となる，1992年に制定された前述の就業サービス法が中心となる．また，職業訓練については，1983年制定の職業訓練法が定めている．

3　労働市場に関する法制

職業紹介，職業訓練，わが国の雇用保険に相当する就業保険のほかに，外国人労働者の受入れ，また，高齢者雇用について述べよう．

(1)　職業紹介

1935年に職業紹介法（職業介紹法）が制定されたが，施行されなかったため，1919年に制定された使用人紹介所規則（傭工介紹所規則[3]）が職業紹介を規制しているのみであった．しかし，1992年に就業サービス法が制定されるに至り，これらはいずれも廃止されることとなった．

同法は，国民の就業を促し，社会及び経済の発展に寄与する旨定め（1条），日本の公共職業安定所に相当する，公共職業紹介機関（公立就業服務機構）が無料で職業紹介を行うことを原則とし（12条以下），許可を得れば民間職業紹介機関（民間就業服務機構）も行うことができる（34条以下）．とりわけ，外国人非熟練労働者の雇入れにあたっては，民間職業紹介機関が大きな役割を果たしている．

（2） 職業訓練

職業訓練法は1983年に制定され，職業訓練を① 養成訓練（15歳以上又は中学校卒業者に行われる訓練），② 基本技術向上訓練（［技術生訓練］訓練生に基本的な技能を習得させるための訓練），③ 専門技術向上訓練（［進修訓練］従業員の専門的な技術及び知識を向上させるための訓練）及び④ 転職支援訓練（［轉業訓練］新たな職業に就こうとする者に必要な技能及び知識を習得させるための訓練）の4つに分類し，さらに，身心障害者権益保障法（身心障礙者權益保障法）が，障害者の職業訓練について定めている（同法33条以下）．

（3）就業保険

わが国の雇用保険に相当するのが「就業保険」であり，就業保険法に基づき実施されている．後述の労働者保険条例（勞工保險條例）[4]には制定当初から失業給付が存在したが，労働者保険の失業給付の実施に関する辦法（勞工保險失業給付實施辦法）が1998年に制定，翌1999年に至って施行されることにより，ようやく実施されることとなった．しかし，それから間もなく，2002年に当該給付が就業保険として分離独立した（労働者保険については「11 社会保険」）．

保険者は労働部の外局である労働者保険局（勞工保險局）である．被保険者資格を有するのは，15歳以上65歳未満であって，① 台湾籍を有する者（就業保険法5条1項1号），② 台湾人と婚姻し，かつ在留資格を有する外国人（同項2号）である（そのため，これ以外の外国人は被保険者とはならない）．

給付には，① 失業給付（労働の意思及び能力を有するにもかかわらず，自らの意思によらずに離職した場合に，離職前6か月の平均標準報酬月額の60％が最長6か月間支給される），② 早期就職奨励手当（［提早就業奬助津貼］失業給付の受給資格者が，当該給付の支給残日数が100分の50以上あり，職業に就いた場合に支給される），③ 職業訓練生活手当（［職業訓練生活津貼］公共職業紹介機関に求職の申込みをし，当該機関の指示した職業訓練を受講した者に，その期間，離職前6か月の平均標準報酬月額の60％が最長6か月間支給される），④ 育児休業手当（［育嬰留職停薪津貼］雇用における性差別禁止法に基づく育児休業を取得した期間，子1人につき，離職前6か月の平均標準報酬月額の60％が最長6か月間支給される），⑤ 国民健康保険（［全民健康保險］詳しくは「11 社会保険」）の保険料の補助（被保険者であった離職者及びその被扶養者の保険料を補助する）である．

これら給付のなかでもその中心となるのは，① 失業給付であるが，わが国の基本手当と異なり，企業の倒産等の非任意的な理由による離職のみを給付事由としている．

（4） 外国人労働者の受入れ

台湾には飲食店をはじめとして日系企業が多く進出しており，駐在員を派遣したり，現地採用で日本人や日本語のできる台湾人を雇用したりすることが多い．非熟練労働者及び駐在員を含む熟練労働者ともに外国人労働者の受入れにあたっての根拠法が，就業サービス法である．

同法42条は，国民の労働権を保障するため，外国人の雇入れにつき，国民の就業の機会，労働条件，経済の発展及び社会の安定の妨げにならないようにする旨述べた上で，国内で労働力が不足している分野について外国人労働者を受入れるという原則（これを「補充性原則」という）を定めている．また，何人も不法に外国人を就労させたり（44条），外国人を他者の下で就労させたりすることを禁止している（45条）．

46条1項1号から6号までに定める者が熟練労働者[5)]，同項8号から11号までに定める者が非熟練労働者[6)]である．非熟練労働者，熟練労働者ともに外国人労働者は，就労する際には，健康診断を受ける必要があり，かりに入国後の健康診断に不合格となった場合には，出国しなければならない（48条）．熟練労働者の就労期間は最長で3年だが，延長することができる一方，居宅介護以外の非熟練労働者は最長12年，居宅介護労働者は同14年就労することができるにすぎず（52条），また，熟練労働者が介護等の非熟練労働者の仕事を行うことはできない（53条）．なお，非熟練労働者はインドネシア，フィリピン，ベトナム，タイ，マレーシア及びモンゴルと協定を締結し受入れているが，マレーシア及びモンゴルからはほとんどおらず，事実上，この2か国を除いた4か国からの受入れとなっている．

くわえて，台湾人の雇用を守るために，使用者は，熟練労働者に，主務官庁である労働部が定めた額以上の賃金を支払わなければならず，当該額は月額4万7971元となっている[7)]．

さらに，日本の出入国管理及び難民認定法に相当する，入出国及び移民法（入出國及移民法）は，就業サービス法に定める者（前述した同法46条1項に定める熟練労働者及び非熟練労働者）が，台湾に滞在するにあたり，移民署（日本の出入国在留管理庁に相当）に出頭し，滞在申請するよう求めている（9条）．熟練労働者は，毎年183日を超えて5年台湾に滞在すれば永住許可申請を行うことができるのに対し，非熟練労働者は，永住のために必要な期間に就労期間を算入できない（25条）ことから，当該申請はできない．

外国人労働者受入れについて，就業サービス法の規定を中心に見てきたが，非熟練労働者には厳しい規制を行う一方，熟練労働者にはきわめて緩やかな規制になっている．くわえて，2017年制定，2018年施行の外国専門人材の招致及び雇用に関する法律（外國專業人才延攬及僱用法）により，熟練労働者のなかでも高度人材をさらに呼び込もうとしている．同法はさらなる当該人材受入れ促進のために，施行後3年ほどたった2021年7月に改正され，10月に改正法が施行された．

（5） 高齢者雇用

2008年に国民年金の実施により，皆年金が達成されたが，給付額はそれほど高くはない（正しくは，軍人，公務員及び教員［これら三者を「軍公教」という］と，労働者や農民といった，軍公教以外の者との間には給付面で大きな差があり，前者は後者よりも優遇されている．こうした格差は「軍公教福利」と呼ばれ，強い批判の対象となってきた）．それゆえ，現在でも早めに退職し，子の扶養を受けるというのが現在でも高齢者の一般的な意識である．しかし，それも急速な少子高齢化により変わらざるをえない．

こうした社会の変化を背景に高齢者の雇用を促進するために，中高齢者及び高齢者の就業の促進に関する法律（中高齢者及高齢者就業促進法）が2019年に制定された．同法は，募集，採用，配置や解雇等にあたり，年齢を理由として，使用者が中高齢者（45歳以上65歳未満の者）及び高齢者（65歳以上の者）を差別的に取扱うことを禁止し，さらに罰則を科すなどする．2020年５月施行予定であったが，新型コロナウイルス感染症に伴う雇用情勢の悪化から同年12月に施行が延期された．

4　労働契約に関する法制

先述したように，労働契約法は存在するが，依然として未施行である．それゆえ，労働契約に関しては，特別法によるもののほかは基本的に労基法の定めによる．

（1）　労働契約の締結

労基法施行細則７条は，労働契約を締結するに際し，次の事項について定めるものとする．すなわち，① 就業の場所及び従事すべき業務（１号），② 始業及び終業の時刻，休憩時間，休日及び休暇等（２号），③ 賃金の決定等（３号），④ 労働契約の成立及び終了（４号），⑤ 退職金等（５号），⑥ 労働者に負担させるべき食費等（６号），⑦ 安全及び衛生（７号），⑧ 教育訓練（８号），⑨ 福利厚生（９号），⑩ 災害補償等（10号），⑪ 遵守すべき規律（11号），⑫ 表彰及び制裁（12号），⑬ その他労使の権利義務に関すること（13号）である．

（2）　労働契約の期間

労基法は，労働契約には有期契約（定期契約）と無期契約（不定期契約）がある旨述べた上で，① 臨時，② 短期，③ 季節的及び④ 特定の業務を除き，無期契約にしなければならないと定めている（９条１項．①～④の定義については労基法施行細則６条）．ただし，次のいずれかに該当する場合，満了した有期契約は無期契約とみなされる．すなわち，第１に期間満了後も就労継続することにつき，使用者が異義を述べなかった場合，第２に新たな契約を締結した後，従前の契約と当該新たな契約の契約期間を通算した期間が90日を超えるものであって，前者（従前の契約）と後者（新たな契約）との間に労働契約の存在しない「空白期間」が30日未満である場合である（同条２項）．このように，台湾の労基法は有期契約の締結に対し，厳しい制約を課している．

（3）　最低勤続年数

一般的にいえば，わが国よりも離職率が高いため，使用者は労働者の教育訓練に費用をかけない傾向にある．第１に中小企業が多い，第２にていねいな教育訓練を行ってもすぐさま離職されたら，その費用を回収することができないからである．ゆえに，労働契約に最低勤続年数に関する定めを置くことがある．すなわち，一定期間の満了前に離職した場合には，使用者が労働者に損害賠償を請求するといったものである．しかし，無限定に認めることは労働者に酷な結果を招くことになることから，それを制限する条文が2015年の労基法改正で新設された（15-1条）．

次のいずれかに該当する場合に限り，使用者は労働契約に最低勤続年数に関する定めを置くことができる．すなわち，第1に使用者が自らの費用で労働者に専門的・技術的な訓練を行う場合，第2に労働者が最低勤続年数に関する合意を遵守するにあたり，使用者が合理的な補償を行う場合である（同条1項）．また，労働契約に当該定めを置くにあたっては，前記訓練の期間や費用等を総合考慮した上で，合理的な範囲を超えてはならず（同条2項），また，1項及び2項に反する最低勤続年数の合意は無効となる（同条3項）．ただし，最低勤続年数満了前の離職が，労働者の責めに帰すべきでない事由による場合は，当該合意違反とはならない（同条4項）．

（4） 配　転

2015年の労基法改正で配転に関する規定が新設されている（10-1条）．使用者は，配転を行うにあたり，労働契約に反してはならないほか，次に定める事項を遵守しなければならない．すなわち，① 業務上の必要性が存し，かつ不当な動機及び目的をもってなされたものでない，ただし，法律に別段の定めがある場合にはその定めによる，② 賃金その他の労働条件に不利益を生じさせない，③ 配転後の業務が，体力的及び技術的に可能である，④ 配転の場所が遠隔地である場合，使用者は必要な支援を行う，⑤ 労働者及びその家族の生活及び利益に配慮する，である．

（5） 労働契約の終了

労働契約の終了については，主に労基法が定めている．

まず，使用者は，後述するように，就業規則で解雇等について記載しなければならない（70条）．その上で，労働者の雇用した期間が3か月以上1年未満は10日前，1年以上3年未満は20日前，3年以上は30日前に解雇予告を行う又は解雇予告手当を支払わなければならない（11，16条）．経歴詐称等，労働者の責めに帰すべき事由による解雇については，解雇予告は要しない（12条）．労働者による，労働契約を即時解除できない事由についても詳細な定めがある（14条）．

また，労働者は，一定の勤続年数又は年齢に達した場合には，定年退職することができる．すなわち，① 雇入れの日から15年以上勤務し，かつ55歳に達した者，② 雇入れの日から25年以上勤務した者，③ 雇入れの日から10年以上勤務し，60歳に達した者，である（以上53条）．使用者は，④ 65歳に達した者，⑤ 身心障害のために職務に耐えることができない者，をその者の意思によることなく，退職させることができる（以上54条）．ただし，①～⑤に該当する者には，法定の退職金を支給しなければならない．とりわけ，④及び⑤のように，本人の意思によることなく，成文法に定める一定の要件に該当する者を退職させることができるのが台湾法の特徴である（労基55条以下．法定の退職金について，詳しくは「11 社会保険」参照）.

くわえて，事業の縮小，買収等事業規模に応じて，一定数以上の労働者を解雇することにつき，大規模解雇における労働者の保護に関する法律（大量解僱勞工保護法）に定めがある．すなわち，使用者は，事業規模により，一定人数以上の労働者を一定期間内に解雇する場合には，労働部などの主務官庁の承認を得た上で，届け出等をしなければならない．

さらに，退職後の競業避止義務に関する規制が労基法上設けられている（9-1条）.

5　就業規則

（1）就業規則（工作規則）の作成義務等

30人以上の労働者を使用する使用者には就業規則の作成義務が課されている．当該事業場を管轄する所轄庁（直轄市においては当該市政府，県や直轄市以外の市においては当該県政府及び市政府をいう．以下同じ[8]）に届け出た上で，周知しなければならない（労基70条）．また，就業規則が，法令又は当該事業場について適用される労働協約に反する場合，無効となる（同法71条）.

（2）就業規則の内容

使用者は次に定める事項について就業規則を作成しなければならない（70条）．すなわち，① 労働時間，休憩及び休日（労働時間，休憩，休日，祝祭日［國定紀念日］，年次有給休暇［特別休假］）並びに交替制勤務の場合の勤務形態（1号），② 賃金（賃金の基準，計算方法及び支払日［2号］），③ 労働時間の延長（3号），④ 手当及び賞与（4号），⑤ 遵守すべき規律（5号），⑥ 勤務評価等（勤務評価，休暇の申請，賞罰及び昇進［6号］），⑦ 雇入れ及び退職関係（雇入れ，解雇，解雇予告手当を支払った上での解雇［資遣］，離職及び定年退職［7号］），⑧ 災害補償及び補償金［撫卹］（8号），⑨ 福利厚生（9号），⑩ 安全衛生に関する定め（10号），⑪ 労使双方による意見交換や協力を促進するための方法（11号），⑫ その他（12号）である.

6　賃　　金

（1）最低賃金制度

最低賃金（基本工資）については，労基法21条3項に基づき制定された，最低賃金の審議に関する辦法（基本工資審議辦法）により労働部内に設置された最低賃金審議委員会（基本工資審議委員會　委員は政労使の代表や専門家からなる）が決定する．毎年1月1日に改定され，全国一律である（2022年の最低賃金は月給2万5250元，時給168元[9]）.

なお，現在，労基法の最低賃金部分を分離独立させるための最低賃金法（最低工資法）案が行政院（内閣に相当）で議論されている.

（2） 賃金支払方法

労基法が賃金支払の４原則（通貨払い，全額払い，直接払い，一定期日払い）を定めている（22，23条）．

7　労働時間・休日・休暇

（1） 労働時間法制

１週40時間，１日８時間を上限としている点はわが国と同じである（労基30条１項）．使用者は，労働組合との合意又は事業場に労働組合がない場合には労使会議（勞資會議）[10] の決議を経れば，労働時間を延長することができるが，１日12時間を超えてはならず，また，１か月46時間を超えて時間外労働させてはならない．ただし，2018年の法改正により，労働組合の同意又は労使会議の決議を経た場合には，３か月で138時間，１か月で54時間まで労働時間を延長することができることとなった（以上32条１，２項）

（2） 休憩・休日

使用者は労働時間が４時間を超える場合には，少なくとも30分の休憩時間を与えなければならない（労基35条）．

また，少なくとも毎週２日の休日を与えなければならず，このうち，１日は法定休日（例假），１日は法定休息日（休息日）とする（36条）．いずれも休日であるが，前者（法定休日）は，災害その他避けることのできない事由を除き，労働者に就労させることができないのに対し，後者（法定休息日）は，事前に労働者の同意を得れば，高額の割増賃金の支払を条件に就労させることができる点に違いがある．

これまでわが国と同じように週休１日制であったが，2016年の労基法改正により，週休２日制が導入された．近年の労基法の改正で大きな話題となったのは，この週休２日制，すなわち「一例一休」制度である（一例の「例」は「例假」，一休の「休」は「休息日」を指す）．「一例一休」は台湾社会で大きな議論を巻き起こし，使用者からは人件費の上昇や交替制勤務で就労させる場合の調整が必要になる，労働者からは使用者が人件費の削減を目的として時間外労働を抑制したことから賃金が減少した，と労使双方より批判された．そこで，2018年に再改正し，一定の条件のもとに週休２日制を緩和した（36条４，５項を追加）．

祝祭日が休日とされ（37条），祝祭日の実施に関する辦法（紀念日及節日實施辦法）の定める日が祝祭日である．そのなかには，春節や中秋節など陰暦で行うもののほかに，和平記念日（２月28日）やメーデー（５月１日）など太陽暦で行うものがあり，前者（陰暦で行うもの）は毎年日が変わる．

（3） 時間外・休日労働の割増賃金

使用者は，労働時間（法定労働時間については，前述「労働時間法制」を参照）を延長し，又は休日に労働させた場合においては，割増賃金を支払わなければならない．延長した労働時間や休日か否かによって割増率が異なる（労基24，39条）．

(4) 年次有給休暇

使用者は，雇入れの日から起算して6か月間継続勤務した労働者に対し，3労働日の有給休暇を与えなければならない．わが国と同様に，継続勤務年数1年ごとに一定日数を加算した日数となるが，30日が上限となる（労基38条1項）．労働者は年内（1月1日から12月31日）に消化することとなるが，使用者は未消化日数に応じて一定の賃金を支払わなければならない．ただし，労使の合意により翌年に繰り越すことができる（同条4項）．

8　労働災害

(1) 労働安全衛生

労働安全衛生法（職業安全衛生法）及びその施行細則が，安全衛生に関して定めている（1974年の制定時は「勞工安全衛生法」であったが，2013年に現行名に改称）．使用者，機械の製造・輸入を行う者等に労働者の危険又は健康障害を防止するための措置を講ずるよう義務づけ（6条以下），使用者に労働安全衛生管理計画（職業安全衛生管理計畫）の策定等を求めている（23条以下）．

(2) 労災補償

労働災害が発生した場合，労働者は，① 労基法に基づく個別使用者による補償（59条以下），② 労働者保険条例に基づく政府による保険給付（2条以下），③ 労働者保険に未加入のため，②の補償を受けることができない者のための，労働災害における労働者の保護に関する法律（職業災害勞工保護法）に基づく政府による手当（6条），④民法に基づく労災民訴による使用者による損害賠償の4つを請求することができる．もちろん，労働者やその遺族はこれらすべてを請求することができるわけではなく，調整される．

②と③を統合するための，労働災害保険及び労働者の保護に関する法律（勞工職業災害保険及保護法）が2021年4月に成立し，2022年5月に施行される予定である．

9　雇用平等，非正規労働者

(1) 雇用平等

就業サービス法が，国民の就業機会の均等を図るため，思想，信条，性別，性的指向，身心障害等に関する雇用上の差別禁止を定めている（5条1項）．

性差別については，主として，雇用における性差別禁止法が定めている．同法は，使用者による募集，採用，労働者の配置等について性別又は性的指向に基づく差別的取扱いを禁止する（7条以下）．くわえて，使用者に対しセクシュアル・ハラスメント防止義務を課し（13条），同義務に反した場合の労働者又は求職者への損害賠償責任（28条）及び罰則を定めている（38-1条2項）．

労基法は，賃金について，性別を理由とした差別的取扱いの禁止を定めている（25条）．

(2) 非正規労働者

これまで労働者派遣法を制定しようとする議論があったが実ることはなく，2019年に労基法が改正され，わずか6か条であるが，労働者派遣に関する規定が新設された（2，9，17-1，22-1，63-1，78条）．

10 母性保護，育児休業・介護休暇

(1) 母性保護

労基法は8週間の産前産後休業を認めており，使用者は，雇入れの日から6か月以上継続勤務した労働者には賃金の全額，6か月未満の者にはその半額を支払わなければならない（50条）．また，生後満1年に達しない生児を育てる女性労働者が，法定の休憩時間のほかに，育児時間を請求できる点はわが国と同様であるが，当該時間は労働時間とみなされる点が異なる（52条）．生後満2年に達しない子の育児時間について，雇用における性差別禁止法18条がさらに定めを置いている（同法上の育児時間は，労基法上のそれとは異なり，男女問わず請求することができる）．

生理休暇については，1か月につき1日を限度として取得することができる（雇用における性差別禁止法14条）．

(2) 育児休業・介護休暇

雇用された期間が6か月以上ある労働者は，その養育する3歳に満たない子について育児休業を取得することができるが，その期間は2年を超えることができない（雇用における性差別禁止法16条）．また，対象家族の介護等の世話を行う労働者は1年につき7日を限度に介護休暇（家庭照顧假）を取得することができる（同法20条）．育児休業，介護休暇ともに使用者には賃金を支払う義務はない（ただし，育児休業期間に，「3 労働市場に関する法制」の「就業保険」で述べた「育児休業手当」が最長6か月間支給される）．

11 社会保険

台湾の社会保険制度は，被用者保険と住民保険とからなる．軍人，公務員・教職員及び労働者といった職業別の被用者保険は，日本のかつての船員保険と同様に，もともとは医療，年金，労災及び失業という各種保険事故に対し給付を行う総合保険の形式をとっていた．しかし，1995年に国民健康保険が実施され，さらに，労働者保険（勞工保險）のみ失業給付が存在したが，2002年に当該給付が就業保険として分離独立した結果，現在すべての被用者保険は労災と年金のみ支給している．このように，台湾の社会保険は職業別と保険事故別の制度からなる．

労働者保険は，労働者保険局が保険者，従業員が5名以上いる事業場等で就労する15歳以上65歳未満の者が被保険者となる（労働者保険条例6条1項）．年金にあたる普通給付（普通事故保険）及び労災給付（職業災害保険）からなる（「8 労働災害」の「労災補償」で述べたように，労災部分を独立させる労働災害保険及び労働者の保護に関する法律が成立し

たことに伴い，同法施行以後，労働者保険は普通給付のみを支給する）．

くわえて，「4　労働契約に関する法制」の「労働契約の終了」で若干触れたが，老後の所得保障については，強制加入の退職金制度があり，新旧2つの制度からなる．旧制度は労基法に基づき，個別使用者が支払義務を有するのに対し，新制度は2004年に制定された労働者退職金条例（勞工退休金條例）により，政府（労働者保険局）が労働者に支払うものであって，かりに労働者が転職しても加入期間が通算される，すなわちポータビリティがある．これは，前者だと中小企業が多く，個別使用者に支払う資力が乏しいこと，また，在職年数が短いため，受給資格を得ることのできない労働者が多いことから，後者が制度化された．

わが国と台湾は社会保障協定を結んでいないことから，最も大きな問題となるのが年金である．台湾で日系企業の駐在員として就労する者は，属地主義から台湾法の適用を受けるため，先に述べた労働者保険に加入させなければならない．しかし，被保険者期間の通算ができないことから，厚生年金にも加入させておく必要が生じる．

医療保険である国民健康保険の保険者は，衛生福利部（日本の旧厚生省に相当）中央健康保険局（中央健康保險署）であり，被保険者は，第1類から第6類の6つの種別からなる（労働者は第1類．国民健康保険法10条）．保険料の算定にあたっては，被保険者本人にくわえて，被扶養者がいる場合にはその被扶養者分（ただし，3名まで）の保険料が加算される点が，わが国の健康保険と異なる．

12　労働組合・使用者団体

（1）　労働組合の設立要件

従来，企業別組合（企業工會）と職業別組合（職業工會）のみが設立を認められていたが，2010年の労組法改正以降，これらにくわえて，産業別組合（產業工會）も認められることとなった（いずれも同法6条1項1号～3号）．

企業別組合については，2010年法改正前と同様に，1企業につき，1労働組合のみ設立できる（9条1項）が，親子会社等の支配関係にある企業間で組織するものも企業別組合として認められる（6条1項1号）．職業別組合は地域単位で組織され（同条2項），同一地域内では同種の職業別組合は1つに限られる（9条2項）．

労働組合の結成にあたり，30人以上が署名し，加入を呼びかけ，規約を作成し，結成大会を開かなければならず（11条1項），組合結成準備委員員会は結成大会を開いてから30日以内に，組合規約並びに組合員名簿及び役員名簿を当該労働組合の所在地を管轄する所轄庁に提出した上で，登録証明書の交付を申請しなければならない（同条2項）．

また，労働組合は毎年一定の事項を所轄庁に報告する義務を負う（31条）．

（2）　不当労働行為

不当労働行為（不當勞動行為）制度が2010年の労組法改正により創設されたが，不利益取扱い（35条1項1，3，4号），黄犬契約（同項2号），支配介入（同項5号）に分けられる．また，使用者又は使用者の権限を代表する者が，支配介入等を行う意図のもとに行った解雇，降格，減給は無効となる（同条2項）．

不当労働行為を審査するために，わが国の労働委員会にあたる不当労働行為採決委員会（不當勞動行為裁決委員會）が労働部に置かれており，不当労働行為の審査が行われる（労働争議処理法39条以下）．その際には，同委員会による救済のほかに，罰金も科されうる（労組法45条）．

13　団体交渉・労働協約

（1）　団体交渉

労使双方に誠実交渉義務が課される点がわが国と異なる．正当な理由なく，① 一方が提示した交渉の内容，時間，場所及び方法が合理的かつ適切であるにもかかわらず，他方が交渉することを拒む，② 一方が書面による団体交渉の通知をしたにもかかわらず，それから60日以内に対案を提示しない又は交渉に入らない，③ 団体交渉をするに際し，必要な資料の提供を拒む，といった場合には当該義務違反となる．くわえて，団体交渉の期間が6か月を超え，不当労働行為採決委員会により正当な理由のない交渉拒否と認められる場合，所轄庁は職権で仲裁に付すことができる（以上，労働協約法6条）．

（2）　労働協約

労使は，① 賃金，労働時間等の労働条件，② 企業内の紛争処理組織の設置及び利用，③ 労働協約を締結するにあたっての手続等，④ 労働組合の運営等，⑤ 企業経営への参画等，⑥ 苦情処理制度等，⑦ その他，について労働協約で約することができる（以上，労働協約法12条）．

わが国の労組法16条と同様の定め（「労働協約に定める労働条件その他の労働者の待遇に関する基準に違反する労働契約の部分は，無効とする．この場合において無効となった部分は，労働協約が定めるところによる」）があり，労働協約には規範的効力が認められている．ただし，わが国と異なり，労働協約で認められている又は禁止されていない場合，労働契約で労働協約よりも有利な定めをすることは明文で認められている（これを「有利性原則」という．以上19条）．また，前述の③～⑦の事項について，規範的効力は生じず，債務的効力のみ生じる（20条）．

14　争 議 行 為

まず，労働争議を権利紛争（法令，労働協約，労働契約の定めに基づく労使の権利義務をめぐる紛争をいう．労働争議処理法5条1号）と利益（調整）紛争（労働条件の継続又は変更をめぐる労使間の紛争をいう．同条3号）の2つにわけるのが台湾法の大きな特徴である．

その上で，争議行為を行うにあたっては，調停（調解）を経なければならず，また，利益紛争にかかわることがらについてのみ，ストライキを行うことができる（53条1項）．ストライキ及びピケッティングを行うにあたっては，組合員による直接及び無記名による投票により，その過半数の同意が必要とされる（54条1項）．また，信義誠実

の原則に従い，権利を濫用してはならず，さらに，正当な争議行為に関して民事免責及び刑事免責が規定されている（以上55条）

客室乗務員の職業別組合である桃園市客室乗務員組合（桃園市空服員職業工會）が，2016年に台湾最大の航空会社である中華航空，2019年に同第２位のエバー航空でストライキを行い，世間の大きな注目を集めた．

15　労使紛争処理

「14 争議行為」で触れた労働争議処理法が調停や仲裁について定めるほか，実務上，大きな影響を与えたのが2020年元日に施行された労働事件法（勞動事件法）である．

同法はわが国の労働審判法を参考に制定され，現在係争中の事件にも適用される旨定めている（51条１項）．労働事件を専門的に処理するために，各裁判所（法院）に労働事件を専門に扱う法廷（労働法廷）を設けることとされ，当該法廷の裁判官は，労働法に関する知識と経験を有する者から選任される（４条）．さらに，セクシュアル・ハラスメントにかかわる紛争等を除き，同法が定める労働調停委員会（［勞動調解委員會］労働法廷に属する裁判官１名と労働調停委員２名からなる）による調停を経なければならず，調停を経ずに訴えを提起した場合には，調停を申立てたものとみなされる（16条）．

注

1）　内政部戸政司「戸籍人口統計速報」（https://www.ris.gov.tw/app/portal/346，2021年12月21日閲覧）．

2）　詳しくは，勞動部勞工保險局「勞動部指定適用労基法現況」（https://www.bli.gov.tw/0007341.html，2021年12月21日閲覧）を参照．

3）　中央法規標準法３条により，「規程」，「規則」，「細則」，「辦法」，「綱要」，「標準」及び「準則」が命令である．

4）　中央法規標準法２条により，「法」，「律」，「條例」及び「通則」が法律である．なお，日本の条例に該当するものは「自治條例」と呼ばれる．

5）　具体的には，弁護士や医師といった専門的・技術的な職業に従事する者，大学の教員，語学学校の教員，スポーツのコーチや選手，宗教・芸術の職業に従事する者が該当する．詳しくは，外国人が就業サービス法46条第１項第１号から第６号までに定める職業に従事する際の資格及び審査基準（外國人從事就業服務法第46條第１項第１款至第６款工作資格及審査標準）４条参照．

6）　具体的には，製造業，建設業，介護，家事に従事する労働者が該当する．詳しくは，外国人が就業サービス法46条第１項第８号から第11号までに定める職業に従事する際の資格及び審査基準（外國人從事就業服務法第46條第１項第８款至第11款工作資格及審査標準）３条以下参照．

7）　外国人が就業サービス法46条第１項第１号から第６号までに定める職業に従事する際の資格及び審査基準８条，勞動部106年８月14日勞動發管字第10605154981號公告．

8）　直轄市とは，地方制度法４条１項により，125万以上の人口を擁し，政治，経済等の点から必要がある場合，置くことができるとされる地方公共団体であり，現在，台北市，新北市，桃園市，台中市，台南市及び高雄市の6都市が直轄市である．また，これら6市長は行政院會議（閣議に相当）に出席することができる（行政院組織法11条及び行政院會議議事規則14条参照）．

9）勞動部「基本工資之制訂與調整經過」（https://www.mol.gov.tw/topic/3067/5990/13171/19154/，2021年12月21日閲覧）．

10）労基法83条に基づき制定された労使会議の実施に関する辦法（勞資會議實施辦法）により，労使協調や労働問題の発生防止を目的として事業場ごとに設置される組織である．30人以上の労働者がいる事業場で設けられ，労働者代表は選挙で選出される．

参考文献

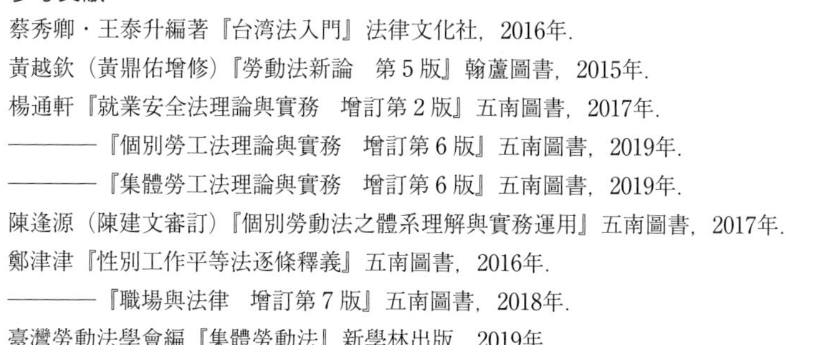

蔡秀卿・王泰升編著『台湾法入門』法律文化社，2016年．
黃越欽（黃鼎佑增修）『勞動法新論　第5版』翰蘆圖書，2015年．
楊通軒『就業安全法理論與實務　增訂第2版』五南圖書，2017年．
――――『個別勞工法理論與實務　增訂第6版』五南圖書，2019年．
――――『集體勞工法理論與實務　增訂第6版』五南圖書，2019年．
陳逢源（陳建文審訂）『個別勞動法之體系理解與實務運用』五南圖書，2017年．
鄭津津『性別工作平等法逐條釋義』五南圖書，2016年．
――――『職場與法律　增訂第7版』五南圖書，2018年．
臺灣勞動法學會編『集體勞動法』新學林出版，2019年．

（根岸　忠）

第 II 部

東南アジア

第4章
フィリピン

はじめに

フィリピンの労働立法は，労働法典（Labor Code）として統一法典化されている．マルコス政権下で大統領令442号として1974年に制定され，その後幾度かの改正がなされ，現在，労働雇用省のホームページに掲載されている労働法典は，2017年版である．本稿は，2017年版の労働法典を中心に，できる限り最新の情報を取り入れながら，民間の労働者に適用されるフィリピン労働法を解説する．

1　フィリピン労働法の法源と特色

(1) 法　源

法源は，1987年憲法，労働法典，労働法令，及び判例である．

1987年憲法は，労働に関する国の基本方針として，以下のことを規定している．①国は，国内労働者及び海外労働者を問わず，組織化された労働者及び未組織労働者を問わず，労働者に対する十分な保護を与える．②すべての人のために，完全雇用及び雇用機会の平等を促進しなければならない．③身分保障（security of tenure），人間的な労働条件及び生活できる賃金を労働者に保障しなければならない．④団結権，団体交渉権，法律にしたがったストライキの権利を含む平和的な団体行動権をすべての労働者に保障しなければならない．⑤労使関係を規制するにあたり，国は，生産の果実の正当な分け前に対する労働者の権利と投資における合理的な見返り並びに拡大及び成長に対する企業の権利を認めなければならない．⑥公的部門に雇用された者について，組合を結成する権利は，民間部門の者におけると同様に認められ保障されなければならない．⑦働く女性には，特別の配慮をしなければならない．⑧国は，フィリピン人労働者の優先的利用を促進しなければならない．これらの憲法上の基本方針に基づき，現在の労働法令は制定されている[1)]．

すべての労働立法が労働法典に統合されているわけではない．労働法典に収録されていない個別の労働立法は，共和国法又は大統領令の法形式をとる．施行規則として，労働雇用省等が公布する規則及び細則がある（労働法典5条）．

なお，2017年版の労働法典は，改正等によって無効となった条文がそのまま掲載されていることがあるので，注意が必要である．以降の記述において，ことわりのない限り，引用する条文は労働法典の条文である．

判例も重要な法源である．最高裁は，アメリカの判決を引用することがあり，アメリカの判決も判例法理として参照されている．

その他に，法源ではないが，労働行政における行政解釈を示す命令として，行政命令や省令等がある．

（2）特　色

フィリピン労働法の特色は，以下のとおりである．

① 雇用されている賃金労働者を意味する「労働者」（employee）よりも広い概念である「就労者」（worker）という概念がある．13条（a）は，「“就労者”とは，雇用されていると否とを問わず，労働力の一員（any member of the labor force）をいう」と定義する．就労者には自営業者等も含まれる[2)]．このように，フィリピン労働法では，就労者にも一定範囲で労働法が適用される．

② 4条は，「本法典に係る施行規則及び細則を含み，本法典の履行及び解釈に疑義がある場合は，労働者（labor）に有利に解釈する．」と定めている．AZUCENA教授は，次のようにコメントしている．「労働法典を運用し解釈し，規則を履行することにおいて，労働者の福祉が最優先の配慮すべきことである．しかし，憲法が社会正義と労働者階級の保護の政策をとっているとしても，全ての労働紛争が自動的に労働者に有利に解決されると考えてはならない[3)]」．

③ 労働者の法的保護は手厚いが，それを守らせる法的実効性に問題がある．

④ 労働組合は，登録しなければ法が保障する権利及び特典を与えられない．

⑤ 労働紛争に関して，任意仲裁や強制仲裁などの裁判外労働紛争解決制度が用意され，特に労使間の任意の解決が推進されている．

⑥ 労働法は，政府，労働者，経営者が参加し協力する三者主義（tripartism）の立場に立っている（290条）．

2　労働市場に関する法制

特色的なことは，国内のみならず，海外の労働市場も対象としていることである．12条b項は，「最良の可能な労働条件を保障することによって，国内又は海外で働くことを希望する全ての国民を保護すること」を目的のひとつとして規定している．

（1）職業紹介

国内の職業紹介業務を担当するのは国内雇用局であり，海外の職業紹介業務を担当するのはフィリピン海外雇用庁（以下POEA）である．海外就労においては，使用者はフィリピン人労働者を直接雇用することは原則できない．POEA及び労働雇用長官の許可を受けた団体を通じて雇用しなければならない（18条）．

（a）公共雇用サービス事務所

国内労働市場の募集及び職業紹介は，公共雇用サービス事務所（以下PESA）によって行われている．

PESAは，共和国法8759号によって設けられた無料の多機能の雇用サービス機関又は組織である．主なサービスは，①労働市場の情報提供，②職業紹介及びあっせん，③雇用のコーチング及びキャリア・カウンセリングである．

（b）民間職業紹介所

労働雇用省からライセンスを与えられた個人又は団体は，国内又は海外の労働市場の募集及び職業紹介を行うことができる．労働者又は／及び使用者から手数料を取る「民間有料職業紹介所」と手数料を取らない「民間募集団体」がある．ライセンスを得るための要件は，株式会社等が，①議決権株式の75％以上をフィリピン国民が保有，②労働雇用長官の定める資本金の保有，である．

（2）職業訓練[4)]

職業訓練を所管するのは，共和国法7796号により創設された技術教育・技能開発庁（以下TESDA）である．①学校ベース，②センターベース，③コミュニティベース，④企業ベースという4種類の職業訓練がある．TESDAが承認し登録した見習プログラムを持つ企業のみが見習を採用することができる．

（3）失業保険制度

共和国法1161号に基づいて創設された社会保障機構（以下SSS）は，法改正により失業給付制度を創設し（同法14-B条），2019年8月から給付を開始した[5)]．

SSSが強制適用されるのは，60歳以下の家事労働者を含むすべての労働者及びその使用者である（同法9条）．一定の自営業者（同法9-A条）や60歳以下の海外フィリピン人労働者（同法9-B条）も強制適用になる．

失業給付は，人員削減などの非自発的離職に対して一時金が支給される．重大な非行等を理由とする非自発的離職には支給されない．

（4）外国人労働者の受け入れ規制

非居住外国人の雇用には，労働雇用省から雇用許可を得なければならない（40条）．雇用許可は，外国人が希望する業務を行う適性，能力及び希望を持つ者がフィリピン国内にいないと判断された場合に発給される．雇用許可の発給後，当該外国人は，他の仕事に移ることはできないし，労働雇用長官の事前許可なく使用者を変更することも禁止されている（41条）．

3　雇用契約に関する法制[6)]

（1）雇用契約の締結

雇用契約は，合意による契約であり，書面又は口頭のいずれによっても成立する．ただし，請負業者又は下請負業者に雇用される労働者と請負業者又は下請負業者の間の雇用契約は書面であること及び一定の事項を記載することが義務づけられている（省令74号11条）．雇用契約に関して疑義がある場合は，労働者に有利に解釈する（4条，民法典

1702条).

(2) 雇用契約の類型

雇用契約の類型には，6類型ある.

(a) 正規雇用契約 (Regular Employment Contract)

正規雇用契約は，期間の定めのない契約である.

雇用が正規のものとみなされるのは，原則「労働者が使用者の通常のビジネス又は事業において通常必要とされる又は望ましい活動を行っている場合」である(295条).

正規雇用を決定する主要な基準は，労働者によってなされる特定の活動と使用者の通常のビジネス又は事業との間に合理的な関係があるかどうかである．使用者の全般的なビジネススキームにとって必要かつ望ましいとされる活動を労働者が行っている時は，当該労働者は正規雇用と解される(G. R. No. 186439, January 15, 2014).

非正規雇用であることを立証する書面がない場合は，当該雇用は正規雇用とみなされることに注意が必要である．使用者が労働法を守らない場合も，正規雇用とみなされる.

(b) 試用雇用契約 (Probationary Employment Contract)

正規雇用に向けて労働者の適性を見極めるために試用期間が置くことができる．試用期間は原則6か月(180暦日)を超えることはできない．試用期間は，正当な理由がある場合，又は契約時に知らせた合理的な基準により正規労働者として適任とされない場合は，終了することができる．試用期間終了後働くことを認められた労働者は，正規雇用の労働者とみなされる(296条).

試用雇用契約において，使用者は，契約時に正規雇用として適任とする基準を試用雇用労働者に知らせなければならない(労働法典Ⅵ巻オムニバス規則6条)．知らせない場合は，その雇用は正規雇用とみなされる.

(c) プロジェクト雇用契約 (Project Employment Contract)

契約時にその完成又は終了が決められている特定のプロジェクト又は事業のための雇用契約である(295条)．プロジェクト雇用契約は，プロジェクト又は事業の終了に伴い終了する.

(d) 季節雇用契約 (Seasonal Employment Contract)

なされる仕事又は業務が性質において季節的なものであり，季節の期間のみの雇用契約である(295条).

労働者が定期的にある季節に雇われる時は，その労働者は，正規季節労働者である．その場合には，労働者は要求する権利を有し，使用者は当該季節には当該労働者を働かせることが求められる．もし使用者がそれを拒否すると，違法な解雇になる．2年又は2季節就労すると，季節労働者は，正規季節労働者になる.

また，一定の場合，季節労働者は，正規雇用労働者と再格付けされる.

(e) 臨時雇用契約 (Casual Employment Contract)

臨時雇用契約は，使用者と使用者のビジネス又は事業に付随する仕事を行う労働者との契約である．臨時労働者は，正規労働者でもプロジェクト労働者でもない(295条)．臨時労働者の雇用は，12か月を超えてはならない.

業務が継続的であれ断続的であれ少なくとも1年業務を行う労働者は，雇用される活動に関しては正規労働者であり，当該労働者の雇用は当該活動が存在する限り継続する（295条）.

（f） 有期雇用契約（Fixed-Period Employment Contract）

（a）から（e）の雇用契約の類型は，労働法典に規定されているが，有期雇用契約については，明文の規定がない．しかし，フィリピンでは，判例によって認められている．

リーディングケースである最高裁1990年2月5日判決（G. R. No. L-48494）は，民法典及び労働法典は，有期雇用契約の締結を認めていると解し，有期雇用契約の要件は，①労働者が，使用者からの脅迫等がなく，労働者が望んで任意に有期雇用契約を締結したこと，②使用者と労働者が対等な立場で雇用期間及び条件について交渉したこと，である．最高裁判決の射程は，労使が対等な立場で契約を締結した場合に限られるとされている（G. R. No. 226358, November 13, 2019）.

有期雇用契約は，一定の期間だけ就労させる雇用契約であり，契約の期間の始まりと終わりの年月日を契約において明記しなければならない．これらの要件を遵守しない場合は，有期労働者は正規労働者と再格付けされる．

（3） 短期雇用契約の更新と労働のみの請負（labor-only contracting）

労働者は，正規雇用労働者となることを希望する．その理由は，①非正規雇用労働者にはない給付の権利を得られる，②正規雇用労働者は適法又は正当と認められた理由及び適正な手続きにのっとった場合にしか解雇されない，からである．実際に，正規雇用労働者を解雇することは非常にむずかしく，かつ費用がかかる．正規雇用労働者には身分保障がある[7)].

フィリピンでは，6か月の試用用期間を超えて働かせると正規雇用契約になる．そこで，使用者のなかには，コスト削減及び柔軟な雇用を確保するために正規雇用化を回避する雇用形態として，5か月の短期雇用契約を繰り返し更新することを行っている．これを，5-5-5又はendo（end of contractの略）という．

その際に，事業者（principal）が，直接短期雇用労働者を雇う場合もあるが，特定の仕事，作業又はサービス（以下仕事等）を請負業者又は下請業者（以下請負業者等）に委託し，請負業者等が労働者と短期雇用契約を締結することが多く行われている．

仕事等の請負又は下請（以下請負等）は，次の要件を満たしている場合は，適法である．①請負業者等が，別個及び独立したビジネスに従事し，自らのやり方及び方法に従って自らの責任において仕事又は作業を行うことを請け負っている．②請負業者等が，自らの判断，やり方及び方法で事業者によって委託された仕事を遂行する十分な資本，道具，装置，機械という形での投資，及び監督を行っている．③委託された仕事を履行するにあたり，請負業者等は，その成果を除き，仕事の履行に関するすべての事項において，事業者の管理及び/又は指揮から自由である．④業務協定は，労働法の下にある請負業者等のすべての労働者のためのすべての権利と給付の遵守を保証する（省令174号8条）．事業者は，請負業者等が労働法典の規定にしたがって賃金を支払わない場合は，請負契約の下でなされた仕事の範囲内で請負業者等と共同責任を有する（106条）．

他方，労働のみの請負は，禁止されているが（106条），実際には行われている．労働のみの請負とは，以下のように定義されている．請負業者等が，①-1十分な資本，若しくは①-2道具，装置，機械という形での投資，監督，仕事場を有していないで，かつ①-3募集され配置された請負業者等の労働者が，事業者の主たるビジネス戦略に直接関係する事業を遂行している．又は②請負業者等が労働者の仕事の遂行を管理する権利を行使していない（省令174号5条）．

（4）　雇用契約の展開─配転などの人事異動[8)]

配転などの人事異動に関して，労働法典に明文の規定はない．判例において，以下のように解されている．

使用者は，経営権を有している．各々の使用者は，自身の裁量及び判断にしたがって，採用，仕事の割当，作業方法，仕事の時間・場所・やり方，仕事の指示，労働者の配転，労働者のレイオフ，懲戒，解雇，及び労働者の召還を含む，雇用のすべての場面を統制する固有の権利を有している．労働者の配転に関しては，以下が判例上の指針である．①配転は，業務の断絶なく，地位，階層又は賃金が同等の他のポジションにあるポジションから異動すること，②使用者は，正当なビジネス上の目的のために，労働者を配転したり，又は再度割当をしたりする固有の権利を有する，③配転は，差別又は悪意が動機になっている場合，罰として行われる場合，十分な理由なく降格である場合には，違法となる，④使用者は，当該配転が，労働者にとって，不合理なものであったり，不都合のものであったり，損害を与えたりするものではないことを示すことができなければならない（G. R. No. 169750, February 27, 2007）．

（5）　雇用契約の終了

（a）　退職

（ア）　労働者による雇用契約の終了

労働者は，少なくとも1か月前に使用者に書面の通知を送ることによって，労使関係を正当な理由なく終了することができる．

労働者は，使用者又はその代理人による労働者の名誉及び人格に対する重大な侮辱等の正当な理由がある場合は，使用者に通知することなく雇用契約を終了することができる（300条）．

（イ）　雇用が終了したとみなされない場合

6か月を超えない期間においてビジネス又は事業の経営が実際に停止した場合，又は兵役若しくは市民的義務を労働者が果たす場合は，雇用は終了しない．いずれの場合も，使用者は，経営の再開，又は兵役若しくは市民的義務からの交代より1か月以内に，労働者が仕事を再び始めることを希望する時は，先任権を失うことなく元の地位に復職させなければならない（301条）．

（ウ）　勤務からの引退

労働者は，労働協約又はその他の適用される雇用契約に定める退職年齢に達すれば，退職することができる（302条）．

（b）使用者による雇用契約の終了[9)]

使用者による雇用契約の終了は，正当な事由（just causes）又は許可された事由（authorized causes）があれば，行うことができる（297条，298条，299条，省令147-15号）．逆にいうと，正規雇用の場合，使用者は，正当な事由又は許可された事由がなければ解雇することはできない．

不当に解雇された労働者は，①先任権及びその他の特典を失うことなく復職する権利，②手当を含む満額のバックペイの権利，③その他の給付又は労働者の補償が奪われた時から実際の復職までの計算された額の権利を有する（294条）．

解雇が争われた場合，当該解雇の有効性を立証する責任は，使用者にある．

解雇には，解雇事由のみならず，解雇事由に応じた手続が求められる．正当な事由又は許可された事由のない解雇は，無効であるのに対し，解雇手続を遵守しない場合は，解雇自体は無効にはならないが，使用者は，デュープロセスの手続要件を守らなかったペナルティとして，労働者に名目的な損害賠償をしなければならない（G. R. No. 212616, July 10, 2017）．

（ア）正当な事由とデュープロセス

正当な事由は，以下のとおりである．①仕事に関連する使用者又はその代理人の適法な命令に対する労働者による重大な違法行為又は意図的な不服従，②労働者の義務の重大かつ継続的な怠慢，③使用者若しくは正当に認められた代理人の信頼に対する詐欺行為又は裏切り，④使用者，その家族員若しくは正当に認められた代理の人格に対する労働者による犯罪行為又は違反，⑤上記に準ずるその他の事由（297条）．

正当な事由を理由とする解雇の場合，使用者は，以下のような3つの段階の手続を守らなければならない（省令147-15号5条，G. R. No. 2017001, June 3, 2013）．第1段階は，書面による通知を出す．書面には，①297条に定める明確な解雇事由及びあれば企業の方針[10)]，②労働者に対する非難の基礎となる事実及び事情の詳細な記述，③労働者が通知を受け取ってから少なくとも5暦日以内に書面の説明書を提出する機会を労働者は与えられることの指示を含まなければならない．第2段階は，第1回目の通知後，使用者は，労働者が望むならその代理人の援助を受けて，労働者自身が聴取され，かつ弁護する機会を設けなければならない．第3段階は，雇用の終了が正当化されることを決定した後に，使用者は，労働者に対する非難にかかわるすべての事情及び雇用の解約を正当化する理由を示す書面による解雇通知を労働者に交付する．

（イ）許可された事由とデュープロセス

閉鎖が労働法典Ⅵ巻Ⅰ部を潜脱する目的をもっていない場合で，損失，事業所若しくは事業の閉鎖又は操業の停止を予防するために行う，①省力化装置の据付，②人員整理，③事業縮小（以上298条），④法律によって継続した就労が禁止される労働者の病気等（以上299条）が許可された事由である．

許可された事由を理由とする解雇の場合，使用者は，雇用契約の終了の効力発生の少なくとも30日前に，終了の理由を明記した書面による通知を，当該労働者及び労働雇用省の適切な地方事務所にしなければならない（省令147-15号5.3条）.

許可された事由を理由とする解雇の場合，使用者は，労働者に離職手当（後述）を支払わなければならない（298条，299条）.

4　就業規則[11]

労働法典には，就業規則に関する規定はないので，使用者は，就業規則を制定する法的義務はない．しかし，大半の企業は，就業規則を作成し，企業のルールを具体的に定めている.

就業規則の内容は，①遅刻・欠勤に対する規則，②怠業に関する規則，③不正に関する規則，④退職金に関する規則，⑤業務命令違反に対する規則，⑥業務放棄に対する規則，⑦安全管理に関する規則，⑧会社所有物使用に関する規則などである.

5　労働法典に定める労働条件及び休暇の適用範囲[12]

労働法典の「第Ⅲ巻 労働条件」の「第Ⅰ部 労働条件及び休暇」の規定は，営利・非営利を問わず，すべての事業所及び事業に適用される．ただし，以下の者には適用されない．①政府職員，②管理的労働者（managerial employees），③経営陣の役員又は構成員，④事業場外従事者（農業を除く），⑤使用者の家族員で扶養されている者，⑥家事使用人，⑦他の個人的サービスを行う者，⑧労働雇用長官が定める，出来高で支払われる就労者（82条，第Ⅲ巻施行規則2条）.

②の「管理的労働者」とは，以下の3つの要件をすべて満たしている労働者をいう[13]．①主な職務が，雇用されている事業所又は部又は課の管理である．②そこで2人以上の労働者の仕事を常習的かつ定期的に指揮している．③より低いランクの他の労働者を採用又は解雇する権限を有する．又は，採用及び解雇並びに他の労働者の昇進若しくは地位のその他の変更に関する彼らの示唆及び推薦が特に重きを置かれている（Ⅲ巻施

表4－1　労働法典に定める労働条件及び休暇が適用されない小規模小売・サービス業

項　目	1人から5人の就労者	1人から9人の就労者
最低賃金（共和国法6727号）	○＊	○＊ 10人を超えない事業所の労働者は，地域三者構成賃金生産性委員会の決定により適用除外となる場合がある.
祝日給（94条）	不適用	不適用
夜間シフト割増（86条）	不適用	○
精勤休暇（95条）	不適用	不適用
退職手当（302条）	不適用	不適用＊＊ 10人を超えない場合に不適用

出所：DOLE, HANDBOOK WORKERS' STATUTORY MONETARY BENEFITS 2020EDITION 掲載の1頁の表を神尾真知子が一部加工した.

行規則２条（b)).

このほか，就労者10人未満の小売及びサービスの事業所に適用されない労働条件及び休暇がある．適用されない賃金及び休暇のみを**表４－１**に示した．

６ 賃　　金

(1) 賃　金

(a) 最低賃金[14]

フィリピンの賃金制度は，２層になっている[15]．第１層は，強制的な最低賃金制度である．第２層は，生産性に基づく賃金スキームである生産性インセンティブ賃金（任意）である．本稿では，最低賃金制度について説明する（99条，120条-127条，国家賃金生産性委員会ガイドライン，2020年最低賃金決定オムニバス規則，共和国法6727号).

最低賃金制度の適用が除外されるのは，① 一定のバランガイの小規模事業（122条，共和国法9178号８条)，② 家事使用人（独自の最低賃金がある）及びその他の個人的サービス就労者，③ 地域三者構成賃金生産性委員会（以下 RTWPB）により適用除外とされた10人を超えない小売／サービスの事業所の就労者及び労働者，④ １日100ペソ以上の基礎賃金を受け取っている就労者及び労働者である．

国家賃金生産性委員会（以下 NWPC）が策定したガイドラインに沿って，RTWPB が，必要な場合は賃金命令（効力は１年を超えない）を発出し，国内の17の地域の農業及び非農業の労働者及び就労者の最低賃金率を決定する．賃金命令に不服の者は，NWPC に不服申立を行うことができる．NWPC は，不服申立受理後60日以内に決定する．

最低賃金の引き上げを行わなかった使用者は，刑事罰を受け，かつ，労働者に支払うべき不払いの額の２倍に相当する補償金を支払わなければならない．

最低賃金の改定に伴い，賃金のゆがみ（wage distortion）が生ずる．賃金のゆがみとは，最低賃金率の引き上げが，ある事業所の労働者集団間の賃金率又は給与率における意図的な量的差異をなくしてしまう，又は差異の幅を著しく狭めてしまう結果をもたらすことである（124条)．賃金のゆがみは，同じ地域において，より低い職階の労働者の賃金は，最低賃金の引き上げにより上がったが，より高い職階の労働者に対しては，それに相当する賃金の引き上げが伴わない場合に生ずる．

賃金のゆがみがある場合，そのゆがみを正さなければならない．労働組合が組織化されている企業等では，使用者と労働組合が，当該賃金のゆがみを是正するために交渉しなければならない．紛争が生じた場合は，労働協約に定めた苦情手続を通して解決し，それでも解決しない時は，任意仲裁による．労働組合が組織されていない企業等では，使用者と労働者は，当該賃金のゆがみを是正するようにしなければならない．紛争が生じた場合は，国家斡旋調停委員会（以下 NCMB[16]）を通して解決する．それでも解決しない時は，国家労使関係委員会（以下 NLRC）の所管部局の強制仲裁に付さなければならない．賃金のゆがみに関する紛争について，ストライキ，ロックアウト，その他の団体行動をすることは違法である．

(b) 賃金支払方法

賃金は，原則現金で支払われなければならない（102条）．賃金の支払い時期は，16日を超えない間隔で，毎月2週間に1回，又は1か月に2回以上支払われなければならない（103条）．賃金の支払い場所は，原則事業所又はその近くで支払われなければならない（104条）．賃金は，原則直接労働者に支払われなければならない（105条）．

(c) 手当

（ア）　祝日給（94条）

使用者は，祝日労働する労働者に対して，通常の賃金の2倍に等しい補償を支払わなければならない．

（イ）　割増給（91条-93条）

使用者は，休日労働又は特別の祝日に労働する労働者に対して，通常の賃金の30％以上の追加的補償を支払わなければならない．

（ウ）　時間外割増（87条）

使用者は，1日8時間を超える時間外労働をする労働者に対して，通常の賃金の25％以上の追加的補償を支払わなければならない．祝日又は休日の8時間を超える労働に対しては，通常の賃金の30％以上の追加的補償を支払わなければならない．

（エ）　夜間シフト割増（86条）

使用者は，午後10時から午前6時まで働いた労働者に対し，通常の賃金の10％以上の夜間シフト割増を支払わなければならない．

（オ）　サービス料（96条）

ホテル，レストラン及び同種の事業所で集められたサービス料全額は，適用される労働者全員に対して85％，経営側に15％の率で分配されなければならない．労働者間の分配は，同一でなければならない．

（カ）　13か月目の賃金（大統領令851号）

使用者は，1暦年の間に少なくとも1か月働いた一般労働者（rank-and-file employee）に対して，毎年12月24日までに1暦年の間に13か月目の賃金（1暦年に労働者が稼いだ基本的な賃金全額の12分の1）を支払わなければならない．

（キ）　離職手当

離職手当に対する労働者の権利は，労務終了の理由又は原因が何であるかによって異なる．297条に定める正当な理由等によって，使用者が雇用契約を終了した場合，労働者は一般的に離職手当の権利はない．他方，298条及び299条が適用される，雇用契約の終了が許可された事由である場合は，労働者に離職手当が支給される．

(d) 退職金

労働者は，退職の際に，現行法，労働協約，及びその他の協定の下で得た退職給付を受け取る権利がある．ただし，労働協約及びその他の協定の下で得た退職給付は，労働法典に定めるよりも低額であってはならない．

事業所に労働者の退職給付を定める退職計画又は協定がない場合には，60歳以上で強制退職年齢である65歳を超えていない労働者で，当該事業所に少なくとも5年勤務している者は，勤務年数ごとに少なくとも2分の1か月の給料に等しい退職手当の権利がある．

7　労働時間・休日・休暇

（1）労働時間法制

労働者の正規の労働時間は，1日8時間を超えてはならない．一定の医療従事者については，1週5日1日8時間を正規の勤務時間としなければならない（83条）．

実労働時間の定義があり，働いている時間中の休憩は，実労働時間として数えなければならない（84条）．

労働者は，1日8時間を超えて労働することができる（87条）．使用者が，労働者に緊急の時間外労働を命じることができる事由が定められている（89条）．

（2）休　憩

使用者は，労働雇用長官が定める規制にしたがって，労働者に規則的な食事のために60分以上の休憩を与えなければならない（85条）．

（3）休　日

使用者は，労働者に6日の継続する通常の労働日の後に，24時間以上の休日を与えなければならない．使用者は，労働協約並びに労働雇用長官が定める規則及び細則に従って，労働者の休日を決定しなければならない．その際に，使用者は，労働者の選好が宗教上の理由に基づく時は，その労働者の選好を尊重しなければならない（91条）．使用者が，労働者に休日労働を命令できる場合が規定されている（92条）．

（4）休　暇

労働法典に規定のある休暇以外に，個別立法による休暇が定められている．

（a）精勤休暇

勤続1年以上の労働者は，有給の5日間の精勤休暇の権利を有する（95条）．

（b）出産休暇

出産休暇及び出産給付の具体的な内容については，後述する．

（c）父親休暇

共和国法8187号により，既婚男性労働者は，原則同居する法律婚の妻の4人目までの出産又は流産について，産後又は流産後，7暦日の有給の父親休暇を認められる．

（d）一人親のための親休暇

一人親は，毎年7日の有給の親休暇の権利がある（共和国法8972号）．

（e）女性及び子どもに対する暴力被害者のための休暇

共和国法9262号は，「女性及び子どもに対する暴力」を定義し，暴力加害者を処罰し，保護命令等について規定している．同法の定義に該当する暴力被害者である女性労働者は，一定の要件の下，有給の10日までの休暇の権利を有する．

（f）　女性のための特別休暇

婦人科系の疾病による手術を受けた女性労働者は，一定の要件の下，有給の2か月の特別休暇の権利を有する（共和国法9710号）．

8　労働災害

（1）　労働安全衛生

168条から171条は，労働安全衛生に関する労働雇用省の責務を定めている．個別立法として，共和国法11058号，及びその細則である労働省令198号[17]，具体的な職業上の安全・健康に関する基準がある．

使用者，請負業者，下請業者の義務として，以下のような9つの義務が規定されている．①危険のない職場の整備，②すべての労働者に対する完全な職務安全の指示及び適切なオリエンテーションの提供，③健康に危険がないことの確保，④基準を満たした工業製品一式の使用，⑤職業上の安全・健康基準の遵守，⑥労働者及びその代表が，職業上の安全・健康制度の改善のための組織化等のプロセスに積極的に参加する時間及び手段を持つことができるような調整，⑦緊急事態，火災，及び事故に対応する措置の提供，⑧職業上の安全・健康基準の報告義務の遵守，⑨事業場の労働雇用省への登録．

労働者にも以下のような5つの義務を定めている．①安全及び健康等に関する能力を形成する活動への参加，②すべての保護手段及び安全装置の適切な使用，③事業場の事故の防止等の指示の遵守，④緊急事態に取られる予め定められたステップの遵守，⑤直属の上司等への作業上の危険の報告．

注目されるのは，労働者の権利として，以下のような4つの権利を定めていることである．①事業場におけるすべての種類の危険を使用者から知らされる権利及びトレーニング等を受ける権利，②安全でない仕事を拒否する権利，③事故を報告する権利，④個人用保護具に対する権利．

（2）　労災補償[18]

フィリピンでは，労災補償を，労働者補償（employees' compensation）と称し，172条から190条が規定している．国は，172条に基づいて，業務上の疾病，傷害，障がい，死亡の場合の，公私部門の労働者及びその被扶養者に対する補償のパッケージを提供するための政府のプログラムである労働者補償プログラムを作成している．以下，労働者補償の言葉を使う．

（a）　労働者補償委員会

大統領令626号によって，労働雇用省に付置された公社として，労働者補償委員会が設けられている．同委員会の役割は，以下のとおりである．①労働者補償プログラムの改善のための政策及びガイドラインの策定．②SSS及び公務員保険機構（以下GSIS）に認められなかったすべての労働者補償請求についての不服申立の審査・決定．③労働環境における適切な職業上の安全・健康及び災害防止に向けた政策及びプログラムの

表４－２　使用者の保険料負担

月額報酬	月額保険料（１人当たり）
14,749.99ペソ以下	10.00ペソ
14,750.00ペソ以上	30.00ペソ

出所：SSS CONTRIBUTION SCHEDULE（Effective January 2021）に基づいて神尾真知子が作成.

提案.

（b）　適用範囲

適用されるのは，GSIS 及び SSS の強制適用者である.

（c）　保険料

使用者のみの負担で，**表４－２**のとおりであり，保険料は，SSS により徴収される.

（d）　給付

給付請求は，被災労働者又はその家族員によって，SSS に行う．被災労働者の医療費を支払った使用者は，以下の（イ）医療サービスの一環として，医療費の償還を請求できる.

（ア）　所得喪失給付

所得喪失給付は，現金給付で，働くことができないことによる所得喪失を労働者に補償するものである．以下の３つのタイプがある．① 一時的な完全労働不能（継続120日を超えない労働不能）の場合は，労働者の平均給料日額の90％に相当する額（197条），② 永久的な完全労働不能の場合は，完全労働不能の期間，当該労働者が死亡するまでの各月について，扶養する子どもの各々10％割増で月額所得給付額に相当する額（198条），③ 永久的な部分的労働不能の場合は，失った部位又は機能及びその程度に応じて支給期間が定められ，当該支給期間を超えない各月について，所得給付に相当する額（199条）.

（イ）　医療サービス

業務上災害による負傷又は疾病に対して，負傷又は疾病の性質に応じて医療サービス及び処置が SSS によって給付される（191条-196条）.

（ウ）　リハビリサービス

適切な雇用に戻すためにハンディキャップのある労働者の個人的なニーズに応え，障がいのある各々が精神的，職業的，又は社会的潜在力を開発することを援助する治療上の処置，職業アセスメント，及び準備を提供する.

（エ）　介護者手当

永久的な完全不能及び永久的な部分的労働不能の場合は，月575ペソの介護者手当が支給される.

（オ）　死亡給付

死亡給付は，労働者が業務上の負傷又は疾病によって死亡した場合に，遺族に対して支給される．第１順位の受給権者は，① 再婚するまでは，労働者の死亡当時同居していた法律婚の配偶者，又は労働者の死亡当時別居していた法律婚の配偶者，② 未婚で収入のない21歳以下の婚内子，婚内子だった子，養子，認知された婚外子，第２順位の受給権者は，① 労働者に全面的に扶養されていた両親，② 未婚で収入のない21歳以下の子孫及び婚外子，である．

（カ）　葬祭料

労働者の死亡に対し3万ペソの葬祭料が支給される．

9　女性労働

女性労働については，特別な労働者グループの労働条件として，130条から136条に規定している．その他，個別立法によっても規定されている．労働法典に規定されている順番に説明する．

（1）　女性のための設備

労働雇用長官の義務として，女性労働者の安全と健康を保証する基準を設定すること，及び適切な場合は，細則により使用者に以下のことを求めることが規定されている．① 女性に対する適切な椅子の用意，② 男女別の洗面所・トイレ・女性用更衣室の用意，③ 託児所の設置，④ 客室乗務員のような特別の職業における退職又は雇用終了の適切な最低年齢及びその他の基準の設定（130条）．

労働雇用省は，企業に対して，労働者及びその家族のための非賃金給付の一部として，職場に託児所を設置することを求めている．共和国法8980号は，使用者が利用料を徴収しないことを条件に，託児所の運営費は課税対象から控除すると規定している．

また，共和国法10028号は，授乳室の設置を，すべての民間企業に対して義務づける（例外あり）．同法は，授乳する労働者に対して，通常の食事のためのタイムオフに加えて，授乳又はミルクための休憩（8時間の労働時間について合計40分以上）を認めなければならないことも規定している．

④については，労働雇用長官は，基準を発出していない[19]．

（2）　出産休暇

過去12か月に少なくとも合計6か月の労務を提供した妊娠した女性労働者は，有給（full pay）の105日の出産休暇を認められなければならない（2017年版労働法典131条に規定されている出産休暇日数は，共和国法11210号により改正されている）．流産又は妊娠の緊急の終了については，60日の有給の出産休暇を認められなければならない．4人までの出産，又は流産に適用される．

出産，流産，又は妊娠の緊急の終了のセメスターの直近12か月間に少なくとも3か月の拠出金を支払ったSSSの女性被保険者は，105日について，平均月額賃金単位に基づいて計算された日額の出産休暇給付を支払われる．そのためには，女性労働者は，妊娠したこと及び出産予定日を使用者に知らせなければならない．女性労働者の選択により，さらに30日の無給の出産休暇を取ることができる．

一人親の場合は，通常の105日に加えて，15日の有給の出産休暇が認められる（共和国法8972号）．

使用者は，出産休暇申請書の提出後30日以内に，女性労働者に出産給付を前払いしなければならない．その後，ただちにSSSから前払い全額が使用者に償還される．使用者は，SSSから受け取る実際の出産給付額と満額の賃金との差額を負担しなければならない．

（3） 家族計画サービス

法律によって，診療所又は病院を維持することを求められている事業所は，避妊ピル等の無料の家族計画サービスを事業所の労働者に提供しなければならない（132条）．

（4） 禁止される差別

3条は，国は，性別，人種又は信条にかかわりなく同一の働く機会を保証すると規定し，133条は，特に，使用者が，性別のみを理由として雇用条件について，女性労働者を差別することは違法であると規定する．以下の行為は，差別行為である．① 同一価値の労働に対して，賃金等を男性よりも少なく支払うこと，② 昇進，訓練機会，研修及び奨学金に関して，性別のみを理由に女性労働者よりも男性労働者を有利に扱うこと．違反に対しては，刑事罰が科される（133条）．

判例は，性差別禁止の例外を認めている．性別が職務に不可欠な真性職業資格の場合である[20]．最高裁は，アメリカの判例を基に，真性職業資格を正当化するためには，以下の2つの要件が必要であるとした．① 当該雇用資格が，関係する職務の本質的な作業に合理的に関係している，② 当該資格のあるすべての又はほとんどすべての人々が当該職務の義務を適切に遂行できると信じる事実に基づく根拠がある（R. A. No. 164774, April 12, 2006）．

（5） 結婚に不利な規定

使用者が，① 労働者が結婚しないことを雇用条件若しくは雇用継続条件とすることを要求すること，② 結婚した時には女性労働者は退職もしくは離職したものとみなされることを明示又は黙示に定めること，③ 結婚のみを理由に実際に女性労働者を解雇し，辞職させ，差別し，その他の不利益を行うことは，違法である（134条）．

婚約した女性が解雇された事件では，最高裁は，会社の政策は，雇用と関連して結婚に反対するいかなる規定からも自由である女性の権利に関する旧136条（現134条）違反であるのみならず，善良の風俗及び公共政策に対する侵害であるとした（G. R. No. 118978, May 23, 1997）．

（6） 禁止行為

使用者の以下の行為は禁止されている．① 労働法典に定める給付を女性労働者に拒否すること，又は労働法典に定める給付を受けることを妨げる目的で雇用された女性を解雇すること，② 妊娠を理由にして，又は妊娠による休暇中若しくは出産の時に女性労働者を解雇すること，③ 女性労働者が再度妊娠することを恐れて，当該女性を解雇すること，又は職場復帰を拒否すること（135条）．

(7)　特定の女性就労者の位置づけ

ナイトクラブ，カクテルラウンジ，マッサージクリニック，バーなどで使用者の実際の管理又は監督の下で有償又は無償で労働雇用省の定める相当な期間働くことを許可された女性は，労働社会立法の目的となる事業所の労働者とみなされなければならない（136条）.

(8)　女性保護

かつて，130条及び131条に，女性のみの深夜業禁止規定があった[21]．女性に雇用機会の平等なアクセスを保障することを目的として，共和国法10151号は，130条及び131条を廃止した．その代わりに，夜間労働者の健康に配慮した男女共通の深夜業の規定を設けた（154条-161条）．しかし，全く女性労働者に対する深夜業の配慮規定がなくなったわけではなく，産前産後少なくとも16週間の期間等は，特別な配慮規定を設けている（158条）.

(9)　セクシュアル・ハラスメント対策

フィリピンは，アジアで初めて，1995年に反セクシュアル・ハラスメント法である共和国法7877号を制定した[22]．職場にとどまらず，教育や職業訓練の場のセクハラも対象としている．したがって，使用者，上司のみならず，教員，教授，コーチ，トレナー等のセクハラも含んでいる．使用者等のセクハラ防止及び紛争処理の義務及び民事責任を規定している．セクハラ加害者には，刑事罰が科される.

(10)　人身取引に対する闘い

毎年100万人以上のフィリピン人が就労目的で海外に出国するとILOは推計しているが，就労先で強制労働を強いられる例等や国内外での性的搾取を目的とした人身取引も横行している[23]．フィリピンは，2002年に「国際的な組織犯罪の防止に関する国際連合条約を補足する人（特に女性及び児童）の取引を防止し，抑止し及び処罰するための議定書」を批准し，2003年に共和国法9208号を制定し，さらに同法を強化するために，2012年に共和国法10364号を制定した.

違法とされる人身取引行為には，①国内又は海外の就労又は職業訓練等と称して，実際は売春，ポルノ又は性的搾取を目的として，人の募集，提供等する行為，②売春等に従事させるために売る等の目的のために，結婚を申出又は婚約する行為，③強制労働，奴隷，債務奴隷等の目的のために，募集，提供等する行為などがある．人身取引行為を行った者に対しては，懲役20年及び100万ペソ以上200万ペソの罰金が科される.

10　年少労働

最低就労年齢は，15歳であり，15歳未満の児童の雇用は禁止されている．例外として，児童がその親又は保護者の責任の下でのみ直接働き，かつその雇用が学業の妨げにならない時は認められる（137条）．使用者は，年齢を理由とする労働条件に関するいかなる差別もしてはならない（138条）.

共和国法9231号は，15歳未満の児童の雇用が例外として認められる場合をより詳しく規定し，15歳未満及び15歳から18歳未満の児童の労働時間を規制し，最悪の形態の児童労働を禁止する.

11　労働組合・使用者団体

（1）　1987年憲法・労働法典と労働三権

1987年憲法は，1（1）で述べたように，労働者の団結権，団体交渉権，法律にしたがったストライキの権利を含む平和的な団体行動権を保障している．また，法に違反しない目的で，組合，結社，団体を結成する国民（公的及び私的部門に雇用されている人々を含む）の権利は奪うことができないとし，さらに，団結権について，公務員に対して拒否されてはならないとしている.

218条の「政策の宣言」においても，民主主義の奨励並びに社会正義及び発展のための手段としての自由な労働組合主義を促進すると規定する.

このように，憲法及び労働法典で労働三権は基本的人権として認められているものの，フィリピンにおいては，組合登録され，適法な労働団体とされなければ，団体交渉のために組合員を代表して行動したり，団体交渉のために適切な交渉単位における全労働者の排他的代表として認証されないし，その他の労働法典上の権利も享受できない（251条）.

（2）　ILO 結社の自由から見た問題点[24)]

フィリピンは，1948年の ILO 結社の自由及び団結権保護条約（87号）を1953年に批准している．労働組合の申立を受け，2009年にハイレベルの ILO ミッションが現地調査を行い，次のように指摘した.「結社及び団体交渉の基本的権利を労働者が行使することに対して，暴力，威圧，脅迫，嫌がらせがあり，労働組合の権利を実際に行使することに対する犯罪及び妨害に関して罪の自覚を欠いている．過去の行政機関は，組合活動家及び労働側擁護者の超司法的殺人，嫌がらせ，誘拐という形での挑戦に直面していた．犠牲者のための正義は，法的及び行政的な妨害によってつぶされたといわれており，法と実際に乖離があった.」

その後，政府は，「国家行動計画2017-2022」を策定し，様々な取組みを行っている.

（3）　組合の組織形態

フィリピンの労働団体の組織形態は，図4－1のとおりである.

省令40-3号1条によると，以下のように定義されている.

①「労働団体」とは，全部又は部分的に，団体交渉，相互援助，利益，協力，保護，又はその他の適法的な目的のために存在する民間部門の労働者の組合又は結社をいう.

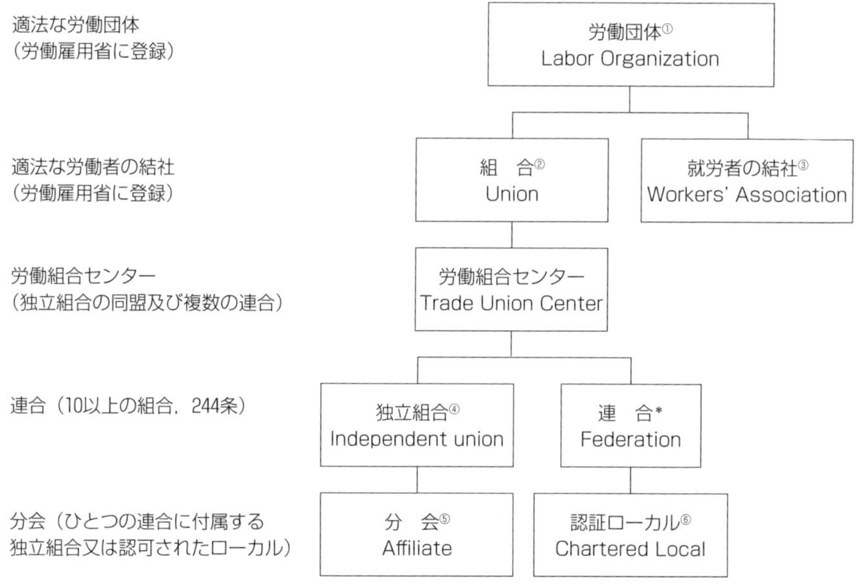

図4－1　フィリピンの労働団体の構造（民間部門）

＊：下記同論文4頁によると，「連合」は，「全国的組合」（National Union）ともいい，団体交渉・組合員のために雇用条件についての使用者との取引，又は社会及び雇用政策，基準及びプログラムの策定への参加のために，組織化された民間事業所における適法な労働組合の集団をいう．

出所：Joyce Anne S. Lumactud, Framework on Strengthening Multi-employer Bargaining in the Philippines, Philippine Journal of Labor Studies Vol. I No. 2, 2018, 5頁の図を翻訳し，一部手を加えた．

②「組合」とは，団体交渉及びその他の適法的な目的のために組織化された民間部門の労働団体をいう．

③「就労者の結社」とは，そのメンバーのための相互援助及び保護，又は団体交渉以外の適法な目的のために組織化された就労者の結社をいう．

④「独立組合」とは，労働法典240条等に基づいて独立した登録を通して法人格を取得した企業レベルで活動する労働団体をいう．

⑤「分会」とは，連合，全国的組合に付属する独立組合，又は認証された支部で，独立した登録を与えられているが，当該連合から除名されていない支部をいう．

⑥「認証ローカル」とは，本省令3節2-E条により労働雇用省地方事務所への登録を通して法人格を取得し，企業レベルで活動する民間部門の労働団体である．本省令3節2-E条は，「適法に登録した連合又は全国的組合は，ローカル／支部の設立を示す支部認証書を発行することによって，直接的にローカル／支部を作ることができる．当該ローカル／支部は，支部認証書が発行された日から認証選挙の申請を提出するために，法人格を取得しなければならない．以下略」と規定する．

組合は，団体交渉において労働者を代表することができるが，就労者の結社は，企業

申請者／相談者		労働雇用省
申請書（労働雇用省作成の組合登録書／ローカル支部申請書）及び要件リストを担当官から入手し，書式に記載する.	第１段階	労働雇用省作成の組合登録／ローカル支部申請書及び要件リストの提供
↓		↓
要件とされている記録を添付して，記載した申請書を担当官に提出	第２段階	書式及び要件とされている記録の完璧さのチェック
↓		↓
		a．申請書及び要件が完全なものでない場合 当該申請書及び記録を相談者に返却する。その際に必要ならば，欠けている要件を示し，説明する. 申請は，提出されなかったものとみなされる.
		↓
支払い命令の入手	第３段階	b．完璧な文書に対しては，支払い命令を発出する.
↓		↓
指定された支払先に支払い命令を持参し，登録料70ペソを支払い，公的領収書を受け取る.	第４段階	支払いを受領し，公的領収書を発行し，当該領収書の表に登録のリーリースの日時を押印する.
↓		↓
		当該申請を精査 所管の担当長/指名された職員は，登録を承認又は不承認とする.
		↓
予定された日時に担当官に公的領収書を提出し，登録証又は拒否/不承認の書状を要求する. もし当該要求されたサービスの請求者が申請を提出した者と異なる場合，身分証明のコピーと一緒に権限付与状を提出する.	第５段階	予定された日時に，もし承認する場合は，登録証をリリースする。又は，もし拒否する場合は，拒否／不承認の書状をリリースする.
↓		↓
終　了		終　了

図４－２　基本的な労働組合の登録ステップ

出所：労働雇用省労使関係局.

レベルの団体交渉にたずさわることはできない[25]. 就労者の結社は，自営業者，明確な使用者のいない労働者等の労働組合に加入できない，その他の就労者を組織化したものである.

（4） 組合の登録制度

組合は，法人格を取得し，労働雇用省に登録しなければ，適法な労働団体として，法が保障する権利及び特典を享受できない（240条）. 基本的な労働組合の登録ステップは，図4－2のとおりである. 省令40-3号Ⅲ節2条は，独立した労働組合の登録申請の提出すべき文書の1つに，「交渉単位における労働者の少なくとも20％を含む全組合員の氏名」を規定しているので，登録のためには，交渉単位の20％以上の労働者を組織化していなければばならない.

所管である労使関係局は，申請から30日以内に登録申請に対応しなければならない（242条）. 登録が拒否された場合，申請組合は，当該通知の受領後10日以内に労使関係局に不服申立を行うことができる（243条）. 登録されたとしても，登録の際に提出した組合員リストの不実記載等の理由によって取り消されることがある（247条）.

（5） 組合員の範囲――団結権を行使できる者

営利，非営利を問わず，商業，工業及び農業の企業，並びに宗教，慈善，医療又は教育の機関に雇用される者は，団結する権利，及び団体交渉のために自ら選択する労働団体を結成し，参加し，支援する権利を有する（253条）. しかし，管理的労働者（Managerial Employees）は，いかなる労働団体にも加入し，支援し，結成する資格を有しない（255条）. また，監督的労働者（Supervisory employees）は，一般労働者の交渉単位の組合員になることはできないが，個別の交渉単位及び／又は自身の適法な労働団体に加入し，支援し，結成することはできる. 同じ事業所で活動している一般労働者の組合と監督的労働者の組合は，同じ連合又は全国的組合に加入することができる（255条）.

労働雇用省の発行する就労許可を持つ外国人労働者は，団結権を行使できるし，団体交渉のために自ら選択する労働団体に加入し，支援することができる. ただし，当該外国人労働者は，フィリピン人労働者に対して同じ又は類似の権利を保障している国の国民でなければならない（284条）.

巡回，周期及び移動する就労者，自営業，農業就労者，明確な使用者を持たない者は，相互扶助及び保護，及び団体交渉を除くその他の適法な目的のために労働団体（就労者の結社）を結成することができる（253条，省令40-03号Ⅱ節2条）.

（6） 組合役員の資格

道徳的堕落で有罪とされた者は，組合役員選挙の資格はないし，組合のいかなる立場の指名の資格もない（250条（f））.

（7） 不当労働行為制度

フィリピン労働法典は，使用者の不当労働行為のみならず，労働団体の不当労働行為を禁止している．

使用者の不当労働行為として，以下の類型が規定されている．①団結権行使における労働者への干渉，規制，抑圧，②労働団体への不加入，又は脱退を雇用条件とすること（黄犬契約），③団結権行使における労働者への干渉，規制，抑圧をもたらす，組合員によってなされる業務又は職務の拒否，④労働団体の結成又は運営の支配等の介入，⑤労働団体の組合員であることの奨励又は阻害のために，雇用条件の差別，⑥本法典に基づく証言等を理由とする労働者に対する解雇等や差別，⑦本法典の定める団体交渉の義務違反，⑧団体交渉等の問題解決の一部として，組合，役員，代理人に交渉料又は弁護士手数料の支払い，⑨労働協約違反（259条）．

労働団体の不当労働行為は，以下の類型が規定されている．①団結権行使における労働者の規制，抑圧，②ある労働者を差別するように使用者に仕向けること等，③使用者との団体交渉する義務違反，又は団体交渉拒否，④なされないサービス又はなされるべきでないサービスに対して，金銭等を使用者に強制的に支払わせること（フェザーベッディング）等，⑤団体交渉等の問題解決の一部として，使用者に交渉料又は弁護士手数料の要求等，⑥労働協約違反．

12　団体交渉・労働協約

（1）　団体交渉

（a）　団体交渉義務の意味

団体交渉義務は，賃金，労働時間及びその他すべての労働条件に関する労働協約を交渉する目的で，即座にかつ迅速に誠実に会い，かつ開催する相互の義務を意味する．団体交渉の目的には，いずれかの当事者が要求する場合は，労働協約の下で生ずる苦情又は問題及び労働協約を組み入れた契約を履行する上での苦情又は問題を解決することも含む．団体交渉義務は，提案に合意すること，又は譲歩することを当事者に強制するものではない（263条）．

（b）団体交渉義務

団体交渉義務は，２つの場合が規定されている．

１つは，労働協約がない場合の団体交渉義務であり，使用者及び労働者代表は，本法典にしたがって団体交渉をする義務を有する（262条）．

もう１つは，労働協約がある場合の団体交渉義務である（264条）．その場合は，団体交渉義務は，いずれの当事者も，有効期間中の労働協約を終了できないし，改定できないことを意味する．しかし，いずれかの当事者は，労働協約の終了日より少なくとも60日以上前に，労働協約の終了又は改定のための書面の通知を出すことができる．60日の間及び／又は新しい労働協約が両当事者によって締結されるまでは，現行の労働協約の条件を維持し，有効であるとすることは，両当事者の義務とされている．

（c）団体交渉手続

労働法典261条は，以下のような団体交渉の手続を定めている．①労働協約締結について交渉したいと希望する一方当事者が，提案の声明を他方当事者に書面で通知．②

他方当事者は通知受領後10暦日以内に回答．③当該通知及び回答の基本的事項に相違が生じた場合は，いずれかの当事者は，要望の日から10暦日以内の会合を持つことを提案できる．④紛争が解決できない場合は，NCMBが，当事者の一方若しくは双方又は委員会自身の発案で介入し，斡旋会合が招集される．当事者は，斡旋会合に参加する義務がある．⑤NCMBの斡旋手続の間，当事者による紛争解決の妨害行為や遅延行為は禁止．⑥NCMBは，紛争の和解に努力し，当該事件を任意仲裁人に付託することを当事者に勧める．

（d）排他的交渉代表と認証選挙

フィリピンは，アメリカのように，団体交渉において，排他的交渉代表制度をとっている．交渉単位の排他的交渉代表になるためには，適切な団体交渉単位の労働者の過半数によって指名され，又は選挙された労働団体でなければならない（267条）．

認証に関して，組織化された事業所の場合と，組織化されていない事業所の場合がある．

組織化された事業所において，適法な労働団体によって，現在の交渉代表の過半数の地位を問う申立が，労働協約終了前60日以内に労働雇用省に提起された時は，調停仲裁官（Med-Arbiter）[26)]は，当該申立が交渉単位の全労働者の少なくとも25％の書面による同意によって裏書きされた場合は，ただちに秘密投票による選挙を命じなければならない．有効な選挙をするためには，交渉単位の資格のある選挙人が賛成しなければならない．有効投票の過半数を得た労働組合が当該交渉単位の全労働者の排他的交渉代表として認証される．

申立可能期間を経過し，認証選挙を求める申立がなされなかった場合，使用者は，現在の交渉代表を認め続けなければならない（268条）．

組織化されていない事業所において，認証選挙は，適法な労働団体による申立の提起を受けて，調停仲裁官によって直ちに行われる（269条）．

当事者は，一定の場合，調停仲裁官の命令又は決定した選挙結果を直接労働雇用長官に不服申立を行うことができ，労働雇用長官は，15暦日以内に決定しなければならない．

（2）　労働協約

（a）労働協約の有効期間，再交渉，必要記載事項

労働協約のうち代表に関する限り，5年間有効である．したがって，労働協約の5年間という期間の終了日前の60日間を除いて，認証選挙は労働雇用省によって行われない．

労働協約の他の規定は，協約履行後遅くとも3年までに再交渉されなければならない．労働協約のその他の規定に関する協定が，労働協約が定めるその他の規定の期間終了日から6か月以内になされた時は，当該協定は，期間終了日の翌日に遡及する（265条）．

労働協約の当事者は，労働協約に，労働条件の相互遵守を保証する規定を含まなければならない（273条）．

（b）労働協約又は会社の人事方針の解釈に関する紛争

労働協約の当事者は，労働協約並びに会社の人事方針の解釈又は履行から生ずる苦情の調整及び解決のための機関を設けなければならない．付託の日から7日以内に解決さ

れなかった苦情処理機関に付託されたすべての苦情は，労働協約に規定された任意仲裁に自動的に付託される．そのために，労働協約の当事者は，予め任意仲裁人又は任意仲裁人パネルを指名及び任命しなければならない（273条）．

任意仲裁人は，NCMBによって認定された者，当事者によって任意仲裁人として行動するように労働協約で指名又は任命された者，NCMBの支援により選ばれた者，任意仲裁人として行動するように労働雇用長官によって権限を与えられた職員である（219条（n））．

任意仲裁人及び任意仲裁人パネルは，労働協約又は会社の人事方針の解釈又は履行から生ずる未解決のすべての苦情を聴取し，決定する固有かつ排他的な管轄権を有する．労働法典では，労働協約の不履行は不当労働行為とされているが，現在では，例外的なものを除いて，労働協約の苦情として処理される（274条）．

（c）労働協約の登録

労働協約の履行から30日以内に，当事者は，仕事場のみやすい場所2か所に掲示したことを示す証拠及び交渉単位のすべての労働者の承認と共に，登録のために労働雇用省に直接労働協約のコピーを提出しなければならない．労働協約の登録の申請は，協約のコピー2通と一定の文書の添付を必要とし，地方事務所又は労使関係局は，受領から5暦日以内に，労働協約の登録の申請に対応しなければならない（237条）．

単一の企業の労働協約の登録を地方事務所が拒否した場合は，拒否の受領から10日以内に労使関係局に不服申立ができる．複数の使用者の労働協約の登録を労使関係局が拒否した場合は，拒否受領から10日以内に労働雇用長官事務所に不服申立ができる（省令40-3号XⅦ節5条）．

13　ストライキとロックアウト

（1）　基本的考え方

フィリピンでは，労働団体によるストライキと使用者によるロックアウトが，同等に位置づけられている．

就労者は，団体交渉のために又は相互の給付及び保護のために団体行動する権利を有する．国益にかなった，適法な労働団体のストライキ及びピケットの権利並びに使用者のロックアウトの権利は，認められ，かつ尊重されなければならない．しかし，組合内及び組合間の紛争を理由に，いかなる労働組合もストライキを行うことはできないし，いかなる使用者もロックアウトを行うことはできない（278条（b））．

（2）　ストライキ又はロックアウトの要件

以下のようなステップでストライキ又はロックアウトは行わなければならない（278条（c）（d）（e）（f），280条）．

第1段階：団体交渉の行き詰まりの場合，正式に認証された又は登録された交渉代理人は，予定された日の30日前までに，労働雇用省にストライキの通知を行うことができ，又使用者はロックアウトの通知を行うことができる．

不当労働行為の場合は，通知期間は15日前までになる．

正式に選ばれた組合役員の解雇の場合，組合は，ただちに行動を起こすことができる．

第2段階：組合又は使用者は，労働法典に定める要件の下，関係する交渉単位の全組合員の過半数によるストライキの承認又は会社役員等の過半数によるロックアウトの承認を得て，予定するストライキ又はロックアウトの少なくとも7日前に，投票結果を労働雇用省に提出しなければならない．

第3段階：クーリングオフ期間に，労働雇用省は，任意の解決のための調整及び斡旋の努力をする義務がある．

第4段階：通知の提出から必要な日数が過ぎるまでに紛争が解決しない場合，労働組合はストライキができるし，使用者もロックアウトを宣言することができる．

第5段階：ストライキを解決するために，労働雇用省は，ストライキの30日目又は30日目より前に使用者の改善提案について，組合員の秘密投票を行わなければならない．組合員の過半数が改善提案に賛成した時は，ストライキ中の労働者は，直ちに仕事に戻り，使用者は労働者を再び受け入れなければならない．

ロックアウトの場合は，労働雇用省は，ロックアウトの30日目又は30日より前に労働組合の譲歩提案について，役員等の秘密投票を行わなければならない．役員等の過半数が譲歩案に賛成した時は，労働者は直ちに仕事に戻り，使用者は労働者を再び受け入れなければならない．

（3）　ストライキ又はロックアウトの制限

ストライキ又はロックアウトが制限される場合がある（278条（g））．

（a）　労働雇用長官による制限

労働雇用長官が，国益に不可欠な産業において，ストライキ若しくはロックアウトが行われる又は行われる恐れがあると考える時，当該紛争の管轄権を引き受け，紛争を裁定することができるし，又は強制仲裁のためにNLRCに当該紛争の管轄権を承認することもできる．このような引き受け又は管轄権の承認は，企図されている，又は切迫するストライキ又はロックアウトを自動的に禁止する効果を有する．

（b）　病院，クリニック又はその他の医療機関の場合

病院，クリニック又はその他の医療機関の継続的な操業に悪い影響を与える労働争議において，ストライキをする労働組合又はロックアウトをする使用者は，医療及びその他の保健職員の効果的で不可欠の労働力を供給し，維持する義務がある．

最も緊急の場合，労働雇用長官は，ストライキ又はロックアウトの発生を知ってから24時間以内に，直ちに管轄権を引き受けるか，又は強制仲裁のためにNLRCに管轄権を承認することができる．紛争当事者は，労働雇用長官又はNLRCによって発せられた命令，禁止及び/又は差し止め命令に従わなければならない．

（c）　大統領による制限

大統領は，独自に，国益に不可欠と考える産業を決定し，当該産業の労働紛争を解決

又は終結するために，いつでも介入し，管轄権を引き受けることを妨げられない．

（4）禁止される行為

ストライキ，ロックアウト，ピケッティングに関して，5つの禁止される行為が規定されている（279条）．

①労働団体又は使用者は，最初に団体交渉することなく，又は労働法典に定めるステップにのっとらずに，ストライキ又はロックアウトの宣告等をすることはできない．②何人も，労働紛争，団結権行使，団体交渉において，労働者の平和的なピケッティングを暴力等によって妨害し，遅延させ，介入をしてはならない等．③使用者は，スト破りを使い，又は雇用してはならない等，④軍人等を含む公務員又は労働者は，ストライキエリアの建物に出入りしてストライカーの代替要員になろうとする者等を連れてきたりしてはならない等．⑤ピケッティングをしている者は，いかなる暴力等を行使してはならない．

14　労使紛争処理

（1）シングル・エントリー・アプローチ（SEnA）[27)]

仲裁手続の前に置かれている強制和解手続である．共和国法10396号により制度化された（234条）．すべての労働紛争を深刻化させないようにするため，迅速，公平，費用のかからない，利用しやすい解決手続を提供する行政アプローチである．労使関係から生じる問題に対して，行政が，30日間の強制的な斡旋調停による介入を行う．斡旋調停による介入の主たる目的は，中立的な当事者であるシングル・エントリー・アプローチデスクの職員が助言を与え，又は問題の解決や代替案を示して，対立する当事者の間に紛争の和解的解決を導くことにある．

シングル・エントリー・アプローチデスクは，労働雇用省の中央 / 地方 / 州等の事務所，NCMB 及び地方事務所，NLRC 及び地方仲裁事務所，POEA 及び地方事務所，海外就労者福祉機関（OWWA）及び地方事務所，フィリピン海外労働事務所（POLOs）に置かれる．

シングル・エントリー・アプローチが扱う労働紛争は以下のとおりである．①雇用の終了又は停止問題，②額にかかわりなく金銭に対する要求，③行政的救済を尽くした後の組合内及び組合間問題，④不当労働行為，⑤閉鎖，縮小，余剰，一時的レイオフ，⑥海外就労労働者問題，⑦労使関係から生ずるその他の要求又は問題．

ただし，以下の問題は扱わない．①NCMB に係属しているストライキ / ロックアウト，又は予防的な調停，②労働協約又は会社の人事方針の解釈や履行から生ずる問題，③NWPC の賃金命令の例外の適用，④外国人雇用許可等に違反に関する問題，⑤POEA の一定の規則及び細則違反，⑥職業上の安全及び健康の基準に関する問題．

申立ができるのは，労働者，組合，労働者のグループ，使用者であり，援助要請書をシングル・エントリー・アプローチデスクに提出する．オンラインでも提出できる．解決の合意は，最終的なものであり，即座に執行される．

（2）　労働仲裁人（Labor Arbiter）による仲裁

シングル・エントリー・アプローチでは解決できなかった場合で，労働仲裁人の管轄対象の事件は，仲裁手続に付される（224条）．労働仲裁人は，フィリピン弁護士会の会員で，少なくとも10年のフィリピン法の実務に従事し，そのうち少なくとも5年は労使関係分野での経験等がなければならない（222条）．労働仲裁人は，事件が付託されてから30暦日以内に判断する（224条（a））．

労働仲裁人の所管する事件は以下のとおりである．①不当労働行為事件，②契約終了の紛争，③復職の申立に伴って，労働者が賃金等の労働条件を含む申立，④労使関係から生ずる損害賠償請求，⑤ストライキ及びロックアウトの適法性を含む279条（ストライキ，ロックアウト，ピケッティングの禁止行為）違反から生ずる事件，⑥労災補償，社会保障，医療及び出産給付の申立を除き，労使関係から生ずるその他のすべての申立で5000ペソを超える額に関連するもの（224条（a））．

労働仲裁人も後述するNLRCも手続において，法律又はエクイティの裁判所の証拠ルールによらず，労働紛争の和解に努力しなければならない（227条）．

労働仲裁人の決定したすべての事件について，当事者の一方又は双方は，NLRCに控訴することができる（224条（b））．控訴理由は制限されている（229条）．

（3）　国家労使関係委員会（NLRC）[28)]

NLRCは，23名の委員からなり，労働団体及び使用者団体から各8人，会長及び7人は，公的部門から選出される．7人の委員は，可能であれば，現職の労働仲裁人から選考される（220条）．

NLRCは，以下のような事件の管轄を有する．①労働仲裁人によって決定された事件，②少額の金銭請求に関して地方局長又は聴取職員によって決定された事件，③労働雇用長官によって認められた国益に関する事件，④225条（e）の下でのインジャンクション又は一時的な抑制命令の申立．

（4）　苦情処理機関と任意仲裁

労働協約の当事者は，労働協約又は会社の人事方針の解釈又は履行から生ずる苦情の調整及び解決のために，苦情機関を設けなければならないが，12（2）（b）で苦情処理機関及び任意仲裁に関して記述したので，参照されたい．

注

1）FROILAN M. BACUNGAN, LABOR AND SOCIAL LEGISLATION IN THE PHILIPPINES AN OVERVIEW （WORKERS' INSTITUTE ON LABOR LAW, September 15-17, 1999 in UP-SCOLAIR Auditoriumにおける配布資料〔未公刊〕），2頁及び4頁．フィリピン労働法研究において，故BACUNGAN教授には大変お世話になった．

2）C. A. AZUCENA, THE LABOR CODE WITH COMMENTS AND CASES VOLUME I : LABOR STANDARDS AND WELFARE Eighth Edition, 2013, 9頁

3） C. A. AZUCENA, LABOR LAW HANDBOOK, 1995, REX BOOK STORE, 7頁
4） TESDAのHPを参照した（https://www.tesda.gov.ph/，2021年9月30日閲覧）.
5） 厚生労働省，2019年海外情報報告フィリピン，5頁.
6） 雇用契約に関しては，https://www.laborlaw.ph/（2021年9月30日閲覧）を参照した（Jericho Del Puerto弁護士執筆）.
7） Vincente B. Paqueo and Aniceto C. Orberta Jr., Beware of the "End Contractualization ! " Battle Cry, PIDS DISCUSSION PAPER SERIES NO. 2016-55, 2016, 6頁.
8） 経営権に関しては，https://www.laborlaw.ph/（2021年9月30日閲覧）を参照した（Jericho Del Puerto弁護士執筆）.
9） 労働雇用省労使関係局のHP（https://www.blr.dole.gov.ph/，2021年9月30日閲覧）を参照した.
10） 使用者は，企業の方針の下で明確に述べられた合理的及び適法な事由に基づいて，解雇することができる（省令147-15号6条）.
11） 就業規則に関しては，コンサルタント系のHPを参照した（https://kuno-cpa.co.jp/philippines_blog/ 及び https://www.yappango.com/faq/philippines41.html，2021年9月30日閲覧）.
12） 労働条件関係は，DOLE, HANDBOOK WORKERS' STATUTORY MONETARY BENEFITS 2020EDITIONを参照した.
13） 218条（m）も，管理的労働者について定義しているが，第Ⅰ部の管理的労働者の定義とは異なっている.
14） 具体的な最低賃金額は，国家賃金生産性委員会のHP（https://nwpc.dole.gov.ph/，2021年9月30日閲覧）を参照した.
15） 賃金制度については，国家賃金生産性委員会の資料を参照した.
16） 国家斡旋調停委員会は，1987年の行政命令126号により創設され，労使関係局の斡旋，調停，及び任意仲裁機能を受け継いだ機関である．1名の行政官及び2人の副行政官から構成され，労働雇用長官の行政的監督下にある付属機関である.
17） 労働省令198号の翻訳が，JETROによって公表されている（https://www.jetro.go.jp/ext_images/jfile/country/ph/invest_11/pdfs/ph13A010_law11058regulations.pdf，2021年9月30日閲覧）.
18） EMPLOYEES'COMPENSATION COMMISSION, An EMPLOYERS'GUIDE on the EMPLOYEES'COMPENSATION PROGRAM, EMPLOYEES'COMPENSATION COMMISSION, FREQUENTLY ASKED QUESTIONS ABOUT THE EMPLOYEES'COMPENSATION PROGRAM, DOLE, HANDBOOK WORKERS' STATUTORY MONETARY BENEFITS 2020EDITIONを参照した.
19） C. A. AZUCENA，注5），407頁.
20） C. A. AZUCENA，注5），405頁.
21） 旧130条及び旧131条の規定については，神尾真知子「フィリピンの女性労働法制」女性労働17号，1992年，78-79頁参照.
22） 1995年法の翻訳は，神尾真知子「（翻訳）フィリピンの反セクシュアル・ハラスメント法及びフィリピン労働雇用省における反セクシュアル・ハラスメント法施行規則」帝京平成大学紀要8巻2号，1996年，53-60頁参照.

23）坂野一生「【フィリピン】人身取引防止法の改正」外国の立法255-2号，2013年.

24）ILO Country Office for the Philippines, Freedom of association and collective bargaining: National action plan, 2019，2017-2022頁.

25）Maragtas S. V. AMANTE, Philippines Unionism-Worker Voice, Representation and Pluralism in Industrial Relations（太田仁志編『新興国の新しい労働運動』調査研究報告書，アジア経済研究所，2019年所収），78頁．同論文には，現在のフィリピンの労働組合運動の具体的な説明がある.

26）調停仲裁官は，代表問題，組合間/内紛争，その他の関連する労使関係の紛争（組合登録の取消を除く）について聴取し，判断する権限を有する地方事務所又は労使関係局の公務員である（省令40-3号Ⅰ節（jj））.

27）労働雇用省のHP，省令151-14号，及び海外法務ニューズレター（フィリピン）Vol. 12，北浜法律事務所，2015年7月号を参照した.

28）国家労使関係委員会のHP（https://nlrc.dole.gov.ph/，2021年9月30日閲覧）を参照した.

参考文献

法令

フィリピン労働法典（https://www.dole.gov.ph/php_assets/uploads/2017/11/LaborCodeofthePhilippines20171.pdf，2021年9月30日閲覧）.

フィリピン労働法典翻訳（翻訳：神尾真知子，公益財団法人国際労働財団・アジア労働法データベース）https://www.jilaf.or.jp/asia_laborlaw/data/philippine_001.pdf?2020304，2021年9月30日閲覧.

日本語文献

神尾真知子「フィリピンにおける不当労働行為の生成と法理」アジア経済24巻6号，1983年，34-55頁.

――――「フィリピンの『任意仲裁』制度の法理とASEAN諸国の労働法の特質」アジア経済26巻1号，1985年，88-99頁.

――――「フィリピンの女性労働法制」女性労働17号，1992年，77-85頁.

――――「フィリピン労働法―歴史と法理」季刊労働法174号，1995年，61-76頁.

――――「（翻訳）フィリピンの反セクシュアル・ハラスメント法及び労働雇用省における反セクシュアル・ハラスメント法施行規則」帝京平成大学紀要8巻2号，1996年，53-60頁.

――――「フィリピンの女性労働とジェンダー――海外就労を中心に」季刊労働法260号，2018年，174-187頁.

――――「フィリピンの女性労働におけるジェンダーと階層」アジア法研究2018年号，2018年，103-114頁.

厚生労働省「2019海外情勢　フィリピン」（https://www.mhlw.go.jp/wp/hakusyo/kaigai/20/，2021年9月30日閲覧）.

福島康志『フィリピンの労働事情』日本労働研究機構，1994年.

英語文献

Department of Labor and Employment, 2016 ANNUAL REPORT（現時点で入手できる最新版）.

URL

労働雇用省の HP（https://www.dole.gov.ph/, 2021年 9 月30日閲覧）.
最高裁判決の HP（https://sc.judiciary.gov.ph/, 2021年 9 月30日閲覧）.

（神尾 真知子）

第5章
タ イ

1 タイ労働法の歴史と体系

(1) タイの国柄

タイは「水に魚あり，田に稲あり」（ラームカムヘーン大王碑文）と謳われた自然の恵み豊かな国である．「貧困はあっても飢えがない」とも言われ，この条件が，長いものに巻かれるという集団主義的な意識とは異なる自由で寛容なタイ人の気質を育んできた．

一方，政治的には，1932年に絶対王政が打倒された後も立憲君主制が維持された．そして，しばしばクーデターにより軍部や官僚，資産家など支配層内での権力の移動が起こった．そのたびに労働者の権利の剝奪や停止を経験してきた．また，権威主義的な統治の伝統の影響を受け，社会的な地位の上下意識が強く，労働関係では使用者の立場が強い．

タイは，1960年代以降，外資に依存した輸入代替型の工業化から輸出指向型の工業化へと転換した．そして，1980年代半ば以降も活発な外国からの投資により，急激な経済発展を遂げてきた．日本からの企業進出が最も盛んな国の1つでもある．もっとも，投資目的の短期資金が急激に引き揚げられたせいで1997年に「アジア通貨危機」を経験したことがある．今日でも，長期にわたる国家主導の開発独裁体制の影響が広く持続している．

タイ労働法は，このような歴史と伝統により，労働保護法の面では温情的で父権的な規制という性格を帯びる一方，労働組合には抑制的な規制を及ぼすことが基本的な特徴となっている．

(2) 労働法の歴史と体系

タイで近代的な法典編纂が行われたのは20世紀初頭である．その際，日本の民法典がモデルとされた．アジア諸国の中で，日本がタイと同じく植民地化された経験がなかったためである．その結果，タイ民商法典と日本民法典の雇用に関する規定はほぼ共通している．もっとも，民商法典は労働法が制定される前の市民法段階の法律であるから，現代の労働関係を規律する上では，実務上，大きな意味は有しない．

タイで最初の労働法と呼べる立法は，1956年の「労働法」である．それ以前に「工場法」（1939年）があったが，本法は，工場開設の許可制や設備基準を定めたものであるから，労働者の安全衛生についても定めていたが，労働者保護法としての性格は薄弱であった．

上記1956年の「労働法」は，1958年のクーデターで廃止された．その後，1972年に定められた労働組合と労働条件に関する2つの内務省告示が現在に至る労働法のルーツと言ってよい．と言うのは，労働組合に関する告示が1975年に，また，労働条件に関する告示が1998年に，それぞれ法律化され（前者が「労働関係法」，後者が「労働保護法」），今日に至っているからである．さらに，1991年にはクーデターにより国営企業を民間企業から切り離して団結権を否定する「国営企業職員関係法」が制定された．本法は2000年に廃止され，「国営企業労働関係法」が制定された．これにより国営企業は，労働組合の結成が認められたが，争議行為が禁止されるなど，民間企業とは異なる規制の下に置かれている．なお，労働組合の登録制度など開発独裁時代の痕跡を残す労働関係法は，何度か法改正が試みられたが，2021年までのところ，実現に至っていない．

日本民法典のルーツは，フランス，ドイツであるから，日本民法典をモデルにしたタイの場合も，それらの国の法制度を受け継ぎつつ，その基礎の上に労働法が成立してきたと言ってよい．もっとも，不当労働行為制度はアメリカ法の影響を受けていると考えられるから，特定の国からだけ影響を受けたというより，先進国から様々な制度を取り入れて労働法が形成されてきたと言った方が適切である．

タイの現行の主要な労働立法（略称を含む）と立法年は以下の通りである．「労働保護法」（1998年），「労働関係法」（1975年），「労災補償金法」（1994年），「労働安全衛生環境法」（2011年），「障害者支援法」（2007年），「労働裁判所法」（1979年），「移民労働者の就労管理に関する勅令」（2017年）である．この他，疾病，出産，障害，死亡，児童手当，老齢年金，失業などの給付を定める「社会保険法」（1990年）を労働法に含める見解もある．

日本と同じように，タイの労働法も，集団的労使関係法と個別的労働関係法に二分できる．大きく違うのは，日本の場合，憲法上，団結や労働条件の保護が基本的人権として保障されている（27条および28条）のに対して，タイの場合，労働組合を結成する権利は結社の自由の行使と考えられており，労使とも対等に認められている点である．そして，結社の自由は法律で制限できることから（2017年憲法42条），後述（3の（2））のとおり，「労働関係法」によって労使の団体（労働組合と使用者協会）に関して詳細な規制が加えられている．また，雇用や労働条件の保護は，憲法上，基本的人権としてではなく，国の政策方針の1つとして位置づけられている（同74条）．

2　タイの経済と就業構造

（1）　労働市場と就業構造の特徴

タイでは外資導入により工業化を推進してきたことから，製造業の占める割合が大きい．そのため，国際的な景気の変動を受けやすく，失業率もその影響を受けて変化する．近年は，ほぼ完全就業に近い失業率である．また，進出企業では，一般に，出資国から持ち込んだ労働関係モデルにタイ社会の慣習や価値意識を取り込んだ労働関係となる．

タイの急激な工業化は，農村からの労働力の供給により成し遂げられた．タイは伝統的に農業国であり，工業化に伴って変化しているものの，近年でも農林水産業従事者の割合は高い（約30％）．農業部門の比重が大きいことは，労働者が不況期に出身地である農村に帰ることで，失業を緩和する役割を果たす．また，今なお根強い労働関係における「主従関係」意識を支える条件ともなっている．

タイでは，周辺国との経済競争の激化に伴い，多様な就業形態の下にある家内工業的ないし自営業的な請負形式にまで及ぶアウトソーシング化が工場の外で進展している．このような部門での就労者は，不安定な就業条件であるにもかかわらず，労働法の適用対象から外されている．

就業構造上，インフォーマル・セクターの比重が大きく，近年でも50％を超えている．その半分は農業が占めているが，ほかには露天商や輪タク運転手などの都市雑業層が含まれる．この部門には公的な保護（労働保護や社会保障）が及ばず，当然，労働組合の結成もできない．インフォーマル・セクターは，余剰労働力の調節弁として経済に柔軟性を与えるが，それだけでなく，起業の機会や雇用ないし職業訓練の場も提供している．

（2）　職業紹介

タイで労働者が国内向けに就職していく場合（外国への出稼ぎのための職業紹介については省略する），1つのルートは親族や知人・友人の伝手と工場の前の求人広告などである．もう1つは，職業紹介である．「職業紹介求職者保護法」（1985年）に基づき，公的職業紹介と民間職業紹介が行われる．前者としては，無料の職業紹介を行うため，労働省雇用局内に雇用局職業紹介事務所が置かれ，支所も設けられている．後者としては，民間会社が中央または県の職業紹介登録官の許可を受けて労働大臣の定めたレートでの有料の職業紹介を行っている．

公的職業紹介は，工場労働者の求人にも役立っているが，個々的な紹介でとどまるため，少人数であればともかく，大量の工場労働者の紹介を受けることは困難である．また，職業紹介会社は，エンジニアや製造マネージャーといった専門性の高い労働者は紹介の対象にするが，工場労働者の場合には賃金が低く紹介料が少ないので，紹介の対象にしない傾向がある．

（3）　頻繁な転職

タイでは，頻繁に転職が行われる．同じ会社で働き続けることに高い価値を認めていないからである．長期勤続が行われるとすれば，それは労働条件が良いことの結果でしかない．日本のように同じ企業内で経験を積んで熟練を向上させていくという仕組みがない場合にタイの労働者がとる行動が転職ということになる．

心理的な抵抗なく転職が頻繁に行われる背景には，前述のような豊かな自然条件と，それによって形づくられたタイ人の自立的な意識がある．そして，いざというとき，衣食住の保障が得られる出身地の農村が控えていることや，都市部に残る場合にも，インフォーマル・セクターが様々な生業の機会を提供してくれるという事情も，転職の自由を支えている．

もっとも，工業化の過程で創業以来の一定の歴史を経た企業が育ち，長期勤続する労働者も増加している．後述（4の（6））するように，20年以上の勤続者に対する解雇補償金の区分を新設する労働保護法改正が2018年に行われたのも，このような変化の反映である．

（4） 有期雇用と解雇補償金

タイでは，法律上，有期雇用の期間に上限はない．そして，有期雇用であれ無期雇用であれ，雇用を終了させるとき，使用者は，雇用期間に応じて解雇補償金を支払わなければならない（後述4の（6））．例外は，臨時的・季節的・プロジェクト的業務であって，上限2年の期間内に仕事自体が終了する場合，期間を定めることができる（労働保護法118条4項）．この例外の意味は，それらの業務であれば2年以内の雇用期間が満了したときに解雇補償金を支払わなくてもよい点にある．解雇補償金を支払う覚悟があれば，これらの業務についても2年を超える期間を定めることは可能である．

このように，有期雇用の終了の場合にも解雇補償金を支払わなければならないのは，タイでは，仕事が続いているのであれば，それは常用雇用すべき仕事であるから，期間が満了したということだけでは雇止めは許されないと考えるからである．

なお，解雇補償金の支払いは120日以上の勤続の場合に発生するので（同118条1項），このような規制を回避するため，同じ業務の短期労働契約を反復更新することが考えられる．しかし，そのような契約を締結するだけのやむを得ない理由がなければ，それは法律上の責任を回避する意図があると考えられることから，120日未満の期間を実質的に継続して，その期間を超えれば，更新してきた期間に応じて解雇補償金の支払義務が発生する（同20条．後述4の（6））．また，不公正な解雇として損害賠償責任も発生しうる（労働裁判所法49条）．

（5） 請負労働と派遣労働

下請労働関係という新たな雇用・就業形態に対応するため，労働保護法が一定の保護を与えている（12条）．すなわち，階層的な請負関係の下で労働している場合において，使用者が下請負人である場合，元請負人に至るまでの上位の下請負人は，使用者である下請負人と連帯して，賃金，時間外労働手当，休日労働手当，休日時間外労働手当，解雇補償金，特別解雇補償金，積立金，納付金または付加金を労働者に支払う義務を負う．

一方，タイには「労働者派遣法」はなく，2008年の労働保護法の改正で加えられた11条の1により，労働者派遣は以下の規制を受ける．すなわち，① 職業紹介業者からの派遣であってはならない．② 派遣を受け入れる事業者の中核事業（たとえば製造業であれば製造工程）に従事させるものでなければならない．したがって，清掃や警備の業務に派遣されても，それは保護の対象になる派遣ではない．③ 派遣元と派遣先は指揮命令だけでなく，他の責任の分配も派遣契約で決める．なお，派遣の期間に制限はない．④ 派遣先は派遣労働者の直接の使用者ではないので，労働保護法を適用するために派遣先が派遣労働者の使用者とみなされる．⑤ 派遣先の使用者は，派遣労働者と自己の労働者を平等に取り扱わなければならない．

重要な規制は⑤である．この義務は労働保護法で保障する最低基準の保護内容より広範であると考えられている．たとえば，福利厚生としての寮，送迎バスの冷房の有無，食堂の区別，作業着の区別や支給枚数なども含まれる．また，同じラインで同じ仕事をしていれば賃金は同じにしなければならない．仕事が同じか否かの判断は，仕事の性質，職位，職責，職務権限などによる．したがって，処遇の違いが違法にならないようにするためには，直接雇用をしている従業員を別のラインに異動させて派遣労働者と異なった内容や性質の作業をさせるか，年齢や経験年数に応じた仕事の区分，仕事のランク付け，能力に応じたランク付けなどをしなければならない．

（6）　外国人労働者の就労

タイでは，経済発展に伴い，外国人の労働力への需要が高まっている．一方では，外資系企業の活動のため，他方では，いわゆる3K労働などの単純労働や製造現場の担い手確保のためである．とくに近隣3か国（カンボジア，ラオス，ミャンマー）からは，経済格差が要因となって労働力移動が避けられず，受け入れに関する規制を緩和したり強化したりと，外国人労働政策は変転してきた．そのため複雑な就労資格が存在するが，それらを有する外国人は，合計約251万人で，全労働者に占める割合は，6.67％である（2020年・タイ労働省統計）．

外国人の就労は，2008年以来，「外国人就労法」によって規制されてきたが，現在は，「移民労働者の就労管理に関する勅令」（2017年）による．本勅令では，就労許可の要件や手続きなどを定めるほか，タイの伝統工芸に関する職種などを外国人に禁止している点が特徴である．

3　労働組合と労働紛争

（1）　労働組合の組織状況

タイの労働組合の組織率は3％程度でしかない．また，国営企業の労働者が組合員数の半分近くを占めている．なお，前述（1の（2））のように，国営企業の労働者は民間企業の労働者とは別の法規制の下に置かれている．

組織率が低い事情として，以下が考えられる．第1に，対立を好まない仏教や権威主義的な統治の影響で，労働者が目上の者に服従する「主従関係」の意識を抱く一方で，使用者が労働組合の存在を認めない強い経営者優位の意識を持っていること，第2に，中小零細企業が多いため，労働者が使用者の圧力の下に置かれやすいこと，第3に，就業構造上，インフォーマル・セクターの比重が大きく，この部門には労働法の保護が及ばないことから，当然，労働組合の結成もできないこと，第4に，タイの周辺国による低コスト生産との競争の激化に伴い，家内工業的ないし自営業的な請負形式によるアウトソーシング化が進展し，そこでの就労者も労働法の適用対象から外れていること，などである．

もっとも，組織率は低いが，ナショナル・センターは，その代表者が政労使三者で構成される各種の公的機関に参加する仕組みがあることもあって，一定の政治的影響力を保持している．

（2） 労働組合の結成への法規制

タイに限らず，開発途上国が経済発展の過程で構築した開発独裁体制の下では，労働組合に登録を義務づけることで国家の監視下に置き，経済開発にとって障害にならないように取り締まりをしてきた．もっとも，使用者が労働組合に敵対的な態度を取る事情がある下では，登録は「お墨付き」を得て使用者に対抗できる意味もある．

タイの「労働関係法」では，労働組合を設立し，登録できるために以下のような規制を加えている（使用者協会も類似の規制を受けるが，説明を省略する）．

第1に，10人以上の発起人を要する（89条）．これは小規模の労働組合が設立される要因になるとともに，中小零細企業で組合を結成することを困難にしている．

第2に，団結の形態を規制している．労働組合は「企業別」か「業種別」の形態でしか認められない（88条，95条1項）．つまり，同じ使用者か同じ業種の労働者による労働組合に限定されているので，一般組合や地域労組を結成することはできない．

第3に，組合の発起人になる場合，組合を組織する企業の従業員であること，成人でタイ国籍を有することが必要である（88条）．

第4に，組合役員は，当該組合の組合員であること，成人で出生によるタイ国籍を有することが必要である（101条）．

第5に，組合員は15歳以上でなければならない（95条1項）．

労働組合を結成する場合，大きな障害になるのが，設立を試みる段階に法的保護が及ばないことである（不当労働行為の禁止対象に含まれない）．組合の発起人が解雇されると団結が芽の内につぶされ，組織化が阻止される．また，組合役員が解雇されると，従業員ではないので役員資格も失うことになる．

団結の拡張と連帯の確保は，労働者の団結にとって基本理念の1つである．これに関し，タイでは，労働組合が2以上集まることで連合組織（労働連合）を作ることができる（113条）．さらに，15以上の労働組合または労働連合は，労働者団体評議会（ナショナル・センター）を結成できる（120条1項）．ナショナル・センターが多数に分立していることがタイの特徴である．

（3） 労働紛争を予防する制度的工夫

タイでは，労働紛争に対して厳格な規制が及ぼされている．その事情は，開発独裁の歴史にある．開発独裁の眼目は経済発展であるから，これにマイナスとなる労働紛争を防止するため，以下の措置が法律上導入され，現在も維持されている．

第1に，就業規則，雇用条件協約（後述）の項目に苦情申立ての定めを置くことが義務づけられている（労働保護法108条1項7号，労働関係法11条6号）．

第2に，労働者の苦情を含む意見を使用者側に仲介し，審議する機関として「労働者委員会」の制度が用意されている．本委員会は，労働組合とは別に労働者が50人以上の事業所で労働者が任意に設置できる組織である（労働関係法45条1項）．

第3に，50人以上の従業員を擁する事業所では，「事業所内福利厚生委員会」の設置が義務づけられている（労働保護法96条1項）．少なくとも3か月に1回，会議が開催され，職場の福利厚生に関する事項が議論される（同97条，98条）．

（4）　要求書の提出と団体交渉

労働条件に関する要求をめぐる交渉手続きは，以下のように規制されている．なお，要求書は，労使いずれからも相手方に提出できるが，以下では，労働側からの手続きだけを述べることにする．

団体交渉は労働条件をめぐる要求書の提出から開始される．要求書の提出は，労働側の場合，2つに分けることができる．1つは，労働組合が提出する場合であり，事業所の全労働者の20％以上を組織していなければならない（労働関係法15条1項）．もう1つは，労働組合でない場合であり，要求書に関係ある事業所の全労働者の15％以上の氏名および署名が集まれば，要求書を提出し交渉できる（同13条3項）．

要求書の受理後，3日以内に交渉を開始しなければならない（同16条）．この間に交渉が行われないか，交渉しても合意に至らなければ，「労働争議」が発生したものとされる．交渉の期間や回数に制限はない．労働争議が発生すると，要求書を提出した側は，24時間以内に労働争議調整官に通知しなければならない（同21条）．そして，労働争議調整官は，5日以内に調整を行い，合意に達すれば雇用条件協約が締結され，不調に終われば，労使の合意によって仲裁に付すか争議行為に移行できる．仲裁の場合，労使合意により任命された1名以上の仲裁人により裁定が行われる（同22条）．

（5）　雇用条件協約と就業規則

一般に，団体交渉が合意に達した場合に締結されるのが労働協約である．これをタイの労働関係法では「雇用条件協約」と呼んでいるが，この「雇用条件協約」と労働保護法上の「就業規則」との間で独特の仕組みになっている点がタイの特徴である．

まず，10人以上の労働者を雇用する使用者は，法定事項を定めたタイ語の就業規則を作成するとともに，保管し，周知し，当局に届出なければならない．当局は，違法な内容の修正を命じることができる（労働保護法108条）．

他方，20人以上の労働者がいる事業所の場合，使用者は雇用条件協約を締結しなければならないことになっている（労働関係法10条）．そのため，労働組合がない場合でも，前述（3の（4））のように，労働者は要求書を提出して雇用条件協約を締結することができるものとされている．ただし，雇用条件協約が存在しない場合，就業規則がこの協約とみなされる（同10条3項）．

労働契約を規律する効力を就業規則に認める法律上の規定はない．就業規則が法規範と同様に労働者を拘束すると考えられていることになる．就業規則を変更する場合，最初に作成する場合と同様の規制を受ける．したがって，使用者は就業規則を一方的に変更することができるが，就業規則が雇用条件協約とみなされる場合には，この協約の改正の手続きを踏む必要があるので（労働関係法13条1項），この就業規則を使用者が勝手に不利益に変更することはできないことになる．

就業規則に定めるべきものとされている事項は，賃金や労働時間などの通常考えられる労働条件である．特徴的であるのは，上述（3の（3））のように，苦情申立てについて詳細に定めるべきこととされている点である（労働保護法108条，109条）．他方，雇用条件協約の場合も，就業規則と同様に，定めるべき事項が法律上明記されている（労働関係法11条）．また，雇用条件協約は，労働者に周知させるとともに，当局に登録することが義務づけられている（同18条）．

（6）　雇用条件協約の効力と期間

雇用条件協約は，20％以上を組織している労働組合の場合，その組合員に，労働組合ではなく15％以上の労働者が要求書を提出して締結された場合，それに署名した労働者に，それぞれその効力が及ぶ（労働関係法19条１項）．協約より有利な個別労使間の合意は有効である（同20条）．また，組織率３分の２以上の組合または３分の２以上の労働者との間で締結された雇用条件協約には一般的拘束力（残りの労働者に効力が及ぶ）がある（同19条２項）．

有効期間は，合意があっても，上限は３年間であり，期間の合意がなければ，１年間である．そして，有効期間が終了しても新たな合意に向けた交渉がない場合，その度ごとに，さらに１年間有効である（同12条）．

（7）　ストライキとロックアウト

労働争議の調整が不調に終われば，争議行為に移行できる．その方法として，労働者の場合，ストライキ，使用者の場合，ロックアウトをする権利が保障されている（労働関係法22条３項）．もっとも，タイでは，近年，労働争議は年間100件程度で，ストライキ，ロックアウトに移行したのは，それぞれ５件程度でしかない．

争議行為は厳格に規制されている．まず，24時間前に労働争議調整官および相手方に対して書面による事前の通知が必要である（同34条２項）．戒厳令や非常事態宣言の下では，争議行為は禁止される．また，経済や社会に大きな影響を及ぼす場合にも，就労や操業を主管大臣が命じることができる（同35条，36条）．

タイの場合，多くの労働組合は小規模で交渉力が乏しいので，法定の交渉手続きを踏む正規のストライキばかりでなく，非公式の集団行動に訴える場合がある．たとえば，集会の開催，ビラ配布，残業拒否，職務放棄などである．そのため，ある日突然に「ストライキ」が発生することがありうる．非公式の突然の不満の表明は，経営側としても解決の方法を見つけることが困難である．また，ストライキではなく，「残業拒否」の方法が利用される場合がある．その理由は，後述（４の（３））のように，残業（時間外労働）には，その都度，労働者の個別同意が必要であるため（労働保護法24条），残業の拒否によってストライキと同様の事態を招来できるからである．同様に，病気休暇が年間30日まで有給であり（同57条１項），２日までの休暇には医師の診断書も不要である（同32条１項）ことから，一斉病気休暇を取得して，ストライキと同様の効果を追求することもある．

ロックアウトは労務の受領拒否と考えられており，実際に事業所の閉鎖という事実行為を伴わなくても良い．そのため，組合員だけを狙い撃ちにしたロックアウトをしつつ事業が継続できてしまう．元々，使用者にロックアウトが保障されていることは，形式的には労使平等の原則に沿うとはいえ，実質的には労働側に不利な規制である．

労働紛争の多くは話し合いで解決される．その場合，しばしば行政が関与する．これは権威主義的な政治風土が強く当事者による解決能力が低いことから生じる現象である．

（8） 不当労働行為制度

タイにも不当労働行為制度があり，使用者の以下の行為が不当労働行為となる（労働関係法121条）．① 労働者または労働組合が，集会，苦情申請，要求書提出，交渉もしくは提訴すること，または労働保護法に基づく係官もしくは労働関係法に基づく登録官などに対して証人となり，もしくは証拠提出したこと，または上記行為の準備をしたことを理由に，労働者，労働者代表，組合役員に対し，解雇または就労に耐えることができない結果をもたらす行為をすること，② 労働者が組合員であることを理由に，解雇または就労に耐えることができない結果をもたらす行為をすること，③ 労働者が労働組合に加入することを妨害もしくは脱退させる行為，または，労働者を組合に加入させず，もしくは脱退させるため，労働者または組合の担当者に対し金銭もしくは財産を与え，または与える合意をすること，④ 組合の運営を妨害すること，または労働者による組合員としての権利の行使を妨害すること，⑤ 法律上の権限なしに労働組合の運営に干渉すること，である．

これら以外に，雇用条件協約および労働争議の裁定が有効な期間中に，要求書に関係した労働者および組合役員を解雇すること（同123条），および，要求書に関する手続中に，要求書に関係した労働者や組合役員の解雇および配転をすることも禁止されている（同31条）．しかし，前述（3の（2））のように，労働組合を設立しようとするものの解雇は不当労働行為の類型には含まれていない．

不当労働行為の救済申立ては，労働関係委員会に対して行われ（同124条），その命令に不服な場合，労働裁判所に訴えることができる（労働裁判所法8条1項4号）．労働関係委員会による救済として，① 労働者の職場復帰，② 損害賠償，または，③ 適当と思われる作為・不作為が命じられる（労働関係法41条4号）．

4　労働条件の法的保護

（1） 賃金保護

タイにおける賃金（手当も含む）に対する保護は以下のとおりである．まず，賃金は，原則，タイ通貨で，月に1回以上，勤務場所で支払わなければならない．ただし，書面による労働者の同意があれば，銀行振り込みによる支払いができる（労働保護法54条，55条，70条）．また，賃金からの税金の源泉徴収のほか，各種控除も認められている（同76条）．とくに，労働者に故意・重過失がある場合の使用者に対する損害賠償金の控除およびチェック・オフ（組合費の天引き）を明文で認めている点は日本と違っている．なお，休業手当は，日本の場合，平均賃金の60％以上であるが，タイは休業前の労働日における賃金の75％以上である（同75条）．計算の仕方に違いがあり，タイの方が高いと言ってよい．

（2） 最低賃金制度の重要性

タイに外資が進出する理由は安価な労働力の利用にあった．高度な技能労働であるより，単純労働への労働者の従事が期待された．したがって，技能の向上に対するインセンティブを労働者に与える必要はないので，年功的な賃金制度の発達はみられなかった．その代わり，最低賃金が重要となった．労働集約的な製造業での単純労働従事者にとっては，最低賃金は標準賃金を意味した．そのため，広範囲の労働者に影響する最低賃金の引上げは，労働組合だけでなく，政治的にも重要な課題となり，ときには政府が国民の支持を取り付ける道具ともなる．

最低賃金は，比較的早く法制度化され（1973年から施行），政労使三者で構成される賃金委員会が決定する（労働保護法78条以下）．一時，全国一律の最低賃金が定められたこともあったが，現在は，日額制の地域別最低賃金および熟練労働が対象となる職能別最低賃金が定められている．

（3） 労働時間

タイの労働保護法に労働時間の定義規定はないが，労働日，休日，休暇，時間外労働については以下のように定義している（労働保護法5条）．まず，「労働日」とは，労働者が所定の労働を行う日として定められた日をいう．つぎに，「休日」とは，週休日，慣習休日，または年次有給休暇として定められた日をいう．そして，「休暇」とは，労働者が病気，不妊手術，用事，兵役，研修・能力開発のために休む日，または出産のために休む日をいう．さらに，「時間外労働」とは，所定労働時間外もしくはそれを超えた労働，または労働日か休日かを問わず，下記の同23条に基づき使用者と労働者が合意した各日の所定労働時間を超えた労働をいう．

法定労働時間は，1日8時間，1週48時間である．ただし，危険有害業務の場合，1日7時間，1週42時間であり（同23条1項），時間外労働および休日労働も禁止される（同31条）．

一方，時間外労働，休日労働，休日時間外労働を合計した1週の上限時間は36時間である（省令3号）．しかし，所定労働時間を超えた時間が定義上，時間外労働になるので，いわゆる法内残業に対しても時間外労働手当ての支払いが必要である．また，時間外労働について，労働契約の締結の際に労働者が包括的に承諾を与えることは認められず，その都度，労働者の事前の個別同意が必要である（労働保護法24条1項）．ただし，連続労働，緊急労働の場合は除かれる（同24条2項）．また，割増賃金の率が日本と比較して高い（時間外労働の場合，労働日の時間当たり賃金の1.5倍以上，休日労働は同2倍以上，休日時間外労働は同3倍以上．同61条，62条2項，63条）．

労働時間の柔軟な配置が可能である．まず，通常は始業と終業の時刻を法定労働時間の枠内で使用者が定めるが，業務の性質上，これを定めることができない場合，この労働時間の枠内で労働時間を定めることができる．そのため，容易に変形労働時間制を採用することができる．また，労使の合意により週48時間以内であれば，日々の労働時間の設定は自由である（省令7号2項）．さらに，1日の所定労働時間が8時間とされている下で，労働時間が8時間に満たない場合，その都度の労使の合意で，その時間分を1

日9時間内であれば，時間外労働手当の支払いなしに，別の日に移動させることができる（労働保護法23条1項）．

（4） 休　憩

休憩については，労働保護法27条において，労働の間に，継続労働5時間後に1時間以上与えなければならないことになっている．ただし，労使の事前の合意で，分割して1時間未満の休憩を与えることができるが，1日あたり少なくとも1時間の休憩を与えなければならない．1日8時間という所定労働時間を2時間超える労働が行われる場合，その前に少なくとも20分の休憩を与えなければならない．連続労働の場合には，労働者の同意があれば，そして，緊急労働の場合には，同意なしに，休憩を与えずに労働させることができる．原則的な休憩の与え方以外の方法も，「労働者の利益になる」ことを条件に，労使の合意で可能である．

休憩時間は労働時間ではないが，1日の合計が2時間を超える場合には，その超えた時間は労働時間とみなされる．日本では，休憩時間の上限が定められていないことから，労働と労働との間に無給の数時間に及ぶ休憩を入れ，その時間を事実上拘束して就業させている場合があるが，タイではこのようなことは許されない．ただし，料理・飲料販売業では，1日に2時間を超える休憩を与えることが認められており，その時間は労働時間とはみなされない（省令7号3項）．

（5） 週休日・慣習休日・年次有給休暇

週休日については，週休1日制であるが，日の特定と少なくとも6日の間隔を置く必要がある．この特定された日を事前の合意で別の日に移すことができる（労働保護法28条1項）．ホテルその他省令で定めた業務では，4週間の範囲内で，特定された休日を集約したり延期したりできる（同28条2項）．これは，変形週休制を認めるものであるが，業務に制限のある点が日本と違っている．

休日労働は原則禁止であるが，連続労働の場合，業務停止が損害を及ぼす場合，緊急業務の場合などには休日労働ができる（同25条1項）．また，ホテルやレストラン，運輸業，診療所などでも休日労働が可能である（同25条2項）．これ以外にも，生産，販売，サービスのため，労働者からその都度，事前の同意を得れば，休日労働が可能である（同25条3項）．

つぎに，有給の慣習休日（祝祭日）が年13日以上保障されている（同29条）．どの日が慣習休日になるかは使用者が定めるが，その際，宗教や風俗，慣習が考慮される．5月1日のメーデーも慣習休日に含まれる．この慣習休日は週休日とは別の休日であるから，両者が重なる場合，次の労働日を休日にしなければならない．したがって，連休になる．ただし，慣習休日に休むことができない性質や状況の労働については，労働者との合意により別の日に休ませるか，休日労働手当を払って働かせることができる．

以上のほか，日本にはないものも含め以下の休暇が認められている．① 年30日までの有給の病気休暇（同32条，57条1項），② 医師の判断日数までの有給の不妊手術休暇（同33条，57条2項），③ 病気休暇とは別の出産休暇（健診日も含む．休日を含めて98日，うち有給は45日．同41条，59条．なお，別に45日分は社会保険から給付），④ 有給の軍務・軍事訓練休暇（年60日以内．同35条，58条），⑤ 教育訓練休暇（年３回または30日以内．同36条．ただし，年少者は30日以内有給．同52条），⑥ 年３日以上の有給の用事休暇（免許証の更新や慶弔行事などの個人的用事のために使用．同34条，57条の１），⑦ 有給の組合役員の活動休暇（労働関係法102条）などがある．

年休の定めは，以下のとおりである（労働保護法30条）．日数は，１年間の継続勤務を条件に最低年６日である．以後の日数は，使用者の裁量に委ねられている．日本と異なり，法律上，勤続年数に応じて日数が増加するわけではない．しかし，１年に満たない場合も，勤務日数に按分して年休を与えることができる．当該の年に使われなかった年休は，事前の労使の合意により，翌年以降に持越し（加算）が可能である．

なお，労働者に非違行為がある場合を除き，退職（解雇も含む）の場合，蓄積した分も含め残余の年休分について，賃金を支払わなければならない（同67条）．

（６）解雇保護と解雇補償金

解雇に対する法的保護としては，まず，以下の解雇が禁止されている．① 妊娠を理由とした女性労働者の解雇（労働保護法43条），② 団体交渉中の解雇（労働関係法31条，123条），③ 不当労働行為となる解雇（同121条１号，２号）である．

つぎに，解雇の手続き上の規制として，解雇予告が必要である．期間の定めのない労働者を解雇する場合，１賃金支払日前に書面で予告する必要がある（事前通告日と解雇日との間で賃金の支払いが２回発生する）．ただし，３か月前に予告する必要はなく，また解雇日までに支払うべき賃金を支払う場合や労働者に非違行為がある場合，即時解雇も可能である（労働保護法17条）．

さらに，解雇補償金制度がある．この点について，支払いが必要ない場合と必要な場合を分ける必要がある．

まず，使用者が解雇補償金を支払う必要がないのは，① 労働者が自分から辞める場合，② 労働契約の合意解約の場合，③ 雇用継続期間が120日未満の場合である．ただし，③の場合でも，120日未満の期間を実質的に継続していて，120日を超えれば支払義務が発生する（同20条）．そして，④ 非違行為に該当する場合である（同119条）．

つぎに，解雇補償金を支払う必要があるのは，① 通常の解雇の場合であり，期間の定めのない場合や期間が定められていても，その途中に使用者が解約する場合である．また，② 有期雇用の期間が満了する場合である（前述２の（４）参照）．ただし，有期雇用の場合でも，（ア）プロジェクト型雇用の場合，（イ）短期に終了する事業の場合，（ウ）季節的雇用の場合で，それらの雇用期間が２年以内であれば，当該の期間が終了した場合，解雇補償金を支払う必要はない（同118条４項）．最後に，③ 後述（４の（８））の定年退職の場合である（同118条の１）．定年は使用者からの解雇と考えられているからである．なお，かりに就業規則で退職金を定めていても，それとは別に解雇補償金を勤続期間に応じて支払う必要がある．

解雇補償金の額は勤続年数に応じて，以下のように定められている（同118条１項）．

120日以上1年未満	最終賃金の30日分以上
1年以上3年未満	最終賃金の90日分以上
3年以上6年未満	最終賃金の180日分以上
6年以上10年未満	最終賃金の240日分以上
10年以上20年未満	最終賃金の300日分以上
20年以上	最終賃金の400日分以上

最後の法的保護は，解雇予告や解雇補償金の支払いさえすれば解雇できるかというとそうではない点である．もとより不当労働行為となる解雇をはじめ，法律上，禁止されている解雇は無効であるが，それらに限らず，労働者は解雇の効力を争って労働裁判所に訴えることができる．労働裁判所は，解雇を厳しく制限する傾向にある．労働裁判所が不当解雇だと判断すると，継続雇用を命じることができる．しかし，労働裁判所は，雇用の継続が適当でないと考える場合，年齢や勤続年数，労働者の事情，解雇の理由，受け取りうる法定の解雇補償金などを勘案して解雇補償金を決めて解雇を承認することもできる（労働裁判所法49条）．

(7)　特別解雇補償金

国際的な企業間競争が激化する中で，タイでも，いわゆるリストラが実施され，それに対して労働側の抵抗がみられるようになった．そこで，2008年に導入されたのが，2種類の特別解雇補償金制度である．

まず，事業所の移転によって労働者が生活上，重大な影響を受ける場合，使用者は当該移転を30日以上前に通知するとともに，労働者が異動を望まない場合，退職をすることができる．事前の通知に代えて30日分の賃金を支払う選択肢もある．退職の場合，労働者が自分から辞めるわけであるが，通常の解雇補償金額以上の補償金を受け取る権利を有する．被る影響の重大性や補償金額は個別の判断によるので，争いになれば，政労使三者構成の労働者福祉委員会で判断されることになる．その結論に不服があれば，労働裁判所で争うことも可能である（労働保護法120条）．

もう1つは，技術革新に伴い整理解雇をする場合である．使用者は，対象者と労働監督官に60日以上前に通知するとともに，勤続年数が6年を超える場合，超えた勤続年数1年につき15日分以上（上限は360日分）の特別解雇補償金を通常の解雇補償金とは別に支払わなければならない（同121条，122条）．解雇補償金とは別個である点が上記の事業所移転の場合と異なる．なお，事前の通知に代えて60日分の賃金を支払う選択肢もある．

(8)　定　年

タイでは法律上，労働者の定年の定義も年齢も定められていない．一般の定年は60歳である．しかし，2017年の労働保護法の改正により（118条の1），定年を労使の合意で定めることも使用者が就業規則で一方的に定めることもできるものとされた．重要な点は，定められた定年で離職することが解雇に該当することである．解雇に該当することの意味は，解雇補償金の権利を獲得できる点にある．また，定年について，合意があろうとなかろうと，60歳以上になれば，労働者は退職でき，その際，法定の解雇補償金を受け取ることができる．

（9） 労働安全と労災補償

職場の労働安全については，「労働安全衛生環境法」が規制している．そして，労災が発生した場合の補償は，「労災補償金法」が定める．この補償は，使用者が拠出する保険料によって設けられ，労働省が管理する労働者災害補償基金から行われる．2021年段階の補償は，休業補償（月給の70％で最長1年），療養費，リハビリ費，葬祭料（5万バーツ）などから構成される．なお，死亡の場合，遺族補償として月給の70％が10年間支払われる（労災補償金法16条，18条）．

（10） 女性労働者の保護

タイは農業国であることから，家族総出で労働する伝統がある．それを基盤にして，家族による育児，外食の習慣があり，家事労働の負担が小さい．また，上座部仏教の影響から女性は生産労働に従事して父母に孝行するという考え方がある．このような条件の下での工業化の過程で，製造ラインの労働を主に女性が担ったことから，女性の労働には家計補助的ではなく基幹的な位置づけが与えられてきた．

労働保護法では，女性労働について，独立した章（第3章）を設け，以下のような保護を定めている（なお，年少者の保護の説明は割愛する）．まず，男女の均等待遇の原則が定められている．ただし，「労働の性質または状況により不可能な場合」を除く（15条）．つぎに，一般の女性について，地下の採掘作業，水中やトンネル内などの危険有害業務が禁止されている（38条）．24時から6時の間の労働であって健康と安全に危険である場合，労働監督官が労働時間の変更または短縮を使用者に命じることができる（40条）．

妊娠・出産の女性について，2017年憲法は，法律により保護を受ける旨を定めている（48条）．これを労働保護法が具体化している．まず，妊娠中の女性は，振動を伴う労働や運転労働，重量物の運搬，船上労働，22時から6時までの深夜労働，時間外労働，休日労働は禁止される．ただし，管理職や専門職，総務職，会計業務の場合，その都度の労働者の同意があれば時間外労働は許容される（39条の1）．つぎに，妊娠を理由とする解雇は禁止されている（43条）．また，妊娠している女性は，出産の前後，軽易な労働への転換を請求できる（42条）．出産休暇は，前述（4の（5））のように，休日を含めて98日（有給は45日）で，健診日も含む．そして病気休暇とは見なされない（32条3項）．出産休暇は，産前産後の両方で利用できるとともに，使い切っても，なお体調が思わしくない場合，病気休暇を利用することも可能である．

（11） セクハラの禁止

労働保護法において，使用者，上司，管理者または監督者が，その立場を利用して，労働者にセクハラ（セクシュアル・ハラスメント）をすることを罰則付きで禁止している（16条）．具体的には，性的な侮辱，威嚇，迷惑行為，失礼な言動，身体に接触する行為などが対象となる．被害者は男女を問わない．刑罰は罰金（2万バーツ以下）である

(147条). セクハラの程度が過ぎれば，さらに刑法上の責任が追及される．なお，民事上の責任も別に追及しうる．

5　労働争訟と労働裁判所

タイの裁判制度は，憲法裁判所，司法裁判所，行政裁判所，軍事裁判所からなるが，そのうち，司法裁判所としては，通常裁判所（初審裁判所，控訴裁判所，最高裁判所）と専門事件裁判所がある．後者の１つが労働裁判所であり，労働争訟の専属管轄権を有する．通常裁判所の初審裁判所に該当する（労働裁判所法10条）．

労働裁判所は，職業裁判官のほかに，労使同数の各代表者が陪席裁判官として参加する（同11条）．事実認定ではなく法律問題に不服がある場合，専門事件控訴裁判所に控訴できる（同54条１項）．そして，最高裁判所が認めた場合，上告も可能である．

労働裁判所への申立ては口頭でも可能であり（同35条１項），手数料も要らない（同27条）．原則として連続して審理が行われ，結審から３日以内に判決が下される（同45条３項，50条１項）．和解が追求される（同38条１項，43条）ほか，制度全体に労働者への温情的な配慮が施されている．たとえば，労働裁判所は，使用者が不当に優位に立つ内容の労働契約や就業規則，使用者の命令などを公正にするよう命令できる（労働保護法14条の１）．また，労働者委員会ならびに労働者および労働組合は，使用者の行為が労働者にとって不正または過酷であると考える場合，労働裁判所に判定を求めることができる（労働関係法50条２項）．そして，訴訟当事者の公平を期すため要求事項を超えた判決もできる（労働裁判所法52条）．

労働裁判所は，日本の裁判所より，はるかに利便性が高く，労働者に保護を及ぼす司法機関として機能している．実際，申立て件数は多く，積極的に利用されている．

参考文献

鮎京正訓編『アジア法ガイドブック』名古屋大学出版会，2009年．

安西明毅・栗田哲郎・小山洋平・中山達樹・塙晋『アジア労働法の実務Q&A』商事法務，2011年．

小堀景一郎・政岡英樹・山田恵子編著『アセアン諸国の労務管理ハンドブック』（清文社，2012年．

森倫洋・松井博昭編『アジア進出・撤退の労務』中央経済社，2017年．

吉田美喜夫『タイ労働法研究序説』晃洋書房，2007年．

五十嵐充・杉田昌平・田畑智砂・藤井嘉子『中国・タイ・ベトナム労働法の実務Q&A』労働調査会，2018年．

Chandler MHM Limited，森・濱田松本法律事務所バンコクオフィス編『最新タイのビジネス法務』（第２版）商事法務，2019年．

Kasemsant Vilavan『労働法解説』（第27版）（タイ語）Winyuchon，2020年．

（吉田 美喜夫）

第6章
カンボジア

1　カンボジアの概要

カンボジアでは1991年10月パリでのカンボジア和平協定の締結によって，それまでの政府軍と三派連合グループ（シアヌーク派，ノン・サン派，ポル・ポト派）間の内戦が終結した．1975年から1979年までの民主カンプチアは共産主義社会を目指し，そのあとのカンボジア人民共和国はベトナム指導による社会主義政権であった．しかし，和平協定の締結された1991年に社会主義国を目指す方針は放棄された．それまでの人民革命党は人民党に党名変更がなされた．1993年憲法によって，立憲君主制のもとで，それまでの計画経済から市場経済に移行し，複数政党制に基づく民主主義を目指すことが明確になった．

1994年投資法の制定によって外国資本を誘致し，縫製業，製靴業を中心に工業化が進められた．その結果農業のGDPに占める割合が約25％に下がり，製造業が30％強，第三次産業が40％強になっている（2018年）．人口はカンボジア計画省の推計によれば2019年に約1530万人，労働力人口は約900万人になっているが，フォーマル・セクターに従事するのは約200万人で，あとは農業を含みインフォーマル・セクターに従事していると推測されている．国民1人あたりの所得は1527USドル（2020年）であり，世界銀行はカンボジアを低位中所得国に位置づけている．

労働法は1972年労働法を改正する形で1997年労働法が基本法として効力を持っている．さらに，2016年労働組合法，2018年最低賃金法が制定され，労働立法が整備されてきた．これまでの5回の国民議会選挙の結果，人民党のフン・セン首相を首班とする連立政権が成立してきたが，2018年実施の第6回の選挙は，最大野党であった救国党は解党させられた中で実施され，人民党が125議席のすべてを確保し，事実上フン・セン首相の独裁体制を作りあげている．フン・セン首相は約40年近く首相の座にあり，中国，ベトナム，ラオスのような一党独裁体制に近い状況になっている．そのもとで積極的な外資の導入によって経済開発を進めており，開発独裁体制に変化しつつあるといえよう．これに対してEUはカンボジアで組織的かつ継続的に人権侵害がみられることを理由に貿易優遇措置の一部を2020年8月12日から停止することを決定している．主要な産業である縫製業や製靴業の雇用問題に影響がでることが予測されている．

2　労働市場法

カンボジアでは，就職先は友人や親戚の縁故によって探すケースが多い．学校も基本的に学生のために就職先をあっせんする事例が少ない．学生は卒業後，縁故によって就職先を探すのが一般的である．その中で，公的な職業紹介所が2010年に設置された．プノンペンに本部を置き，9か所にジョブ・センターを設置している．ここでは求職者と求人企業とのマッチングを行っている．そのために就職フェアを実施している．これまでの実績では求職者の1割前後が就職先を見つけている．民間の職業紹介会社が政府の許可なく開業できるので，そこを通して手数料を支払って，就職先を探すケースも増えてきている．

経済開発を実現するには人材育成が不可欠である．カンボジアでは学校制度として6―3―3制を採用している．ポル・ポト時代には教育関係者は多く虐殺され，教育制度は崩壊したが，人民革命党政権になって復活してきている．就学率が向上し，初等教育では9割を超えてきている．それに伴って識字率も向上し，2016年に9割近くになっている．しかし，女性の識字率は男性より低いことや年齢が上がるほど識字率が悪くなっている．

労働・職業訓練省は職業訓練に力を入れ，そこで資格を持つ人材の育成を図っている．それにアジア開発銀行，ILO，EUやスイス，ドイツ，フランス，日本，韓国等が支援を行っている．さらにNGOも手に職をつけ収入が得られやすい職業訓練を実施している．しかし，訓練の需要と供給のミスマッチがあり，訓練を受けても職につながらないという問題を抱えている．

3　労働契約

労働契約には期間の定めのある場合と，期間の定めのない場合がある．前者の場合，労働契約は書面で締結され，明確に契約開始日と終了日を記載しなければならない．契約期間は1回以上更新することはできるが，その全期間は2年を超えることはできない．この解釈は仲裁委員会が行っており，全体で2年を超えると期間の定めのない契約に転換する．期間の定めのある労働契約が書面で締結されない場合，期間のない契約として取り扱われる．2年未満の期間のある契約について，異議なく期間満了後も労務提供している場合，期間の定めのない契約に転換されたものとなる．

期間が6か月以上1年未満の場合に，更新するかどうかを終了10日前までに予告しなければならない．1年以上の場合は15日前までの予告が必要となる．

期間の定めのない労働契約は口頭でも書面でも有効に成立する．口頭の場合，契約の内容が定められていない場合には労働法に定められている条件に従うという合意がなされているものとみなされる．

労働契約の締結やそれを継続する際に，使用者が金銭や何らかの証文を労働者に求めてはならない．これは労働者の転職を防止して足止め策とすることを禁止するためである．

試用期間は労働者の職業適性と雇用状況を具体的に理解しうる期間と定義されており，正規の労働者の場合3か月，専門職の場合2か月，専門性のない労働者の場合1か月を超えることはできない．この期間は最長であって，延長することはできない．試用期間終了後，本人の適正を評価して一定基準に達していれば本採用となる．

徒弟契約を締結する場合がある．期間は最長2年である．認定された学校や訓練所で理論・実務訓練の資格を得ている場合には1年に短縮することができる．この契約は訓練指導員と徒弟との間で公正証書や書面による契約書が締結されなければ無効となる．さらに労働監督官がその契約内容をチェックし，連署し，登録されなければならない．徒弟契約には以下の事項を含まなければならない．指導員の氏名，年齢，住所，徒弟の氏名．住所，両親・保護者や委任を受けた者の氏名，職業と住所，契約日，契約期間，訓練を受ける職種，報酬の条件・現物支給，契約終了時に支払われる報酬，指導員および徒弟の義務である．

徒弟は実習期間が終了し，試験委員会が行う試験に合格すれば，実習をうけた技術に関する証明書と徒弟終了証書が授与される．

労働者は労働契約の範囲内で，職務専念義務が発生するが，労働時間外には企業と競合しないで，業務に悪影響を与えない範囲で，他の業務に従事することができる．副業・兼業が可能となっている．これは複数の仕事を持たないと生活を維持できない現状を考慮したものである．

労働契約とは別に，カンボジア国籍を有する労働者は雇用票を所持しなければならない．雇用票は労働監督官によって作成され，発行される．雇用票は，所持する労働者の名前や生年月日，業務の内容，契約期間，賃金額やその支払方法を確認することを目的としており，使用者によって採用，解雇，賃金額が雇用票に記録されなければならない．なぜならば，採用された場合，使用者が雇用票を保管しておき，離職する場合に，労働者に返却されるからである．離職の場合，使用者は雇用票にその労働者の評価を記載してはならない．採用や離職の場合，使用者は労働監督官に雇用票を提出し，7日以内にそれを登録しなければならない．

請負契約への規制が労働法でなされている点に特徴がある．労働請負人に使用者としての責任が課せられ，それが破産や債務不履行に陥った場合，発注元の事業主が請負人に代わって責任を負う．損害を受けた労働者は，発注元の事業主に訴訟を提起して損害賠償請求が可能である．請負人は自分自身だけでなく，発注元の氏名・住所・身分を作業場に掲示し，発注元も請負人の氏名・住所・身分を記載した一覧表をいつでも閲覧できる状態にしておき，労働監督官に請負契約締結日から7日以内にその表を送付しなければならない．

4　労働契約の終了

期間の定めのある労働契約の場合，満了前に解約できるのは，重大な不正行為や不可抗力が発生した場合である．さらに期間前に終了させたい場合には終了までの賃金を支払えば可能である．金銭の支払いによって処理するという発想がみられる．

期間の定めがある場合，期間満了で契約は終了する．そのとき退職金を支払わなければならない．労働協約で決めていれば，それに従わなければならないが，それがない場合，契約期間中の給与総額の少なくとも5％を退職金として支払う義務が使用者に生じる．

期間の定めのない労働契約の場合，一方当事者の意思によって契約を終了させることができる．これは労働者側が退職，使用者側が解雇できることの両方を規制していると見ることができる．事前の予告期間は以下になっている．

勤続期間が6か月以下の場合	7日
勤続期間が6か月を超え2年以下の場合	15日
勤続期間が2年を超え5年以下の場合	1か月
勤続期間が5年を超え10年以下の場合	2か月
勤続期間が10年を超える場合	3か月

予告期間を遵守しないで解雇する場合，予告期間に相当する賃金相当額を使用者は支払わなければならない．短期で労働契約を繰り返す方が受け取る額が労働者に有利になっている．これは長期に継続して雇用されるより短期で転職を繰り返す者が多いことを反映しているのではないかと思われる．

予告期間中は再就職先を探す必要があるので，1週あたり2日の有給の休暇を労働者が再就職探しのために取得することが保証されている．もし，予告期間中に再就職先が見つかれば，重大な不正行為で解雇される場合でないかぎり，期間終了前に労働者は退職することができる．この場合，労働者は使用者に賠償金を支払う必要はない．これは転職しやすくするための1つの手段であろう．

重大な不正行為とは窃盗，着服，横領，詐欺，安全衛生にかかわる重大な違反行為，脅迫，暴言，暴行，他の労働者に不履行をそそのかす行為，政治的活動，デモ行為等を指している．重大な不正行為を知ってから7日以内に解雇しなければ解雇権を放棄したものとみなされる．7日という短い期間で性急に解雇の決定をしなければならない．

期間の定めのない労働契約のもとで解雇する場合，使用者は解雇手当金の支払いを義務づけられていたが，2018年労働法改正によって廃止され，それに代わって年功手当を年2回，6月と12月に支払うことになった．これは労働契約終了後，解雇手当を支払わないで夜逃げする使用者が続出したためである．2019年以降，年に6か月以上勤務する労働者には，1回7.5日分に相当する額が支払われる．1か月から6か月未満の場合，その半額が支払われる．解雇や退職したあとで支払われるより，勤務継続しているうちに支払われる方が確実に入手できるからである．2019年以前から働いている場合は，倍の1回15日分が加算されて支払われる．これは縫製業と靴製造業に適用され，この場合年に45日分が支払われる．それ以外の場合は年30日分が支払われる．

解雇や退職時に賃金不払いがある場合，それは契約終了日から48時間以内に支払われなければならない．

5　就業規則

就業規則は8名以上雇用する使用者に作成義務がある．企業開設後3か月以内に従業員代表と使用者は協議をして作成しなければならない．就業規則は労働監督官に送付されて，60日以内に認証を受けなければならない．問題があると労働監督官が判断すれば手直しを使用者に命じる．使用者は労働・職業訓練省に異議を申し立てることはできるが，その異議が認められないかぎりは手直しした就業規則を労働監督官に送付しなければならない．モデル就業規則が公表されており，それに準じた就業規則であれば，認証を受けやすい．就業規則は労働法や労働協約に違反することはできない．違反すれば就業規則上の規定は無効となる．就業規則は周知されなければならず，作業場の容易に閲覧できる場所に掲示しなければならない．

モデル就業規則には，以下の事項が記載されている．採用条件，採用前の手続，労働者の身上の変更手続，訓練，試用期間，業務の仕方，健康診断，深夜労働・時間外労働，休日，祝日，特別休暇，出産休暇，傷病休暇，労災による休業，給与・ボーナス・諸手当，給与の支払方法，給与の減額，欠勤，休暇，無断欠勤，備品の利用，施設の利用，不正行為に対する処罰・懲戒処分，労働安全，労災予防，その他の労働監督官によって追加される事項．

懲戒処分は労働者の不正行為を知ってから15日以上，重大な不正行為を知ってから7日以上経過すると，処分ができないこと，不正行為の重大性に比例した懲戒処分であること，1つの不正行為に二重の懲戒処分ができないことが定められている．

6　賃　　金

（1）　最低賃金制度

1997年以来最低賃金が決められているが，それは政労使三者から構成される労働諮問委員会で検討され，最終的に首相が決定する仕組になっていた．これまで最低賃金は縫製業・靴製造業組合に加盟する企業・事業所にのみに適用になってきた．しかし事実上他の産業でも最低賃金以上の賃金を支払う事例は多くみられる．そこで，すべての産業に適用するために2018年最低賃金法が制定された．最低賃金額を決める要素を決め，使用者に最賃を遵守を義務づけ，違反には2000万リエルの罰金とバックペイ（最賃額と実際に支払れた額との差額）の支払いが義務づけられた．最賃決定手続のスケジュールも定められている．8月から労使，政労，政使との話し合いをし，9月には政労使三者の話し合い，10月に最賃額を決定して翌年1月から実施となっている．最賃額は三者制の委員会で討議されるが，コンセンサス方式が採用されているが，それで決まらない場合は過半数以上の賛成で決める．ただ，最賃額は政治的に重要な意味を持っており，特に選挙に近い時期には，有利に選挙を進めるために首相によって加算されている．2019年1月1日施行の最賃額は182ドルになっている．これに皆勤手当10ドル，通勤手当7ドルが加算されて合計199ドルが最低支払額となっている．2020年1月から適用される最賃額は190ドルとなった．委員会では187ドルが首相に答申されたが，首相が3ドル上乗せして190ドルとなった．政治的配慮がみられるが，引き上げ率が従来より低下してきている．その他の手当額は変化していない．2021年1月からはコロナの影響を受けた企業への配慮から192ドルとなり，引き上げ率がさらに低下した．2020年1月から適用になる最賃は194ドルである．委員会では据え置きと決定したが，フン・セン首相の裁量で2ドルあがった．

（2） 賃金支払方法

賃金支払方法として直接払い，通貨払いが原則となっている．別の合意でコメのような現物支給も可能である．ただし酒や有害な薬物での支払は禁止されている．月給制の場合には，月2回の支払いが義務づけられている．月の第2週と第4週に分けられ，第2週では基本給の5割，第4週はその残りや諸手当が支給される．

賃金からの控除が認められる場合がある．業務上必要な道具，設備，材料を離職後も労働者が使用者に返却しない場合，その代金，事業所にある売店での未払い金，労働者の書面による同意があれば，組合費が賃金からの控除が認められている．

賃金不払いが正当な理由がなく生じている場合，労働監督官が支払期日を決めて使用者に支払いを命じる．それがなされない場合，労働監督官は裁判所に報告し，裁判所があらゆる救済措置を講じる．ただし，賃金の出訴期間は3年に限定されている．

賃金債権の差押および譲渡できる場合を制限している．最賃額に相当する額の部分は差押および譲渡が禁止されている．最賃額の3倍までの額の場合は，その20%，3倍から10倍の場合は，その30%，10倍を超える場合は，その50%まで差押および譲渡ができる．労働者とその家族の生活を確保するためである．

7　労働時間・休日・休憩

（1） 所定労働時間とその例外

所定労働時間は1日8時間，週48時間を超えてはならない．ただし1日当たり1時間を超えない，つまり9時間とすることによって週48時間の枠内で労働時間を配分するという変形労働時間制を採用している．さらに，週平均で1週あたり48時間を超えず，1日の労働時間が10時間を超えないという条件で，週以外の区切りで労働時間を配分することもできる．

通常業務時間外でなされる予備的または補助的業務，断続的業務の場合には，労働・職業訓練省の許可を受けることを条件に，上記の労働時間の規制を免除される．さらに，深刻な事故，不可抗力，機械や設備の維持のための緊急な作業が必要な場合，原材料が傷みやすいためにそれを防止する必要がある場合，資産目録や貸借対照表の作成，決算のための作業の場合は一時的に上記の労働期間の規制を，労働・職業訓練省の許可を受ければ，免除される．また，戦争や国家の安全が脅かされる場合には，労働時間の規制が停止される．

（2） 休　日

週7日労働させてはならないという規制があり，少なくとも連続して24時間の休日を付与しなければならない．したがって，週1日の休日を保障しなければならない．原則として日曜日を休日としているが，業務に支障が出る場合は，別の曜日でもかまわない．シフト制による週休制が認められるのは，生鮮品製造業，ホテル・レストラン・バー，生花店，病院・薬局，公衆浴場，新聞社，芸能・博物館，電気・水道業，陸運業，腐りやすい原材料を使う業種，安全衛生にかかわる業種である．

救助活動，事故防止，復旧作業をともなう緊急事態が発生した場合は，週休を停止できる．その代わりに代休を付与される．週休の停止を希望する使用者は，その理由，停止期間，労働者数，代休の予定を示して，労働監督官の許可を得なければならない．

週休の予定表は見やすい場所に掲示しておくことが義務づけられている．

(3) 祝　日

毎年，祝日を労働・職業訓練省は省令で定めている．年によって日が異なるからである．祝日が日曜日に重なると翌日が休みとなる．この祝日は有給であり，この日に勤務する場合は残業手当を支払わなければならない．

(4) 休　暇

週48時間勤務の場合，1か月勤務する毎に1日半の年次有給休暇を取得する．勤続3年毎に1日の割合で増加する．勤続初年度で18日，4年目で19日，7年目で20日，10年目で21日となる．年次有給休暇を取得する権利は勤務開始日から発生するが，勤務1年が経過しなければ実際に行使できない．その結果，勤続1年になる前に労働契約が終了する場合は勤務した日数に比例して計算された日数に相当する額が買い上げ額として支払われる．

年休を放棄するという合意や買い上げをする合意は無効となる．ただし契約終了の時に残った年休の買い上げは認められている．年休の繰り越しは3年までで，繰越すことができるのは12日を超える日数についてだけである．

親族のかかわる結婚・出産・病気・死亡の場合に，特別休暇として年間7日取得できる．医師の診断があれば疾病休暇が認められる．1か月までは給与100%，3か月までは給与60%，6か月まで給与なしで疾病休暇を取得できる．6か月以上続く場合，使用者はその労働者を解雇できる．

8　女性労働

カンボジアには女性の行動規範（Chbab srey）があって，女性は親の指示に従って親の手伝いをし，結婚すれば夫に従い家事に従事する義務があるという性別役割分業の考えが存在する．これは男性に支配される女性の生き方を肯定する態度を生みだしている．

しかし，年齢別の女性の労働力率をみると，台形型であり，出産や子育て期にも雇用を継続している．これは子育てに親族からの援助を得られるからである．女性も働きたい意欲が強いし，また働かざるを得ない場合もあるからである．

労働法12条で，性別を理由に雇用，業務の割り当て，職業訓練，昇進，昇給，社会的給付，懲戒処分や労働契約終了において，差別することを禁止している．ただし，特別な業務に求められる資格を理由として，受け入れを拒否することは差別とはされていない．これに違反した使用者には61日以上90日以下の日給相当額の罰金または6日以上1か月以下の禁固刑に付される．

性的暴力や性的嫌がらせは禁止されている．刑法246条によって性的嫌がらせに200万から600万リエルまでの罰金と１年以上３年以下の禁固が科せられる．

労働時間面では女性を保護するという規定，つまり深夜勤務規制や残業規制がみあたらない．重量物の扱いに男女の差が設けられている．

90日の出産休暇が認められている．産前と産後を合わせた日数である．１年以上勤務した女性は出産休暇中，給与の半額を受け取る権利を有する．出産休暇後２か月は軽作業のみにしか従事されられない．生後１年以内の子どもを持つ女性は，１日１時間の有給の授乳時間をとることができる．30分ずつ２回に分けてとることもできる．どの時間帯にとるかは女性と使用者との合意によって決める．

100人以上の女性を雇用する企業では，事業所内やその近くで，授乳室および生後18か月未満の子どもの面倒をみる保育所を設置しなければならない．それを設置しない場合，他の保育所に預ける費用を使用者側が負担しなければならない．

カンボジアは出産後の女性の死亡率が高い．特に農村部では出産時に医療ケアを受けられなかったり，助産婦の援助なく出産する場合があるからである．出産後の職場復帰をするためには，親族の支援が不可欠である．

9　児童労働・年少労働

カンボジアでは児童労働はまだ無視できない問題である．農村部では農業に従事し，都市でも縫製業，レンガ作り，製靴業，建築土木業，サービス業に従事している．家庭の貧困が最大の要因である．

原則15歳が最低労働年齢になっているが，健康，安全，道徳に有害な労働に従事できるのは18歳以上になっている．12歳から15歳未満の者は軽作業に従事することが認められている．この場合，健康や精神的および身体的発達を害しないという条件と，学校への通学，職業訓練への参加に悪影響を与えないという条件がついている．

18歳以上が成人なので，18歳未満の者が働く場合，保護者の同意が必要であり，使用者は生年月日を記載した登録簿を保管し，労働監督官の監査を受けなければならない．年齢の確認には注意が必要であり，ID カードの偽造や不正利用には注意が必要である．

18歳未満の者は地下鉱山や砕石場での労働が禁止されるが，16歳以上18歳未満は特別な条件のもとで地下鉱山の労働が認められる．18歳未満の者は夜間勤務は禁止されるが，16歳以上18歳未満の者は業務の性質上，日夜継続勤務が必要な場合（鉄鋼業，ガラス製造業，製紙業等）に限って夜間勤務が認められる．夜間勤務を回避できない事情がある場合にも夜間勤務が認められる．この場合，休憩は最低連続して11時間付与しなければならない．

麻薬の利用・運搬や供給を児童にそそのかす行為，児童に物乞いをそそのかす行為は刑法によって禁止されている．

10　障がい者

ポル・ポト時代やその後の内戦によって障がいを負う者，地雷や不発弾によって障がいを負う者，バイクや自動車による交通事故や妊娠・出産時の医療事故で障がいを負う者が存在している．

2009年7月障がい者の権利保障および促進のための法律が制定され，2013年1月19日から施行された．障がい者を公務員，労働者，徒弟，インターンとして差別なく雇用すること，民間企業や国家機関で雇用率を設定することが定められている．100人以上雇用する使用者は1％以上の雇用を障がい者に割り当てなければならない．これを遵守しない場合，最低賃金の月額の40％相当額を障がい者基金に支払わなければならない．毎月，使用者は労働者数と障がい者数を労働監督官に報告しなければならない．

2002年施行のHIV/AIDS法によれば，感染者の雇用，昇進，社会的生活面（病院での治療等）での差別を禁止している．感染を疑われている者の解雇は違法とされている．

11　外国人労働者

外国人は合法的にカンボジアに入国し，パスポートとビザを取得し，在留許可を取得し，感染症などの疾病に感染していないこと，健康診断を受けて仕事を行うに十分な健康な状態にあることを証明する必要がある．

弁護士，管財人，公証人のような専門職員を雇用する場合，カンボジア人にまず雇用を働きかけることが求められている．外国人はカンボジアにはない熟練的技能を持っていることが求められているからである．そのために，外国人の雇用の割合を制限している．専門職員は6％，事務職員は3％，非専門職員は1％となっている．企業運営上の必要があれば，労働・職業訓練省の助言と許可を受けて，この割合以上の外国人を雇用できる．外国人は労働許可書と雇用票の発行を労働・職業訓練省に申請しなければならない．この違反には罰則が科せられる．

12　労使関係の法的枠組み

カンボジアの労使関係法は，1997年労働法と2016年労働組合法によって形作られている．1993年9月施行された憲法56条に，計画経済から市場経済に移行することが明記され，積極的に外国資本の直接投資を誘致し始めた．その結果成長を遂げたのが縫製業や製靴業であった．この部門に労働者が集中することになった．

1997年労働法11章に「労働組合の自由と従業員代表」が規定されていたが，ここを独立させて2016年労働組合法が制定された[1)]．名称は労働組合法となっているが，労働組合および使用者団体，不当労働行為，団体交渉，労働協約，労使紛争処理についての規定を設けており，実質的に労使関係法となっている．

（1）　労働組合および使用者団体の組織構造

労働組合は，基礎労働組合，労働組合連合，労働組合連盟の3層構造になっている．基礎労働組合は企業または事業所で10人以上の労働者によって組織され，登録される．最低10人で組合が結成できるために小規模組合が乱立して複数組合が併存する事態を生んでいる.

登録された7以上の基礎労働組合によって労働組合連合が組織され，登録される．これは産業別に組織される場合が多い．5以上の登録された労働組合連合によって結成され，登録される組合が労働組合連盟となり，これが全国レベルの組合となっている.

基礎労働組合は上位の労働組合連合に1つだけ加入できる．複数の加入は禁止されている．労働組合と使用者の双方を含む労働組合および使用者団体の結成は禁止されている.

使用者団体は2層構造になっており，使用者団体は9以上の企業または事業所によって組織される．登録された6以上の使用者団体によって使用者連合が組織される.

労働者は労働組合に加入することも，加入しないことも自由であり，オープン・ショップ制が採用されている．組合に加入しても，署名または拇印された脱退届を提出すれば組合の承認がなくても脱退できる．脱退届の提出によって自動的に組合員でなくなる．それを受けて，使用者は組合費を賃金から控除するチェック・オフを中止しなければならない．組合員は複数の組合に加入することは認められない.

人種，肌の色，性別，信条，宗教，政治的意見，社会的身分，健康状態によって差別されることなく，労働者は労働組合に加入することができる.

（2）　組合・使用者団体の登録制度

3層の労働組合，2層の使用者団体は，労働・職業訓練省に登録されなければならない．省は登録の記録を保管し，定期的に登録を公表する.

登録には登録要件を満たす必要があり，それを満たせば，登録が承認されて，登録証明書が発行される.

登録のための提出書類は以下である．定款，役員名簿，会計帳簿や記録の保管場所，45日以内に銀行口座情報を提供できるという宣誓誓約書，設立に関する投票結果，必要人数以上の会員名簿である．定款には名称，ロゴ，住所，印鑑，組合がカバーする職業や職種，会計帳簿の保管と年次会計報告の公表，総会の定足数，ストライキ決議の定足数，役員選出手続，役員の資格要件，役員の任期・再選の可否，会費の額と徴収方法（チェック・オフ制度）が定められる必要がある.

省が登録申請から30日以内に何も回答しない場合には登録されたものとされる．また省が30日以内に延期の理由を通知した場合，組合・使用者団体は受け取った後3日以内に修正して再度申請しなければならない．それがない場合，申請は却下される.

登録されると適法な労働組合や使用者団体となり，法人格を取得できる．登録されない場合は違法な団体となる．その意味で強制登録制度が採用されている．登録によってその名称で裁判所に訴えることができ，訴えられる．さらに動産や不動産を取得できる．事業として販売店，食堂，医療介護などのための協同組合を設立して収益事業を行うことができる．基礎組合の役員は，使用者の許可を得て，企業や事業所に立ち入ることができる．通常業務を妨害しない限り，使用者は許可を出さなければならない.

登録されると以下の義務が生じる．会計報告，活動報告を毎年3月末までに省に提出する．会員・役員の変更があれば15日以内に省に報告する．登録日から45日以内に銀行口座の情報を省に提供する．これらの義務を履行しない場合，省は１回目の注意を実施し，組合はそれから45日以内に実施内容を省に伝える．それをしない場合，２回目の注意を実施する．組合はそれから30日以内に省に銀行口座を伝える．それもしない場合，省は労働裁判所に登録の取り消しの訴えをおこすことができる．

組合役員は組合員の直接投票で選出され，再選も可能である．役員立候補者名は使用者に通知され，その写しは労働・職業訓練省に提出される．その者を解雇するには労働・職業訓練省の許可が必要である．このように解雇からの保護を受ける．さらに，組合結成に参加した者も，組合登録申請期間中および登録確認日から30日間は解雇されてはならない．これは登録申請期間中の解雇によって，使用者が組合結成を妨害することをなくすためである．

組合や使用者団体の解散は定款による場合，企業や事業所の解散による場合，裁判所の決定による解散がある．会員の過半数以上が裁判所に解散を申し立てることができる．組合の活動が定款に違反している場合や，役員が重大な刑事事件をおこした場合には裁判所は解散を命じることができる．解散の決定がされても正式に解散されるまで役員は義務をまぬがれることはできない．解散決定が出された日から５年間は，役員は新たに別の組合や使用者団体の役員にはなれない．組合や使用者団体の財産は定款によって処分され，それがない場合は総会の決議，それもない場合は慈善団体に寄付される．

（3）　従業員代表の選出

カンボジアでは労働組合のほかに，従業員代表制度が導入されている．基礎労働組合が組織されていない企業や事業所が多いために，従業員代表によって従業員の利害を代表する役割を果たすことが期待されている．労働組合と従業員代表が併存する場合もありうる．

従業員代表の数は，企業または事業所の労働者数によって決められている．

８人から50人の場合：１人の従業員代表と１人の従業員代表補佐
51人から100人の場合：２人の従業員代表と２人の従業員代表補佐
100人増加するごとに，１人の従業員代表と１人の従業員代表補佐を追加していく

従業員代表とその補佐の選出には投票を行い，使用者にその実施を義務づけている．労働者，労働組合，労働監督官らの要望を受けてから15日以内に選挙実施日を決定し，公表する．実際に選挙は要望から45日以内に実施される．従業員代表の任期が終わる場合は，任期の15日以前までに投票が実施される．

選挙権者は，企業または事業所に３か月以上勤務しており，これまで選挙権をはく奪されたことがない者である．被選挙権者は，18歳以上，企業または事業所に３か月以上勤務し，クメール語の読み書きができなければならない．外国人の場合は，さらに，移民法によってカンボジアに居住する権利を持たなければならない．被選挙権者は労働組合が指名する者または非組合員の中から選ばれる．もし労働組合がなく，立候補する者がいない場合は，労働・職業訓練省が労働者を説得して立候補するように努力することになる．

投票は労働時間内に行われ，従業員代表と従業員代表補佐を区別して投票される．投票者数は選挙権者総数の過半数以上でなければならない．それに達しない場合，15日以内に再投票がなされる．この再投票の場合には定足数の要件はない．投票の結果，最も多くの票を得た者が当選する．得票数が同じ場合，女性または勤続年数の長い者が当選する．投票の結果は8日以内に使用者が文書を作成し，省に送付するとともに，企業または事業所に掲示しなければならない．

従業員代表およびその代表補佐の任期は2年で，再選は可能である．死亡，辞任，雇用契約の終了で任期は終わる．両者には特別な保護が認められている．それは解雇する場合労働監督官の承認が必要となるし，従業員代表やその代表補佐の地位を喪失させる配転や異動の計画も，労働監督官の承認が必要となっている．労働監督官は1か月以内に承認するかどうかの決定を通知しなければならない．その通知がない場合は，承認しなかったものとされる．その決定に不服がある場合は，労働・職業訓練大臣に申し立てることができる．

従業員代表・代表補佐の権限は以下である．労働法，就業規則，労働協約，賃金制度などの適用に労働者が不満を持つ場合に，そのことを使用者に通知すること，さらに労働監督官にも通知すること，労働安全衛生に関するルールの遵守を監視すること，労働安全衛生・労働条件改善について使用者に提言すること，就業規則案やその改正案について意見を提出すること，解雇や人事整理案について意見を提出すること，労働組合がない場合，2年間に限定されているが，暫定的な労働協約を締結することができることである．最後の労働協約締結権限を認めていることは注目される．

基礎労働組合と従業員代表の任務が重なっている意味を考えておく必要がある．基礎労働組合のない場合は従業員代表が選出されることに問題はない．基礎労働組合がある場合，1つではなく複数存在するときがやっかいである．複数組合間で従業員代表やその代表補佐の選出をめぐる紛争が起こる可能性がある．

13　不当労働行為

使用者側と労働組合側の両方に不当労働行為が定められている．違反した場合には，書面による是正勧告と罰金を科せられる．

使用者は雇用，役職，昇進，配置，地位，報酬，給付，懲戒処分，手続違反の解雇，契約終了の際に，組合に加入や参加やその活動を理由に差別的扱いが禁止されている．その具体的内容は以下である．

・組合の結成に干渉すること
・組合に加入しないこと，組合から脱退することを雇用条件とすること
・組合員の担当する業務を外部に委託して，組合結成を妨害すること
・組合に財政援助をして，組合運営に介入すること
・賃金，労働時間その他の雇用条件に差別的取り扱いをすること
・証言や証拠等の情報提供する労働者を解雇したり，差別的取り扱いすること

・団交義務に違反し，意図的に法律，労働契約，労働協約に違反したり，労働協約の履行を妨害すること
・違法なロックアウトを行うこと
・ストライキに参加する労働者に入構を禁止し，脅迫や暴力を加えること
・事業所閉鎖に際して，使用者に課せられる義務を履行しないこと

労働組合の不当労働行為は以下である．

・人種，肌の色，性別，信条，宗教，政治的意見，国籍，社会的身分，健康状態によって組合加入を拒否すること
・労働者の組合結成を制限したり，強制すること
・組合加入を拒否したり，脱退することを理由に使用者に解雇や不利益取り扱いを強要すること
・「最も代表的な労働組合」との誠実交渉義務に違反すること
・使用者の業務の中止に対して，組合が金銭や対価の支払いをもとめること
・法律，労働契約，合意文書，労働協約，規則に違反すること，交渉を妨害し，労働協約の実施を妨害すること
・純粋な政治的目的や個人的野心を持って暴力行為を扇動すること
・企業または事業所の入り口を閉鎖して，ストライキの不参加者に仕事をしないよう脅迫したり，暴力的に妨害行為をし，公道を封鎖すること
・手続違反のストライキやデモを指導すること
・個人財産，集団の財産，公的財産を破壊すること

14　団体交渉と「最も代表的な労働組合」

企業や事業所に複数の組合が併存している場合に，どの組合と使用者は団体交渉するのかという問題がある．日本のようにすべての組合と団体交渉すべきという政策もありうるが，カンボジアでは「最も代表的な労働組合」が排他的に交渉権を有するという制度を導入している．アメリカの排他的交渉代表制の考えを取り込んでいるものと理解される．

「最も代表的な労働組合」となるための条件は以下である．

・適法に登録されていること
・組合員に専門的，文化的知識，教育を提供できるプログラムや活動内容をもっていること
・正式な身分証をもつ最も多くの組合員名簿を持ち，企業または事業所で最大の得票数を得ていること，労働組合が1つしかない場合，全労働者の30%以上を組合員としているか，労働組合が2以上ある場合，他の組合からの支持を含めて30%以上の支持を得ていること，または，30%以上の支持を得る組合がない場合，企業または事業所の全労働者の投票によって30%以上の得票を得ること

「最も代表的な労働組合」は企業または事業所単位のすべての労働者を代表するという方式と特定の職種や経済活動や部門を単位とすることができる．特定の職種や経済活動や部門の場合，そこで最も多くの組合員をもっていることによって，「最も代表的な労働組合」としての地位を得ることができる．

「最も代表的な労働組合」の地位は労働・職業訓練省に申請して，30日以内にその地位の決定を受けなければならない．決定のために必要な審査が行われる．要件を欠けていると判断されれば，その地位を停止したり，取り消すことができる．審査のために，労働者名簿を保管しておかなければならない．この地位は2年間有効であり，2年経過後，別の組合がその地位に異議がある場合，大臣に申し立てできる．その地位が以下の場合に取り消される．

・「最も代表的な労働組合」の義務に日常的に違反していると認定される場合
・組合の登録が取り消された場合
・組合が解散した場合
・「最も代表的な労働組合」の地位を失ったとする明らかな証拠がある場合

「最も代表的な労働組合」の権利義務は以下である．

・労働条件，労働安全衛生等について使用者と誠実に団体交渉して労働協約を締結すること
・労働協約をめぐる紛争で，組合員でない労働者を誠実に代表すること
・新たに組合員が加入する際に差別しないこと
・労働法の定めによって設けられる機関に多くの議席を割り当てること

「最も代表的な労働組合」になれない少数組合の権利義務は以下である．

・組合員に法律知識や専門知識についての訓練を提供すること
・組合員に法律および実務上の助言を提供すること
・個別紛争において，所属する組合員を代表すること
・職場において使用者との協力関係を築く仕組みに参加すること
・労働市場（人の配置，人員整理）についての協議に参加すること
・組合員資格についての情報を提供すること
・組合員の生活水準向上のために，売店，食堂，医療介護等の協同組合を設立すること
・失業した組合員になんらかの給付・支援を提供すること

15　労働協約

労働協約は労働者の労働条件や，使用者と労働者や労働組合との関係，労働組合と使用者団体との関係を規制することを目的としている．

労働協約の適用範囲として，企業や事業所レベル，産業レベル，州や市レベル，全国レベルがある．職業単位として，特定の1つの職業，複数にまたがる職業，特定の部門，

複数にまたがる部門ごとに労働協約を締結することができる.

労働協約の規定は，法律に定める規定より労働者に有利でなければならない．公共の秩序や法令，就業規則に違反することはできない.

労働協約は労働・職業訓練省に登録されなければならない．登録された翌日から有効となる．労働協約の締結と登録日までには時差があるので，登録されるまで暫定的に労働協約を適用するという合意がなされている場合には，締結した日から有効となる．登録されるかどうかは省が判断するので，問題があると判断されれば改正を余儀なくされる．省は，登録された労働協約の一覧表を年１回公表することができる.

労働協約には期間の定めのある場合とない場合がある．期間の定めのある場合でも期間は３年までとする．一方当事者は期間終了の３か月前に労働協約の終了や改正を申し込まない限り，従来と同じ期間の労働協約が継続する．期間の定めのない場合，いつでも労働協約を失効させることができる，ただし，１年間の予告が必要とされ，労働協約終了の申し込みをしてから１年後に失効する.

労働協約に定める事項として，紛争処理手続，最低限維持されるべき業務や公共の秩序を守るための業務，つまり保安業務を定めることが求められている.

16　労使紛争処理

労使紛争は個別紛争と集団紛争に分けられている．個別紛争は使用者と労働者間の労働契約，労働協約，労働法の適用を巡って生じる紛争である．集団紛争は使用者と複数の労働者間に生じる労働条件，組合の権利行使，組合の承認，労使関係に関する紛争である．この区別は紛争処理手続に違いがあり，どちらの手続を用いるかは労働・職業訓練省労働監督部が決定する.

個別紛争では，一方当事者が労働監督官に調停を申請する．受理した労働監督官は３週間以内に両当事者の意見を聴取して調停を試みる．それで合意に達すれば，それが法的拘束力を有するが，調停不調の場合，２か月以内に裁判所に訴訟を提起できる．現在労働裁判所が設置されていないので，一般の裁判所で処理されている.

集団紛争は，調停と仲裁の２段階で処理される．調停前置主義が採用されている．両当事者は労働監督官に紛争発生を通知する．通知がなくても労働監督官は職権で調停手続に入る．通知を受けて48時間以内に労働・職業訓練大臣は調停員を任命する．任命から15日以内に調停を実施する．この期間は当事者の合意で延長することができる.

調停の結果，合意ができれば，それは文書化され，両当事者の署名，調停員の署名によって労働協約と同じ効果を持つ．調停不調の場合，調停員は争点と不調の理由を書いた報告書を労働・職業訓練省に送付する．不調の場合，次に仲裁手続にはいる.

仲裁手続では，調停員の報告を受けて労働・職業訓練省は３日以内に仲裁委員会に事件を付託する．事件を受理した仲裁委員会は３日以内に手続を開始する．政労使それぞれ１名，合計３名の仲裁委員が当事者から聞き取りをし，場合によれば証人を呼んで証言させることもできる．仲裁にはいるとき，両当事者に「拘束力のある裁定」と「拘束力のない裁定」のどちらを選択するかを決めさせる.

前者の場合，裁定がだされれば，それが最終的な解決となり，拘束力を持つ．後者の場合，裁定に内容に8日以内に反対しなければ，その裁定が拘束力を持つ．裁定に不満な場合，権利紛争の場合は裁判所に付託されるか労働争議に入っていく．利益紛争の場合には，裁判所にはいかず，労働争議になってストライキやロックアウトにはいる．カンボジアでは強制仲裁制度は導入されていない．裁定は労働監督官の事務所に掲示され，労働協約と同じ方法で登録され，だれでもそれにアクセスできるようになっている．

17　ストライキとロックアウト

ストライキは「労働者の団体が，使用者への要求を実現する目的のために，労務提供を再開することを条件に，企業または事業所において労務提供を拒否すること」を指している．ストライキは労働契約を切断することなく，労務提供の一時的な不提供を意味し，ストライキが終了すれば現職に復帰することを前提としている．

ストライキ実施のために，組合員による秘密投票（無記名投票）で過半数以上の支持を得ること，使用者および労働・職業訓練省に7日以上（生命，安全，健康に危害を加える業種の場合15日以上）前に予告する．平和的にストライキが実施され，暴力行為は禁止され，もし暴力行為があれば懲戒処分の対象となる．

スト中の施設や機材維持のために保安要員を確保するための会議に紛争当事者は出席を義務づけられている．そこで合意に至れば保安要員を出すことになる．生命，安全，健康を脅かし，危険性をもたらす業務は，スト中であっても業務提供しなければならない．労働協約で保安要員をあらかじめ定めておくこともできる．保安要員はスト中にその業務を拒否することは重大な企業秩序違反として懲戒処分の対象となる．

スト中の賃金は労働者に支払われない．しかし，実際には，スト終了の条件として，賃金相当額がスト解決金の名目で支払われているケースがある．

ストに参加しない労働者に，強制や脅迫によって参加させることは禁止されている．平和的に説得するピケッティングは認められている．スト中にデモ行進が行われるが，1991年デモンストレーション法によって平和的なデモに限って認められる．

最低賃金改定をめぐってストライキやデモを行ったことを理由に解雇がなされ，それをめぐって裁判所で争われている．

ロックアウトは「使用者によって，企業または事業所の全部または一部の閉鎖」を意味する．使用者からの労務受領拒否がロックアウトになる．ロックアウトを実施する場合，7日または15日（生命，安全，健康に気概を加える業種の場合）の予告が必要である．違法なロックアウトがなされると，その間の賃金や損害賠償を労働者に支払う．顧客や消費者に損害が生じた場合にも，使用者がその責任を負う．

注

1）　香川孝三「2016年カンボジア労働組合法の意義」労働法律旬報1882号，2017年，4-5頁．

参考文献

香川孝三「ILO のカンボジア工場改善プログラム――労働基準監督の技術協力」季刊労働法230号，2010年，167-181頁.

――――「アセアン後発４か国における解雇法理」金子由芳編『アジアの市場経済化と民事法』神戸大学出版会，2019年，272-295頁.

日本貿易振興機構編『カンボジア労務マニュアル』ジェトロ・プノンペン事務所，2021年.

労働政策研究・研修機構編（熊谷謙一・北澤謙・香川孝三共著）『カンボジアの労働・雇用・社会――日系進出企業の投資環境』労働政策研究・研修機構，2019年.

One Asia Lawyers Group/ 弁護士法人 One Asia『最新東南アジア・インドの労働法務』中央経済社，2021年，457-511頁.

（香川孝三）

第7章 マレーシア

1 マレーシアの概要

マレーシアは半島部マレーシアに11州，東マレーシアの２州の合計13州，３つの連邦直轄地からなる連邦国家であり，国王のもとで統治される立憲君主制を採用している．ただし，国王の権限は限定されており，首相が国を主導する役割を担っている．連邦と州がそれぞれ立法と行政の権限を分配されているが，労働や社会保障に関する事項は連邦と州の共通管轄になっている．

東マレーシアにあたるサバ州とサラワク州は，半島部マレーシアの州と異なり広い自治権を認められており，異なった法律が適用になっている場合があるので注意が必要である．たとえば，雇用法に関する内容はサバ州およびサラワク州の条例で定められている．

マレーシアの法制度は旧宗主国であるイギリスの影響を受けてコモン・ローを受け入れているが，イスラム法や地域の慣習法もパーソナルローとして効力を持っている．労働法はイスラム法の影響は小さく，イギリス法の影響が強く残っている．

マレーシアの特徴はマレー人，華人，インド人等による多様な民族から構成されているが，ブミプトラ政策によってマレー人を優先する政策が採用されている．宗教も多様ではあるが，イスラム教を国教としている．しかし，信仰の自由は保障されている．

経済的には工業化政策に成功して経済成長を遂げ中進国に位置づけられている．１人あたりのGDPは5000ドルを超えている．現在は「ビジョン2020」によって先進国の仲間入りを目指している．人口が3300万人（2019年）を下回っているために，労働力不足が生じている．それを補うために高度な熟練者の確保や外国人労働者受け入れを実施している．高度熟練者は生産性の高い知的集約産業を目指す「インダストリー4.0」を導入するために不可欠になってきている．

マレーシアの主要な労働立法は，1955年雇用法，1966年児童および年少（雇用）法，1969年労働者社会保障法，1994年労働安全衛生法，1959年労働組合法，1969年労使関係法（2020年改正）等である．雇用法は１か月賃金が2000リンギを超えない労働契約を締結した者，さらに賃金額に関係なく，肉体労働や輸送機械の操作や保守，船舶に従事することを内容とする労働契約を締結した者，家事使用人（１か月の賃金が2000リンギを超える場合でも該当する）に適用される（雇用法２条）．1969年労使関係法は2020年に一部改正がなされた（2021年１月１日施行）．これはCPTTP（環太平洋パートナーシップ協定）の成立によってマレーシアで批准する必要性があり，そこで遵守することが求められている中核的労働基準の遵守に合わせた改正がなされた．特に結社の自由を定める

ILO98号条約は1961年に批准しているが，ILO87号条約の批准をまだ実現していないが，これを批准する狙いがある．

2　労働市場法

無料職業紹介は，主要都市に設置されているジョブマレーシア・センターと人的資源省の地方事務所や職業訓練所等に設置されているジョブマレーシア・ポイントで民間企業を対象として，求人と求職のマッチングやキャリア・ガイダンスがなされている．人的資源省労働局が運営している職業紹介のウエッブサイト（ポータブル・ジョブマレーシア）が積極的に活用されている．有料職業紹介所は1981年民間雇用機関法によって労働局の許可を得る必要があるが，これも民間の企業にマレーシア人の従業員を対象として職業紹介を実施している．

労働者の訓練を促すために人的資源材開発公社が設置されている．そこが「人的資源開発基金」を運営し，使用者がこれに拠出金をおさめれば，従業員の研修費の全額や一部を給付金としてうけとることができる．

国家職業スキル標準に基づいてマレーシア技能認定証が発行されており，これがマレーシアの統一した職業資格となっている．教育省のポリテクニック（高等専門学校）や人的資源省や人民評議会等が運営する職業訓練校で職業訓練がなされている．人民評議会の職業訓練はブミプトラ政策に基づきマレー系人々のための職業訓練を担当している．人的資源省は訓練機関と企業が一体として訓練を行う国家デュアル訓練システムを導入して，訓練後２年間はその企業で就労する制度を実施している．

雇用保険制度が2018年１月１日から施行され，民間企業の労働者が失業したときに，６か月間失業手当を受給できる．このために保険料として労使から給与の0.2%を社会保障機構が徴収している．

3　労 働 契 約

申し込みとそれを承諾することによって契約が成立するが，両当事者に義務を与える約因が必要である．労働契約では労働者が労務提供をすれば，それに対して使用者が対価を支払うという約因が存在している．

労働契約は口頭でも書面でも締結ができるが，雇用法10条によって１か月を超える期間を定める労働契約や作業完了までに１か月を超えるか，あるいは１か月を超える可能性のある労働契約は書面で締結しなければならない．書面による労働契約には，労使双方の契約終了の方法を定めなければならない．

労働契約上の労働条件が雇用法や命令等より不利な場合には，その労働条件は無効となり，無効となった部分は雇用法や命令等によって置き換えられる（雇用法７条）．しかし，雇用法や規則，労働協約や産業裁判所の裁定等より有利な労働条件を定める労働契約は無効とは解釈されない．これは技能の優れた労働者を好条件で引き抜きをすることを認めている（雇用法7A条）．

パートタイマーは同じ職種に雇用される正規労働者の所定労働時間の70％未満30％を超える者（雇用法2条1項）と定義がなされ，2010年7に制定されたパートタイム雇用規則によって，残業や休暇についての規制をしており，非正規労働者への保護がなされている．

業務請負契約者のもとで働く請負労働者は多くいるが，請負労働者と直接企業に雇用される労働者との区別が問題となっている．労務提供の内容や勤務時間管理に第三者の指揮監督があるか，業務に必要な機器等が第三者から提供されているか等の要素があるかどうかによって推定する考え方で処理する改正案が論議されている．

人材派遣会社が人材を派遣することが行われているが，派遣労働者に関する法律は制定されていない．

4　労働契約の終了

労働契約を終了させる場合，雇用法は様々な規制を設けている．普通解雇，懲戒解雇を含む懲戒処分，整理解雇に分けてみてみよう．

（1）普通解雇

使用者が解雇を行う場合，解雇予告期間をおいて書面で通知すること，正当な理由が必要なこと，解雇手当金を支払うという3つの条件を満たす必要がある．

予告期間は労働契約により定められている場合は，その期間，それがない場合は，勤続年数2年未満で最低4週間，2年以上5年未満で最低6週間，5年以上で最低8週間である（雇用法12条）．ただし，以下の場合には予告期間がなくても解雇できる（雇用法13条）．

① 予告期間に相当する期間の賃金と同額の金額を支払う場合
② 故意に労働契約に違反している場合
③ 不正行為や労働契約上の義務違反があって，かつ内部調査を行った場合

解雇を正当とする理由が必要とされている．労働者の不正行為，能力不足，人員過剰がその正当事由にあたる．

12か月以上継続して雇用される労働者は解雇手当額の支払いを受ける権利を有する．解雇された日から7日以内に支払われる．1年以上2年未満の場合は10日分，2年以上5年未満の場合15日分，5年以上の場合20日分である．勤務日数に1年未満の場合には，解雇された日に最も近い月までの分が比例配分されて支払われる．

しかし，以下の場合には解雇手当支給の必要はない．

① 定年に達した場合（最低退職年齢法によって2013年7月から定年年齢が60歳）
② 内部調査の結果不正行為に基づき使用者が解雇する場合
③ 個人的事情によって労働者が退職する場合
④ 従前の契約より不利にならない内容で契約を更新する場合

⑤ 労働契約終了後，直ちに契約更新や再雇用される場合
⑥ 更新や再雇用されると従前より有利な内容であって，契約終了の7日以上までに提示されたにもかかわらず，労働者が正当な理由なく拒否した場合
⑦ 労働者が退職の予告をしても，予告期間前に使用者の同意なく退職してしまった場合や，予告に代わる金銭の支払をしないで退職してしまった場合
⑧ 事業主が変更になった場合，新たな事業主が従前より不利にならない内容で契約継続を提示したにもかかわらず，労働者が正当な理由なく拒否した場合

（2） 懲戒解雇を含む懲戒処分

懲戒の手段として解雇することが懲戒解雇とされている．マレーシアでは労働者保護が手厚いことから懲戒解雇には使用者側に厳しい判断がなされている．重大な不正行為が必要である．事例として2連続営業日の無断欠勤，上司の指示違反，セクハラ，窃盗や詐欺等の犯罪行為，薬物使用等がある．

次に重大な不正行為の有無を内部調査する必要がある（雇用法14条）．そこで不正行為の発生状況，目撃者や証人がいるかどうか，物的証拠の有無を確認する．それを受けて内部審問手続を経なければならない．労働者が懲戒手続にかけられる理由は書面で知らされる．労働者に反論できる機会を与える．場合によっては労働者の代理人を立てることを認める．それらの手続を経た後，懲戒処分の決定をする．重大な不正行為の程度に合わせて，口頭の注意処分，書面での注意処分，停職処分，降格，懲戒解雇等の処分がなされる．

（3） 整理解雇

整理解雇は会社の構造改革，生産の減少，合併，テクノロジーの変化，買収，景気の後退等によって従業員数が過剰になって，労働契約を解除することを意味する．整理解雇を正当と判断される基準は以下の3点である．

第1点は，整理解雇を回避するために適切な措置が講じられたか．たとえば，新規採用の凍結，残業の制限，休日や祝日の労働の制限，労働日数の削減，労働時間の削減，従業員の再訓練，配置換え，賃金カット，再就職先のあっせん等の努力がなされたかが問われる．

第2点は，整理解雇が必要になった場合に，以下の手続を経ること．たとえば，整理解雇対象となる労働者を代表する組合との協議，割増の退職金を提示して自主的に退職することを提案，労働契約解除の補償や解雇手当の支払，定年に達している者から契約を解除，1955年雇用法に定められた予告期間の遵守，人的資源省と連携して他の場所での就職の援助，長期間をかけて少しづつ整理解雇を実施すること，整理解雇の少なくとも30日前に労働局への報告がなされることである．この報告なく整理解雇がなされた場合，使用者は1万リンギの罰金を科せられる．

第3点は，整理解雇対象者の選択方法である．同じ仕事の場合には外国人を先に整理解雇すること，同じ仕事の場合には，勤続年数の短い者から整理解雇すること，効率性向上が困難な従業員から選択すること，年齢や家族の状況を考慮すること等である．

5 賃　　金

賃金は原則通貨払いであり，労働者の同意があれば銀行口座への振り込みや小切手による支払いも認められている（雇用法25条，25A条）．現物支給は認められていない．最低でも1か月に1回の支払いが求められている（雇用法18条）．賃金計算期間の最終日から7日以内での支払いが求められている．

期間満了で労働契約終了の場合や予告をして労働契約を終了する場合，未払賃金は終了日に支払わなければならない．労働者が事前の予告なく退職した場合，退職日から3日以内に賃金を支払うことが求められている．

賃金の前借が認められており，宗教的行事の前に前借がなされることが多い．前借できる額は前月分の賃金額を超えてはならない（雇用法22条）．しかし，住宅購入や改修，土地の購入，自動車やオートバイの購入等の場合には，1か月分以上の前借が認められている．その額は労働者の同意を得て，その後の賃金から控除されるが，1か月あたりの賃金の50%を超えてはならない．利息をつけることは禁止されている．コーランにある利息禁止の影響がみられる．

全国に適用になる最低賃金が導入されたのは2011年全国賃金審議会法が制定されてからである．それまでは小売店販売員，映画館従業員，ペナン港湾労働者などの限られた「極端に賃金の低い労働者」にのみ最賃を設けていたにすぎない．全国賃金審議会は政労使3者の代表と有識者で構成されており，最賃額を政府に勧告する権限を有する．それを受けて政府が最賃額を決定する．最初の最賃は2013年1月1日から施行されたが，半島部とサバ・サラワクで違った最賃が設定されていた．それが統一されたのは2018年5月に政権に復帰したマハティール首相のもとで実現し，2019年1月1日から月額1100リンギ，日額42.31リンギ～63.46リンギ，時給5.29リンギが全国一律の最賃となった．2020年2月1日からクアラルンプールのような大都会だけで月額1200リンギ，日額46.15～69.23リンギ，時給5.77リンギに値上げされた．この額は家事使用人を除くすべての労働者に適用になるが，試用期間中の最初の6か月は，最賃の30%を超えない範囲で減額ができる．最賃額の支払いが困難な使用者は賃金審議会に申請して3～6か月間適用を猶予してもらうことができる．最賃額を支払わない使用者は労働者1人あたり最高1万リンギの罰金を科せられる．

6 労働時間

(1) 法定労働時間

1日の労働時間は8時間であるが，残業をする場合は，業務内容によって最大12時間まで認められている．したがって1日あたり残業が可能なのは4時間である（雇用法60A条7項）．さらに，残業時間を月104時間の限度とすることを1980年雇用（残業勤務の制限）規則で定めた．

週あたりの労働時間は原則として48時間であったが，今後週44時間に短縮する予定になっている．すでに優秀な人材確保のために，週44時間の労働を労働契約によって設けることが実施されている．

例外として3週間または許可をうけて3週間を上回る期間について，1週間平均で48時間を超えなければいいとされている（雇用法60C条）これは1週間単位の変形労働時間制を取り入れている（雇用法60C条）．さらに，今後フレックスタイム制を導入する予定となっている．

さらに，就労開始から終了までで，休憩や食事時間をふくめての時間を拘束時間ととらえ，この拘束時間は10時間までとしており，それを超える場合も残業時間とされている．

上記の残業時間には5割増しの残業手当の支払が義務づけられている．

（2）　交代勤務

業務の性質上，継続して業務を行う必要がある場合，1日に2以上の交代制が導入されている．交代勤務につく労働者は，1日に2以上の交代勤務に従事することはできない．交代勤務の場合の残業時間の制限がある．それは直前の3週間の1週間あたり平均48時間を超えていない場合に，1日あたり8時間以上12時間まで，1週あたり49時間以上勤務することができ，それを超える時間は残業となる．

（3）　休憩時間

連続して5時間働いた場合，最低30分の休憩時間を与えなければならない．業務の性質上，継続して働く必要がある場合には，8時間の間に最低45分の休憩時間を与えなければならない．

イスラム教徒には毎日礼拝1回につき20分，金曜日には昼の礼拝に1時間30分を認めなければならない（イスラム教徒の労働時間に関するガイドライン）．

（4）　休　日

休日は毎週1日以上認めなければならない．交代勤務の場合には，30時間働いた後でないと，休日が認められない．

休日勤務は，業務の性質上継続して働く必要がある場合または2回以上交代勤務がなされない限り休日勤務は強制されない．ただし，以下の場合には使用者は労働者に休日勤務を命じることができる．

①職場に事故が発生または発生の可能性のある場合
②地域社会の生活に不可欠な労働の場合
③国防や治安上必要な労働の場合
④緊急な事態に対応する場合
⑤予見できない労働の中断が発生した場合
⑥マレーシア経済にとって不可欠な事業や労使関係法に定義される重要な事業がなされる必要がある場合

休日出勤の場合の残業手当は以下になっている.

日給制や時給制の場合
　半日以下の場合は1日分の賃金
　半日を超え，1日の通常の労働時間内の場合は2日分の賃金
月給制の場合
　半日以下の場合は半日分の賃金
　半日を超え，1日の通常の労働時間内の場合には1日分の賃金

(5) 祝　日

雇用法によって連邦段階での祝日は少なくとも10日ある．旧正月，独立記念日，メーデー，クリスマス，マホメッドの誕生日，ワサク・デイ，ハリラヤ・プアリ，デパバルである．このほかに州段階での祝日がある．これらの祝日のうち，10日間は有給な休暇として取得できる．サバ州では14日，サラワク州では16日である．祝日に勤務する場合，祝日に支払われる賃金のほかに2日分の賃金が支払われる．さらに祝日に通常の時間を超えて残業を行った場合には，その時間給の3倍が支払われる．

(6) 年次有給休暇

1年以上勤続した者は勤続年数に応じて有給休暇を取得する．1年以上2年未満の場合8日，2年以上5年未満の場合12日，5年以上の場合16日となっている（雇用法60E法）．ただし，年間の勤務日数の10％以上を，使用者の許可なく欠勤したり，正当な理由なく欠勤した場合は翌年の年次有給休暇は0になる．その年次の有給休暇が未消化で残った場合は，それは消滅するが，労働契約が終了する場合には，未消化の有給休暇日数分に対して賃金の支払いが義務づけられている．

(7) 疾病休暇

病気になって48時間以内に登録医や歯科医の診断書をつけて使用者に通知すれば，有給の疾病休暇を取得することができる．勤続年数によってその日数が異なっている．1年以上2年未満の場合14日，2年以上5年未満の場合18日，5年以上の場合22日である（雇用法60F法）．入院が必要な場合は，疾病休暇と合わせて最大60日まで入院休暇を取得することができる．疾病休暇および入院休暇には賃金を支払われなければならない．

忌引休暇や慶弔休暇は雇用法には規定がないが，労働協約や就業規則で定められている場合がある．

7 女性労働

雇用法は女性の労働時間規制と母性保護を定めている．女性は，午後10時から午前5時までの勤務が禁止されている（雇用法34条）．ただし，使用者の申請で労働局長がその規制を外すことができる．地下労働も禁止されている．

女性が出産休暇を取得するには，妊娠22週以降であること，出産予定日の前４か月間雇用されていること，または出産予定日前の９か月間中の少なくとも90日以上雇用されていること，出産時に５人以上生存する子どもがいないこと，出産予定日の60日前までに使用者に通知することが要件となっている．

１回の出産ごとに産前産後に合計60日の出産休暇が認められていた（雇用法37条）．2021年度の予算では90日まで取得できるようになった．将来的には国際基準である98日までに延長する予定である．産前の休暇は最大30日である．出産休暇を取得できるのは５人目の子供を出産するまでである．出産休暇中の女性は解雇されない．賃金が月給制の場合には，その額が，それ以外の場合には通常の賃金か１日６リンギの高い額が支払われる．

育児休業は公務員にはあるが，民間企業にはない．両親，親戚の血縁や近所の人々という地縁に頼って育児の手助けを得ているケースが多い．さらに人的資源省労働局や女性・家庭省が管轄する保育所が設置されている．職場や工業団地に保育所の設置が奨励されており，今後増加するものと思われる．

雇用法上のセクハラは，言語，身振り，接触等によって勤務中の者に性的な行為を行うことであり，それによって，その者を攻撃したり，屈辱を与えことと定義されている（雇用法２条１項）．セクハラ被害者は使用者に申し立て，それを受けて使用者は調査をし，申し立てを拒否する場合は，申し立てた日から30日以内の可能なかぎり早い時期に理由を付して通知する．拒否された者は労働局長に解決を求めることができる（雇用法81B条）．使用者による調査でセクハラの存在が認められる場合，セクハラを行った労働者を解雇・降格・自宅待機等の懲戒処分に付する．労働局長に申し立てられた場合，局長は調査を行いセクハラが認められる場合，当該労働者を即時解雇，降格その他の処分を科すことができる．セクハラ被害者は損害賠償を受けることができる．

マレーシアのジェンダー格差指数はアセアンの中で最も低い．女性の労働力参加率は約53％であり，低い数字であるし，年齢別を見ると20台後半がピークで，それ以降は徐々に低下しており，子育てが終わったあと徐々に労働市場から退いている状況にあることを示している．経済の規模に比して労働力が不足して外国人労働者を導入している状況ではあるが，イスラムの家父長社会における女性の行動を規制するパルダの規範が関係していると考えられる．

8　外国人労働者

有料で外国人を企業に紹介する場合，その機関は内務省移民局の許可を得る必要があり，その紹介事業は非熟練の単純労働に従事する外国人と家事労働者に限定されている．

雇用法上，使用者は外国人を雇用した場合，雇用から14日以内に当該外国人についての詳細を労働局事務所に届け出しなければならない．労働局長の求めに応じていつでも外国人労働者の情報を提供しなければならない．解雇，退職，就労ビザの期限，本国送還や国外退去の場合，労働契約終了から30日以内に労働局に通知しなければならない．

インドネシア，ネパール，バングラデシュ，タイ，ミャンマー，カンボジア，ラオス，ベトナム等から受け入れる未熟練労働者を雇用する場合，シンガポールの制度を参考に，使用者から人頭税を徴収している．

マレーシアは多民族社会であり，民族の構成比に即した従業員構成を維持することが求められているが，その一方で，マレーシア国民を優先する政策を解雇や整理解雇の際に採用している．マレーシア国民の労働者を解雇したり，整理解雇する際に同程度の能力を持つ外国人を先に解雇することを求めている．外国人を雇用の調節弁としている．内外人同一の原則は採用されていない．これは国籍による差別問題を引き起こすおそれがある．

外国人の労災には1952年労働者災害補償法がカバーしている．使用者は登録保険会社に保険料を納める．4日以上の障害に補償金が支払われる．外国人が死亡した場合，その家族が補償金を受け取る．

9　児童労働・年少労働

1966年児童および年少者（雇用）法によって児童や年少者の労働が規制されている．14歳未満の児童は，家族経営における軽易な作業，芸能活動，学校での実習，労働局に提出された試用期間中の研修生として働く場合を除いて，雇用されてはならない．

14歳以上16歳未満の年少者は，家族経営における労働，家事使用人，事務・店員・倉庫・工場・商店・劇場・映画館・クラブ・寄宿舎での労働（ただし女性は，ホテル・バー・レストランで働く場合，両親が経営する場合か労働局長の許可が必要）を，年少者の能力に応じた働くことができる．ただし，危険な業務や一定の業務（売春，ホステス，ポルノに関連する業務，酒類や薬物に関連する雇用，博打，マッサージに関する雇用等）での労働が禁止されている．

児童は芸能活動を除き，午後8時から午前7時までの深夜勤務ができない．3連続時間ごとに30分の休憩時間が付与されなければならない．1日6時間以上の勤務は禁止されている．

年少者は，午後8時から午前6時までの勤務は禁止されている．4連続時間ごとに30分の休憩時間が付与されなければならない．1日7時間以上の勤務が禁止されている．

10　障がい者の保護

2008年障がい者法が制定され，2008年7月7日から施行されている．2016年で障がい者として登録されている者は40万人を超えている．身体的，精神的，および知的障がい者で働く意思と能力を持つ者を雇用するよう企業を誘導し，職場環境の配慮を企業に求めている．努力目標として障がい者の雇用率を5％に設定し，障がい者を雇用面で差別しないことを使用者に義務づけている．障がい者を雇用する使用者に税法上の恩典を与えている．さらに，労災による障がい者のリハビリや職場復帰に重点を置いている．

11　労働災害

1967年工場・機械法は工場や機械の据え付けが操業前に職業安全保健局に登録され，危険性の高い機械の検査を受けることを使用者に義務づけている．

1994年労働安全衛生法が労働災害防止の基本法となっている．事業主は従業員の安全・衛生・健康の保護に努める義務が課せられ，40人雇用する事業所には安全・衛生委員会が設置され，安全と衛生を遵守する方法を検討することを任務としている．

1969年労働者社会保障法が業務上の労災への補償制度を定めている．この法律によって設立された社会保障機構が労災保険と疾病保険の両方をカバーしている．業務上の疾病の場合，登録病院や政府系病院において無料で診断を受けられる．4日以上の勤務ができない場合は，手当金が支給され，障害を負った場合，一時金か年金が支給される．死亡の場合には葬儀費用と手当が支給される．

12　労働組合

1959年労働組合法が組合の設立や活動について規制を行っている．労働組合は最低7人で結成することができるが，結成後1か月以内に人的資源省労働組合局に登録申請しなければならない（労働組合法8条1項）．申請の期間制限を最大6か月の延長を労働組合局長に申請することができる．組合規約の写し，組合の名称と住所，最低7人の署名，役員の名称，年齢，身分，職業をあきらかにする書類を添付して，申請のための書式を提出する必要がある．

登録されるには審査を経る必要があるが，登録拒否される理由として4つの事項があげられている（労働組合法12条3項）．

労働組合の目的が違法であること，組合規約に労働組合法に違反する条項があること，組合の名称がふさわしくないものであったり，既に存在する組合と同一であったり，詐欺に利用されると思われること，組合が違法な目的のために利用されるおそれがあること，である．

組合が登録されない場合，いったん登録されても取り消された場合，その組合は違法な団体となり，組合活動を実施することができない．もしストライキを実施したり，それに参加する組合員に利益を提供したりすれば，組合役員は罰則を科せられる．登録されない場合は組合を解散させなければならない．ということは組合にとって登録は不可欠であり，強制登録制度が採用されていることを示している．しかも，マレーシアでは同一の業務，職種，産業の労働者を代表する組合は1つしか登録を認めないという方針をもっている．すでに登録された組合がある場合，同一の業務，職種，産業を基盤とする組合は登録が認められないことになる．

登録されれば，組合は法的に権利能力が認められ，法人格を取得する．さらに，労働争議を助長するときの行為や契約違反誘致によって生じる民事責任を免責されるし，組合のために生じる不法行為の責任からも免除されるし，共謀罪を理由とする刑事責任からも免責される．登録組合は組合名で訴訟を提起し，または提起されることができる．

登録組合は活動する際の規制を課せられている．16歳以上の労働者が組合に加入することができる．18歳未満の労働者はストライキ，金銭の徴収，組合の解散や組合規約の変更に関する投票権が認められていない．21歳以下の労働者および外国人は組合役員になることができない．経営側の立場にいる者，機密事項を扱う者，使用者の安全を確保する者は他の職種の労働者と一緒に組合を設立し，または加入できるが，過半数を占めることはできない．しかし，それらの者だけで組合を結成することはできる．労働者が組合に加入を強制されるユニオン・ショップ制は認められておらず，組合に加入しない自由が認められている（7条）．

使用者団体も労働組合法の規制を受けているが，労働組合と使用者団体が1つの組織になることは認められていない．

役員は組合員の選挙によって選ばれるが，マレーシア国民であって，少なくとも1年間は組合が代表する職業，企業，産業に雇用されていなければならない．職業，企業や産業にまったく関係のない部外者は役員になれない．さらに政党の役員や政党に雇用される労働者は，組合役員にはなれない．

組合員は組合費を支払う義務があるが，チェック・オフ制度が雇用法によって認められている．組合費の使用目的は労働組合法50条で定められた目的に限定されており，政党への献金などの政治的目的での支出が禁止されている．もちろん組合員個人の政治活動の参加は認められている．組合会計の適切さを保証するために，労働組合局長に会計監査書類を提出しなければならない．ストライキやその他の争議行為を実施する場合には，無記名投票で3分の2以上の賛成を得なければならない．

ILOの統計によれば，マレーシアの組合組織率は2016年に8.8％である．組織形態はイギリスの影響を受けて，産業別組織が一般的であった．それらが集まってマレーシア労働組合会議（Malaysia Trade Union Congress）という全国組織が結成されている．これは結社法によって登録された団体である．

一般組合は労働組合法によって登録できない．これは労働組合の定義として，「特定の事業，職種，産業」を基盤として組織されており，事業，職種，産業に関係なくどのような労働者が参加できる一般組合は労働組合の定義に入らないと解釈されているからである．

1988年政府は創始産業（たとえば電子産業）においては企業別組合（in-house trade union）のみの結成を認めるという政策が採用されたが，これが結社の自由を侵害するかどうかの問題を引き起こした．この問題は最終的な解決をみないまま頓挫してしまった．

政府が産業別組合を嫌って，企業別組合を選んだ背景には当時のマハティール首相の提唱したルック・イースト政策が関係していた．1989年の労働組合法の改正によって，労働組合の定義に「ひとつの企業あるいは事業所」が組合結成の基盤となることを明記した．これ以降，マレーシアでは企業別組合の結成が増加して，最近は企業別組合が産業別組合より多く組織されている．

13　団体交渉・労働協約

登録組合が使用者または使用者団体と団体交渉する場合，使用者から承認をえなければならない（労使関係法13条１項）．まず登録組合は書面で使用者または使用者団体に団体交渉の相手として認めることを求める書面を提出する．それを受け取った日から21日以内に使用者または使用者団体は承認を与えるか否かの回答を労働組合に通知する．または組合が従業員の過半数の支持を得ているかどうかの確認を労使関係局長に書面で請求する．このことを使用者は当該組合に通知する．労使関係局長は承認を付与するに必要な情報の提供を使用者，組合，労働組合局長に求めて，それに基づき承認の付与を決定する．従来は労使関係局長が決定できない場合は，人的資源省大臣に通知し，大臣が最終判断を下す制度があったが，これは2020年労使関係法の改正によって廃止され，労使関係局長の決定で決まることになった．さらに，労使関係局長の決定によって，経営の立場にいる者，機密の事項を扱う者，使用者の安全警備を確保する者の範囲を明示して，団体交渉で労働条件等を決める必要のない者をはっきりさせることができる．労使関係局長によって組合に承認を付与しない決定がなされた場合，その決定から６か月間は再度の承認申請ができない．

２つ以上の労働組合が承認された場合，組合間で，どの組合が唯一交渉権を持つかを決定して労使関係局長に通知する．もしその決定ができない場合，労使関係局長に申請して唯一交渉権を有する組合を決定してもらう．そのために秘密投票によって最も多くの投票を得た組合が唯一交渉権を有することが決定される．その唯一交渉権を得た組合は３年間その地位を確保することができる（労使関係法 12B 条）．

団体交渉に３つのパターンがある．企業別組合とそれが組織されている企業の使用者との団交，企業の使用者と産業別組合の支部との間の交渉，産業別組合と使用者団体との団交である．企業別組合が増加するにつれて企業別交渉が徐々に増加している．

団体交渉手続は労使関係法13条に以下のように定められている．承認を受けた組合は書面で使用者に団交の申し込みをし，14日以内に使用者はその回答を行う．使用者が団交を受け入れる場合，申し出から30日以内に団交を開始する．労働協約を改定する場合には協約の有効期間の90日前以降に団交の申し込みを行う．使用者が拒否する場合，労使紛争として，組合は労使関係局長に調停を申し立てることができる．使用者からも団交を組合に申し込むこともできる．手続は上記と同じである．一方の団体交渉の拒否や団交が行き詰った場合，両当事者の合意がなくても大臣の判断により産業裁判所に付託することができる（労使関係法26（２）条）．

団交の結果合意が成立した場合，それは書面に記載され，両当事者が署名をする．署名から１か月以内に産業裁判所に提出し，労働協約が法律に違反していないかどうか，さらに妥当な内容かどうかを確認して認証を行う．違反があると判断される場合も，産業裁判所が改正を要求し，それに応じて改正されれば認証が与えられる．この認証によって産業裁判所の裁定と同様に法的拘束力を持つ（労使関係法17条）．

労働協約には賃金体系，残業手当，賞与，退職金，休日，休暇，チェック・オフ，適用を受ける労働者の範囲，解雇や懲戒処分の手続，苦情手続，セクハラ禁止規定等が定められているのが通常であるが，認証をうけるために労働協約は以下の内容がなければならない．

① 労働協約の両当事者を明記していること．
② 有効期間を明記していること（3年以下でないこと）．有効期間を両当事者の合意で変更ができるが，それは産業裁判所に提出される．有効期間後も，新たな労働協約が締結されるまでは，従来の労働協約の効力が継続するという余後効が認められている．
③ 改訂や解約の手続が明記されていること．
④ 条文の解釈や施行にともなって生じる問題の解決方法を明記していること．
⑤ 経営の専権事項とされている事項が含まれていないこと．たとえば，新規の採用，職務の割当，就業規則の作成，生産の方法，プロセスやスケジュール等を決めて生産性向上をいかに上げるかを決めること，昇進，配転，解雇，整理解雇，停職や降格，懲戒解雇等の懲戒処分，従業員を組合員資格がなくなる経営の立場や機密事項を扱うポストに異動されることがそれに該当する．（このことは組合が使用者と話し合うことを禁止してはいない．2021年1月1日以降，昇進手続，採用，整理解雇，解雇，復職，任務の分配等に関連する一般的な問題について交渉することができるようになった．）
⑥ 多民族のために，労働協約が複数の言語で書かれるが，解釈で争いが生じる場合，どの言語を優先するかを決めておくこと．

労働協約は産業裁判所で認証を受けて法的拘束力が生じるので，団交で合意ができても，あえて労使関係局長の調停に付託し，さらに産業裁判所の仲裁を経て，そこで合意を労働協約として締結する手続をとることがなされている．これは合意裁定（consent award）と呼ばれている．実質的に団交で合意されていながら，法的拘束力を得るために労使紛争の処理手続を利用している．これは労働協約が紳士協定として法的拘束力が認められていないイギリス法理を継受したためである．紳士協定では，その遵守を保証できないことから生まれた仕組である．

労働組合がない場合には，労使協議会を設置することが進められている．

14　不当労働行為

マレーシアでは使用者側と労働者および労働組合側の両方に禁止されている規定がある．それらの規定には不当労働行為というタイトルはつけられていない．しかし，使用者に禁止されている事項には組合の結成や活動を妨害する行為が禁止されているので，不当労働行為とみなされる行為を含んでいる．労働者や労働組合に禁止されている事項には組合内部の問題も含まれており，すべてが対使用者とかかわる不当労働行為とは言えないであろう．しかし，それらを含めて，マレーシア特有の労働者・労働組合の不当労働行為ととらえることも可能であろう．

使用者側の不当労働行為として以下が定められている（労使関係法5条）.

① 労働契約に労働者の組合に加入する権利を妨げ，またはそれに要件を課すこと
② 組合員であること，または組合員でないことを理由に雇用拒否をすること
③ 組合員であること，または組合員でないことを理由に差別すること
④ 組合への加入や組合活動に参加したことを理由に解雇し，またはそれを脅すこと，身体に危害を加え，それを脅すこと，地位を変更し，またはそれを脅すこと
⑤ 何らかの利益の提供によって，組合加入し，または脱退することをそそのかすこと

労働者および労働組合側の不当労働行為として以下が定められている（7条）.

① 使用者の許可なく，事業所で勤務時間中に労働組合への加入や脱退を説得すること
② 組合員や組合役員になることをそそのかし，それを辞退するようそそのかすこと
③ 組合員や組合役員になることや，それを辞退することを一定の利益を供与することによってそそのかすこと

以上の行為によって不利益をうけた側は，労使関係局長に申し立て，労使関係局長は調査を行って申し立ての解決を図る．その解決に不服がある場合，労使関係局長が適切と判断すれば産業裁判所に付託し，そこで聞き取り調査を行って解決のための裁定を下す（労使関係法8条）．さらに，使用者が上記の不当労働行為を行う場合，産業裁判所は1年を超えない禁固刑，または2000リンギの罰金またはその両方が科すことができる．さらに使用者の不当労働行為によって損害を受けた労働者に失った賃金の支払いや原職復帰を命じることができる．可罰主義と民事的救済が併用されている（労使関係法59条）.

15　労使紛争の調整

労使の団交で解決しない場合，どちらかが労使関係局長に調停申し入れることができる．調停手続に労使のそれぞれから委任を受けた者（弁護士を除く）が労使を代表することができる．その場合労使関係局長の許可が必要となる.

公共の利益のために労使関係局長が調停手続に介入する場合がある．後者は強制調停であるが，これは重要産業や公共事業の場合に限られる．前者は任意調停であるが，労使関係局長が両当事者を呼んで事情を聴き，和解案を提出して解決に導く方法である.

労使関係局長の調停でも解決に至らない場合は，人的資源大臣に申し立て，大臣が調停を行う場合がある．そこでも解決しない場合，大臣が必要と判断して付託される産業裁判所の仲裁が最後の手段となっている．産業裁判所は裁判官1人と陪審員としての使用者代表1人，労働者代表1人の3人で構成される．不当解雇事件だけは裁判官1人で判断がなされる.

当事者は自己の主張を書面で提出し，審問の場で自己の主張を述べる機会があり，さらに証人や証拠を提出することができる．当事者は反対尋問も可能である．それらだけ

でなく，経済社会状況や政府の方針，財政状況等を考慮して，産業裁判所が書面による裁定を出す．それに不満な者は裁定を受理してから14日以内に，裁定に法律問題を含んでいる場合にのみ高等裁判所に控訴することができる（労使関係法33C条）．

産業裁判所の裁定は当事者を拘束して，それに違反する者は罰則を科せられる．裁判登記所は裁定の写しを高等裁判所に送付し，そこで強制執行が行われる．

正当な理由のない解雇であるとして争う場合，解雇から60日以内に，労働者は労使関係局長あてに復職を求めることができる．局長は解決に必要な措置を講じなければならない．申し立てに理由がないと判断する場合，局長は産業裁判所に事件を付託する．そこで裁定が出される（労使関係法20条）．従来は局長から大臣に申し立て，大臣の判断で産業裁判所に付託する制度があったが，廃止された．

紛争処理を援助するための委員会が設置されることが定められている．人的資源大臣に報告することを任務とする調査委員会，下院に報告することを任務とする捜査委員会があるが，これまで具体的に設置された事例はない．

16　ストライキ，ピケッティングとロックアウト

労働組合が交渉を有利にすすめるための圧力手段としてストライキがある．労働契約は継続したままで，労働者の集団による全部または一部の労務提供拒否である．怠業や順法闘争も含まれる．ストライキに参加する資格を持つ組合員の無記名投票で3分の2以上の賛成がなくてはストライキを実施してはならない．この投票の有効期間は60日である．投票結果は14日以内に労使関係局長に通知される．その通知から7日以内にストライキを実施できる．予告期間中に人的資源大臣によって産業裁判所に紛争を付託する場合には，ストライキができなくなる．ストライキの発生件数はきわめて少ない．

ストライキを実施すると重大な影響を与える事業（銀行，電気，消防，港・空港，郵便・電話，石油・ガス，公衆衛生，水道，輸送，軍隊・警察，防衛産業等）では，ストライキの21日前に使用者にスト予告を行う．それを受けた使用者は，労使関係局長に通知する．人的資源大臣はストライキやロックアウトが生命，安全健康を危うくする場合は中止命令を出すことができる（労使関係法44A条）．

以下の場合にはストライキが違法となり，ストを指導する組合役員は罰則を科せられる．2021年1月1日以降，その罰則は身体を拘束する禁固刑をなくし，罰金だけになっている（労使関係法40条，46条）．この改正は，違法なストやピケに対する処罰を国際労働基準（強制労働の禁止）に合わせるためである．

①ストライキの目的が認証された労働協約の変更である場合
②経営の専権事項をストライキの目的としている場合
③労使紛争が産業裁判所に付託されている場合
④国王が産業裁判所に付託された公共部門のストライキに許可を出さなかった場合
⑤労使関係局長が解決に取り組む組合承認問題をストライキの目的とする場合

ピケッティングは平和的に組合員以外の労働者に就労しないように説得することは合法とされている（労使関係法40条１項）．ピケはストライキに付随する行為として，ピケ自体を労使関係局長に通知することは必要でない．

ロックアウトは，使用者が作業所の閉鎖，労務受領の拒否をして，労働組合に使用者の要求を認めさせるために実施される対抗手段である．使用者団体が実施する場合は加盟する使用者の３分の２以上の賛成が必要である．マレーシアではロックアウトが実施されるのはきわめて稀である．

参考文献

安西明毅「マレーシア」安西明毅・栗田哲郎・小山洋平・中山達樹・塙晋共著『アジア労働法の実務』商事法務，2011年，411-501頁．

香川孝三『マレーシア労使関係法論』信山社，1995年．

「マレーシア」厚生労働省編『世界の厚生労働2019』2019年４月．

川島聡「マレーシアの障害者雇用と国際人権法」小林昌之編『アジアの障害者雇用法制——差別禁止と雇用促進』アジア経済研究所，2012年．

Maimunah Amiunddin, *Malaysia Industrial Relations and Employment Law*, 8th Edition, McGraw Hill Education, 2013.

One Asia Lawyers Group/ 弁護士法人 One Asia 編『最新東南アジア・インドの労働法務』中央経済社，2021年，156-225頁．

（香 川 孝 三）

第 8 章
シンガポール

1　シンガポールの概要

シンガポールは1965年にマレーシアから分離独立した国であるが，国土が淡路島とほぼ同等の面積しかないために，第三次産業，特に金融業や知的集約型産業に特化した産業構造になっている．農業部門がきわめて限られ，農産物はほとんどが輸入に頼っている．

シンガポールは国民１人あたりの所得は日本を上回り，アジアの中では最も高い部類に入っている．したがって経済発展の程度から言えば，先進国に属するが，先進国の集まりであるOECDには加盟していない．

合計特殊出生率が2018年には1.14と過去最小になったことからもわかるように，少子高齢化が急速に進み，労働力が不足する状況を呈している．このために，女性の活躍と秩序ある外国人の導入によって乗り越えようとしている．

シンガポールは，中華系だけでなく，マレー系やインド系などの多様な民族構成になっている．これまでフィリピンやインドネシア等から積極的に外国人を導入してきたが，2010年から外国人導入を抑制し始め，シンガポールで生まれ育ったシンガポーリアンを優先する政策への転換がみられる．

労働基準を定める基本法である雇用法の適用範囲が2019年４月１日から拡大された．これまで雇用法は非管理職および基本月額4500Sドル以下の管理職であったが，基本月額の上限が撤廃されたので，全従業員に適用される．ただし，労働時間，期間外労働，週休制を定める雇用法４章の労働時間規制は，基本月給2600Sドル以下の管理職でない一般労働者と基本月額4500Sドル以下の単純労働者に適用されることになっている．これまでの2500Sドルを2600Sドルに引き上げた．ここで言う基本月給には時間外手当，賞与，インセンティブの手当等は含まれない．

労使関係法は労働組合法，労働争議法，労使関係法から構成されている．その最大の特徴は政労使三者による協力体制（コーポラティズム）が確立しており，それが協調的な労使関係を構築し，シンガポールの経済発展や国際競争力を支えている．

2　労働市場法制

シンガポールの労働市場は流動的であり，転職や離職が常態になっている．求人や採用は常時行われている．民間の職業紹介所は人材紹介代理店法に基づきライセンスを取得する必要がある．部分ライセンスは月額給与7000Sドル以上の職業紹介，包括ライセンスは月額給与の制限なく紹介できるが，職業紹介所を運営する者は人材開発省の指定講座を受講する義務がある．

人材開発省はワークフォース・シンガポールを設置して求人情報や職業資格の情報を提供して職業紹介事業を実施している．さらに全国労働組合会議が中心となって運営する雇用可能性協会が人材開発や職業能力向上のサービスを提供している．

少子高齢化が進み労働力不足が問題となっているシンガポールでは，外国人労働者の導入を規制しつつ，自国民の技能向上によって生産性を上げる方向を目指している．低技能者の能力向上のために1979年技能開発促進法によって技能開発基金を創設し，使用者は労働者の総賃金の１％または2Sドルのどちらか高い額を基金に支払う．それを使って労働者を訓練に送り出す使用者に交付金を支給している．さらに，職業訓練制度を強化するためにスキルズ・フューチャー・シンガポール（SSG）を設立した．これは技能証明制度を統一して，授業料補助を受けつつ継続教育訓練コースを受けた者がその証明制度に基づき資格を取得することができる制度である．中高年者が給与の一部の支援を受けながら管理職への登用を目指すキャリア・サポート・プログラムもある．

高齢化が進むことを受けて，高齢者の再雇用を促進する政策を実行している．2011年制定の定年法を退職再雇用法に改正して，2012年１月から高齢者の再雇用制度が法制化された．定年は62歳であり，定年年齢以下の労働者は年齢を理由に解雇されない．2017年７月から67歳までの再雇用を目指している．健康や能力に問題がなければ，定年６か月前に再雇用を決め，３か月前に高齢者の再雇用を通知することが使用者に義務づけられている．再雇用できない場合は，雇用一時補助金（最高額１万3000Sドル）を支払う必要がある．

失業保険制度が採用されていない．失業率が低いので再就職を見つけやすいことと，失業によって生活ができなくなった場合は，公的扶助によって保護されているために，失業保険制度を導入する必要性がないとみなされている．

3　労働契約

2016年４月から雇用法が適用になる労働者についての給与明細や主要な労働条件を定める労働契約書の作成が使用者に義務づけられている．契約期間について雇用法はなにも定めておらず，当事者の合意によって契約期間の定めを設けることは可能である．試用期間を定めるかどうかも任意であるが，一般的に３か月から６か月の試用期間が設けられている．

雇用法が適用になるパート労働者を１週35時間未満勤務することを条件としている．労働契約には時間給の額，１日・１週・１か月の労働時間数を明記しなければならない．１週間５日働く場合は１日の休業日がみとめられる．３か月以上勤務すれば，育児手当，有給祝祭日，病気休暇，年次休暇が与えられる．詳細は雇用（パートタイマー労働者）規則に制定されている．

請負契約を利用することによって使用者の責任を軽減することが可能となる．たとえば労働契約であれば，使用者は中央退職準備基金に掛け金の支払い義務が発生するが，請負契約ではそれがない．そこで請負契約か労働契約かの争いが生じる．実質的な指揮命令をどちらが握っているか，賃金を支払っているのがどちらかという基準等で判断されている．

雇用法では，請負人やその下請人に雇用される労働者の賃金を発注者も，直接雇用する労働者と同様に賃金を支払う責任を負うことを雇用法が定めている．請負人やその下請人は人材紹介代理店法によってライセンスを取得して，人材開発省に登録されていなければならない．

4　解　　雇

イギリス法の影響を受けて，使用者は労働者を解雇する自由があるとされている．これは使用者にとって有利な法理であるとされてきた．しかし，現在はいくつかの解雇規制がなされている．予告期間があり，事前に書面で解雇を通知する義務がある．予告期間は以下のとおりである．

雇用期間が26週未満の場合	1日
雇用期間が26週間以上2年未満の場合	1週間
雇用期間2年以上5年未満の場合	2週間
雇用期間が5年以上の場合	4週間

予告期間を遵守しなくても，予告期間に相当する賃金額を支払えば即時に解雇できる．さらに，労働者が労働契約に意図的に違反した場合には，予告なく契約を終了することができる．労働者が不正行為を行ったことを理由に，予告なく解雇するか，直ちに降格するか，1週間を上回らない期間労働者を無給で出勤停止にすることができる．労働者が正当な理由なく解雇されたと考えた場合，解雇後1か月以内に人材開発大臣に復職を求めて申請することができる．

産前産後休暇中の解雇，組合結成を理由とする解雇，兵役を理由とする解雇は禁止されている．

整理解雇，つまり経営上の理由による解雇の場合にも，予告期間が適用になるが，勤続2年以上の労働者を整理解雇する場合，解雇手当の支払いが必要になる．その額は法律では定めておらず，労働契約や労働協約によって決められている．10人以上を雇用する使用者は，6か月間に5人以上解雇する場合，解雇通知から5営業日内に人材開発省に報告することが義務づけられている．これに違反すると最高5000Sドルの罰金を科せられる．

労働者が退職する場合，上記の予告期間を遵守して退職の通知を使用者に行えば退職できる．予告期間前に退職する場合は，それに相当する期間の賃金相当額を労働者が払えば退職できる．

定年退職に関しては定年退職および再雇用法が制定されている．62歳が法定定年退職年齢であり，62歳の誕生日がその日にあたる．62歳を迎える前に67歳までの再雇用を使用者は申し込まなければならない．3年以上勤務し，勤務実績がよく，健康上問題がないという条件を満たす必要がある．再雇用するに必要な職位を使用者が提供できない場合には，１回かぎりの雇用援助金を支給する．それは，代わりの再就職先を探す期間の生活費となる．

65歳以上の労働者を再雇用する使用者には，政府から月給の最大３％に相当する額の補助を受けることができる．

5　就業規則

使用者に就業規則の作成を義務づける規定は存在しない．したがって就業規則を作成するかどうかは使用者の任意である．就業規則の法的効力は労働契約よりも弱く，労働法規，労働協約，労働契約に違反する場合は無効になると解釈されている．就業規則に使用者が一方的に内容を変更できることを定めておれば，就業規則の内容を変更することができるが，労働者に不利益となる変更の場合には，個別に労働者の合意が必要となる．どのような内容を定めるかの規制もないが，賃金，労働時間，福利厚生，懲戒処分，競業避止義務等の労働条件に関して，労働者に共通する基準を定めている場合が多い．

6　賃　　金

(1)　賃金支払原則

賃金の支払は１か月を超えてはならない．賃金の計算期間の最後の日から７日経過する前に支払われなければならない．時間外手当は計算期間の最後の日から14日以内に支払われなければならない．実際の支払いは勤務場所または両当事者の合意した場所，または銀行口座への振り込みや労働者を名宛人とする手形払いが可能である．通貨による支払が義務となっており，現物支給は違法・無効となっている．賃金からの控除ができる場合を限定しており，税金，欠勤のよる控除，労働者の怠慢や過失によって生じる損害額の控除，食事費の控除，サービスによる控除，前払金や貸付金の回収のための控除，中央退職準備基金の積立金の控除等が認められている．控除総額が賃金の50%を超えることはできない．

(2)　賃金額決定のルール

毎年賃金をいくらに決定するかについて政労使三者からなる全国賃金評議会が賃金についてのガイドラインを公表し，それを踏まえて労使交渉がなされ，賃金決定が決まる．景気低迷が予測される場合には，総賃金コストを抑制し，企業のコスト競争力を損なわないような工夫が提案される．たとえば月次変動給与によって柔軟な賃金制度の導入を提案して，それに政労使が協力する体制になっている．この体制が可能になっているところにコーポラティズムの特徴がみられる．

(3)　最低賃金制度

シンガポールにはすべての労働者に適用になる最低賃金制度は存在しない．現在は例外的に賃金が低い職種（警備員，庭師，清掃員）に限って最賃が定められている．清掃員は2014年１月から1000Sドル，警備員は2016年９月から1100Sドルであったが，現在では清掃員は清掃場所の公共性や職位によって1200-1900Sドル，警備員は職位と経験年数によって1175-2169Sドル，庭師は職位と経験年数によって1300-2450Sドルに設定されている．最賃はシンガポール国籍を有する者や永住権を有する者のみに適用される．

賃金，時間外手当，ボーナス，予告手当等の労働契約上の賃金をめぐる紛争は2017年４月１日施行の雇用請求法によって処理されている．人材開発省での三者制の紛争処理機関で調停がなされ，それで解決されない場合，雇用請求裁判所で処理される．弁護士は排除され，裁判官がヒヤリングを行って和解で解決をこころみ，それができない場合は支払命令や棄却命令を出して処理する．

7　労働時間

労働時間規制は１日８時間，１週44時間である．完全週休２日制の場合には，１日９時間，１週44時間が上限となっている．原則として労働者は１日12時間を超えて働くことはできない．１か月では72時間以上の残業はできない．それ以上の残業が必要な場合は，適用除外の許可を得る必要がある．残業に対しては1.5倍の賃金を支払う義務が生じる．１週間44時間の制限を超えて働くことが３週間連続で続く場合には，労働者の自分の意思で行っていることを書面で提出することが義務づけられている．時間外労働が使用者によって労働者に強制されないよう配慮していることが分かる．

不況時に残業手当の支払が困難になる場合には，労働長官（Commissioner of Labour）の判断によって時間外労働，休業日，祝祭日の規制の適用を免除することができるようになっている．たとえば，残業の法定割増率を変更することを許可することができる．

法定休日（Rest day）は１週間に１日であり，日曜日その他の曜日を使用者が指定する．その日は無給であるが，この日に出勤させる場合には２倍の手当を支給しなければならない．週休２日制の場合には，１日は法定休日であるが，もう１日は休みの日（Off day）とされ，この日に出勤させた場合は1.5倍の手当を支払わなければならない．

３か月勤務した労働者には，就労開始から12か月の間に７日の年次有給休暇を取得できる．その後１年ごとに１日ずつ加算されて，最高14日まで取得できる．したがって就労してから８年目以降は14日の年休を取得できる．ただし，合理的理由なく20％以上の欠勤をした場合には，当該年度の年休は０になる．前年度の年休を当該年度に取得しなかった年休は消滅する．

祝日法で定められる祝日は有給であり，１日分の賃金，通勤手当，基本給の１日分に相当する額が支払われる．元日，旧正月，ラマダン明けの祭日，メッカ巡礼を祝う日，復活祭，勤労感謝の日，ブッダの誕生日，建国記念日，ヒンドゥーの光の祭り，クリスマスが祝日である．

疾病休暇は勤続年数に合わせて，入院が必要でない場合と必要な場合にわけて，**表８-１**の日数が有給で認められている．使用者の指定する医師の証明書が必要である．

それ以外に労働契約，就業規則や労働協約によって休日とすることはできる．たとえ

表8－1　疾病休暇の内容

勤務月数	有給疾病休暇日数	有給入院休暇日数
3か月以上4か月未満	5日	15日
4か月以上5か月未満	8日	30日
5か月以上6か月未満	11日	45日
6か月以上	14日	60日

出所：One Asia Lawyers Group/ 弁護士法人 One Asia『最新東南アジア・インドの労働法務』中央経済社，34頁.

ば，冠婚葬祭の場合に無給または有給で認めることができる.

8　労働災害と労災保険

工場法に代わって，2006年職場安全衛生法が労働安全衛生に関する基本法である．2011年4月11日にすべての事業所に適用になっている．安全衛生にかかわる関係者（使用者，支配人，工場所有者，労働者，設備製造者，設備設置担当者，請負人）の遵守すべき合理的注意義務の範囲を明記している．労働者の場合，作業手順の遵守や保護具の着用が定められている．事業所では安全衛生担当者，その補助者，安全衛生委員会の設置が定められている．監督官はいつでも職場に入って調査することができ，違反を見つかれば，最高5000Sドルの罰金が使用者に科せられる.

民間の保険会社が運営する労災保険制度によって補償がなされている．療養給付，一時的や永久的な労働不能に対する給付，遺族補償の給付がなされている．その額は人材開発省が医療機関からの報告を受けて査定し，それに異議がなければその額が支払われる.

9　女性労働

雇用法によれば，出産前に90日以上勤務していれば，産前4週間，産後8週間の休暇がある．このうち第2子までは最初の8週間は有給である．外国人の家事労働者，公務員は適用されない．その後，出産を奨励するために制定された2001年「子どもの発育のための共同貯蓄法」によって，生まれる子どもがシンガポール国民であれば，産前4週間，産後12週間の出産休暇ですべて有給になる．出産前に3か月以上雇用されている必要があるが，雇用法より保護が厚くなっている．2017年7月からは一人親も出産休暇を取得できるし，1歳未満の養子縁組をする場合，12週間の休暇を取得することができる．出産休暇中の解雇は禁止されている.

雇用法によれば，7歳未満の子どもを持つ場合，1年につき2日の育児休暇を有給で取得できる．「子どもの発育のための共同貯蓄法」によって，子どもがシンガポール国民であれば，1年につき6日の育児休暇を有給で所得でき，さらに2歳未満であれば，6日の無給の育児休暇を取得できる.

2017年1月から父親の育児休暇が1週間から2週間に拡大された．出生から16週間以内に取得するのが原則であるが，労使の合意があれば，出生から1年以内に取得できる．さらに，2017年7月から母親の16週間の出産休暇中の一部を父親も取得できる共同育児休暇期間が1週間から4週間に拡大されている．父親も出産や育児にかかわれる仕組みを導入している．

2014年ハラスメントからの保護法が制定され，セクハラ，電子媒体での悪口，ストーキング，言葉やジェスチャーによる脅迫や暴力等が禁止され，違反者には刑事罰が科せられている．企業ではハラスメント予防のための行為規範の作成が義務づけられている．

高学歴女性の社会的活躍が注目を浴びているが，女性の労働参加を促すために1978年から外国人家事労働者に家事労働を任し，その負担を軽減できる政策を採用している．これは貧しい隣国からやってくる外国人家事労働者によって，シンガポールの高学歴女性の労働が支えられていることを意味している．その結果，女性が家事責任を負担するという性別役割分担を固定化するし，家事労働者を雇用できない家庭では女性が家事責任を負うことになる．これはシンガポール政府が「家族の価値」を強調していることとも合致している．ジェンダー格差指数ではシンガポールは50位前後にあり，企業での女性管理職の割合が10％を下回っており，ジェンダー問題を抱えている．政労使で決めた「公平な雇用行為のためのガイドライン」によって性差別を禁止する目標を掲げ，自主的な努力によってジェンダー問題を解決しようとしている．このガイドラインは性差別だけでなく，年齢，国籍，人種等による差別も禁止しており，職務と関係のない属性による差別禁止を目指している．これらの順守に問題があると人材開発省から判断されると，要注意の企業としてリストアップされて指導を受けることになる．

10　児童労働

13歳未満の児童はいかなる職業にも就労させられない．13歳以上16歳未満の児童・年少者には一定の制限のもとで就労ができる．負傷の原因となる可能性のある業務，作動中の機械の整備，絶縁されていない電機機器の近くでの業務，地下での作業に就労させてはならない．さらに，午後11時から午前6時までの業務は禁止されている．休日労働は大臣の許可がなければできない．13歳以上15歳未満の児童の場合，30分の休憩なしで3時間以上の労働，さらに学校での時間を含めて1日6時間以上の労働が禁止されている．15歳以上16歳未満の年少者は，30分の休憩なしで4時間以上の労働，さらに学校での時間を含めて1日7時間以上の労働が禁止されている．

11　外国人労働者

外国人労働者を全労働者の3分の1に抑えるという政策が2010年から採用されている．基本法である外国人労働者雇用法によって，すべての労働者は就労パスを取得しなければならない．熟練度の低い月給2200Sドル未満の労働者（家事労働者や建設労働者が多い）は労働許可証，月給2200Sドル以上中程度の熟練者はSパス，専門職やマネジメント職で月給3600Sドル以上の者は雇用許可書が必要となる．前2つの場合には，業種に応じて外国人労働者の割合が制限されているし，外国人労働者の割合に応じて，使用者は外国人雇用税を支払わなければならない．雇用許可書の場合には，2014年８月からシンガポール人を優先する「公平考慮枠組」（Fair Consideration Framework）が導入され，管理職者を雇用するときには，企業は，人材開発省に設置された職業紹介機関であるワークフォース・シンガポールの求人求職データバンクに登録し，求人広告をだすことが義務付けられている．雇用許可書が認められるためには，シンガポール人の雇用が確保されているかどうかが問われる．

小さな国であり，労働力人口をいくらでも増加させることには無理があることから，外国人労働者の雇用管理が厳格になされている点に特徴がある．

12　労働組合の法規制

労働組合は労働組合法（2015年改正）によって規制されているが，その特徴は強制登録制度が採用されていることである．政労使三者の協力体制を維持する前提として労働組合が人材開発省の登録官によって登録が許可されなければならない．許可されない場合は違法な団体となる．2017年で登録組合数61（そのほとんどが産業別組合），組合員数75万5217人で，組織率21.3％である．登録労働組合の多くは唯一のナショナル・センターである全国労働組合会議に加盟しているが，加盟していない登録労働組合も存在する．

組合設立から１か月以内に登録官に登録申請しなければならない．最低７名の組合員の署名で登録申請ができる．組合員は16歳以上でなければならない．登録申請にあたっては，登録料，組合規約の写し，申請する組合員および組合役員の経歴等の書類を提出する．登録官は組合規約が違法でないかどうか，違法な目的に利用されないかどうかを判断して登録する．登録すれば登録証明書を当該組合に交付する．登録を認めても，取り消す場合がある．組合員の利益に反する活動をしたり，組合基金が違法な目的に利用される等の場合には登録が取り消される．登録拒否や取り消された場合，組合は大臣に救済を申し立てることができる．

登録組合は労働争議の計画や助長行為に対して，契約違反の誘致や取引介入を理由とする民事責任を免責される．さらに組合が行った不法行為に対する組合や組合員への訴訟は提起できない．登録組合は取引制限のみを理由として共謀罪の刑事訴追を受けることはない．登録組合は，秘密投票による過半数以上の組合員の賛成がなければストライキの実行や資金提供ができない．登録組合の財産は受託人に帰属して管理される．組合財産の使用目的は限定され，政治的目的に利用することが禁止されている．会計は組合役員や組合員，登録官に公開されなければならない．

13　団体交渉と労働協約

団体交渉を始める前に，登録労働組合は，使用者から団交の相手として承認してもらう必要がある．登録労働組合は一定の書式に基づき使用者に承認申請を行う．それを受けて，使用者が７日以内に承認すれば団交に応じる義務は生じる．逆に使用者が承認を拒否した場合，使用者は労働長官に承認できない理由を述べて書面を提出する．労働長官は秘密投票の実施を命じ，その結果従業員の過半数以上がその登録労働組合を支持すれば，使用者はその組合を承認しなければならない．

団体交渉の結果合意された内容は労働協約として書面で締結され当事者の署名がなされる．労働協約は締結後1週間以内に登録官に送付され，登録官は認証のための報告を労働仲裁裁判所に行い，それを受けて労働仲裁裁判所は登録の可否を判断する．その内容が法律違反や公共の利益に反する場合には認証を拒否する．年間300-400ほどの労働協約が認証されている．認証されると労働仲裁裁判所の裁定として法的効力が生じる．認証された労働協約はすべての従業員に適用され，非組合員にも適用される．

その労働協約に含めてはならない事項が定められている．従業員の昇進，従業員の配転（配転によって従業員に不利益をもたらさない場合は別である），空席の場合の従業員の雇用，人員整理や組織再編成による解雇基準，解雇や再雇用の基準，雇用条件に合致しない仕事の割当等の経営判断にかかわる事項は団交事項から除かれている．

労働協約の有効期間は最大3年であり，次期の労働協約が締結されない場合は，締結されるまで，旧労働協約の効力が継続される．

14　労使紛争の調整

賃金不払いや残業代不払い等の賃金に関する紛争や不当解雇をめぐる紛争は「紛争処理のための三者連合」（Tripartite Alliance for Dispute Management, TADM）で強制的に調停にかけられる．そこで合意ができれば，それは裁判所の判決と同じ効力が認められている．そこで解決しない場合には，訴額が2万Sドル以下（労使関係法によって承認された組合が支援する場合は3万Sドル以下）の事件は少額訴訟専門の「雇用請求審判所」（Employment Claims Tribunal, ECT），それを超える訴額の事件の場合は，一般の民事事件として裁判所で争われる．ECTで合意がなされれば，それも裁判所の判決と同じ効力が認められている．ECTで合意ができない場合は高裁に控訴できる．

TADMは人材開発省，シンガポール全国労働組合会議，シンガポール全国使用者連盟の三者によって運営されている．TADMの職員である調停人を囲んで本人，使用者側代表が話し合いをして解決を図る仕組になっており，弁護士による代理出席は排除されている．以上の紛争処理は2016年雇用請求法によって定められている．コーポラティズムの考えがここに示されている．

以上の他に人材開発大臣に救済を申し立てる手段がある．それは労使関係法に定める争議調整手続である．団体交渉によって労働協約の締結に至らない場合，そのことが労働長官に通知され，それを受けた労働長官は労働協約締結に至るように両当事者と相談したり，調停官と相談するよう指示することができる．それでも解決しない場合，労働長官はその旨を人材開発大臣に通知する．大臣は調停による解決が可能と判断した場合，調停者に指示して会合を開催させて調停を試みる．

以下の場合に，労働仲裁裁判所での仲裁に付すことができる．両当事者の合意がある場合，雇用法50（1）条に基づき昇給やボーナスについての紛争や雇用関係の移転についての紛争の場合には，一方当事者の申し立てがある場合に仲裁に付託される（任意仲裁）．大臣による仲裁付託の指示がある場合や大統領の公益のために付託が必要と宣言された場合である（強制仲裁）．労働仲裁裁判所は，裁判官，使用者委員，労働者委員の三者で構成されるが，紛争内容の聞き取り調査をして，両当事者の利益だけでなく社会の利益やシンガポール経済を考慮して，公正な方法で解決しなければならない．裁定は，両当事者の合意した日または裁判所が指示する日から効力を有し，3年を超えない期間有効である．裁定違反には治安判事によって罰金が科せられるとともに，使用者に未払い額がある場合には裁判所はその支払を命じる．

15　ストライキとロックアウト

労働争議法がストライキを含む争議行為やロックアウトの規制を行っている．以下の争議行為やロックアウトは違法であり，罰則の対象となっている．

争議行為に参加している労働者が従事している商業や産業で，争議行為の助長以外の以下の目的をもっている場合に違法となる．

① 労働仲裁裁判所が管轄している労働争議を助長させる行為がなされる場合
② 直接的に，または社会に混乱を与えることによって政府に圧力をかける意図をもって計画する場合
③ 違法な争議行為やロックアウトを誘導し，そそのかす行為，財政支援を行う行為は違法として罰則の対象となる．

違法な争議行為やロックアウトに参加することを拒否する者は組合からの除名や罰則の対象にはならない．

情報入手のためや，就労させ，または就労をやめさせるためになされる住居や仕事場での平和的な行為（平和的ピケッティング）は合法である．

2人以上が労働争議助長のために行う行為は，1人が行って犯罪とならない場合には，共謀罪として処罰の対象にはならない．しかし，国家や大統領への暴動，違法な集会，治安妨害，動乱に該当する行為は刑罰の対象となる．

これまでシンガポールではストライキやロックアウト件数は極めて少ないことが指摘されており，政労使三者による協力体制が確立しているためとみられている．

参考文献

香川孝三「シンガポール・マレーシアの労働協約制度」日本労務学会13回大会年報，1984年，1-8頁．

――――「シンガポールの労働協約の内容分析」評論社会科学345号，1987年，98-127頁．

栗田哲郎「シンガポール」安西明毅・栗田哲郎・小山洋平・中山達樹・塙晋共著『アジア労働法の実務』商事法務，2011年，153-236頁．

「シンガポール」厚生労働省編『世界の厚生労働2019』359-376頁．

「シンガポールの生産性向上政策――SkillsFuture 等職業訓練施策を中心に」自治体国際化

協会シンガポール事務所（CLAIR REPORT NO. 473），2018年.
One Asia Lawyers Group/ 弁護士法人 One Asia 編『最新東南アジア・インドの労働法務』中央経済社，2021年.
Ravi Chandran, *Employment Law in Singapore*, 6th edition, LexisNexis, 2019.

（香川孝三）

第9章 インドネシア

はじめに

インドネシアの労働法制を説明するにあたり，まずインドネシアの労働法が置かれている経緯と状況を簡単に確認しておきたい．

インドネシアは，1998年のアジア通貨危機の際IMFならびに世銀が介入し，ワシントン・コンセンサスという新自由主義経済理論による改革がなされ，大きな法制ならびに社会の変化があった．具体的には，憲法改正，議会政治・選挙制度の復活，大統領権限や任期への制約を設定し，大統領の国民直接選挙制度が制定され，中央集権から地方分権への移行，最高裁判所を頂点とする司法の独立性の確保と最高裁判所から法律の違憲審査権を外し，憲法裁判所を新設したことなど，一連の司法改革が行われた．ビジネスと経済関連の法制度の変更を具体的に述べると，経済活動のほとんどの分野で法律が改正されるか，または新法が立法された．その対象となった主な法律としては，投資法，労働法，仲裁法，破産法，会社法，知的財産法，競争法，税法，人権法，鉱山法，オイル・ガス法，電力などのエネルギー法，環境法などがある．また，行政組織，裁判組織も新たな組織が設立された．1991年の行政裁判所，1994年の税金裁判所，宗教裁判所，軍事裁判所などに加え，98年以降設置された裁判所としては，憲法裁判所，商業裁判所（主に破産法管轄），人権裁判所，イスラム法裁判所，汚職裁判所，漁業裁判所，少年裁判所，労働裁判所などの特殊裁判所の設立や知的財産保護のための委員会が設立された．これらの法制の整備にあたっては，主に1998年から2003年まで米国のUSAID（United State Agency for International Development）の支援の他，ADBや各国からの支援がなされた．日本政府もほとんどのインドネシア省庁の各部署にJICAよりアドバイザーとして現政府職員を出向させている．また，気候変動に関する委員会も設立され，外国投資促進と同時に国連の定める持続的成長のための施策もとられてきている．投資調整庁には，日本からの投資を扱うデスクが設けられ，日本人のアドバイザーが勤務している．

こうした改革の中でインドネシアの法システムとして特徴的な事としては，それまでの集権的な構造から憲法においてチェック・アンド・バランスを重視するシステムを取り入れ，憲法主義になった点と，大統領直轄の汚職撲滅委員会（KPK）の設置や裁判の透明性確保への努力がなされた点が大きな変革と言える．また，言論の自由が実質確保されたことにより，憲法や法制についても国民主権，人権の面が強く協調された．従って，2003年の労働法の制定ならびに政策施行においても現在に至るまで，憲法に沿って労働者の義務や効率よりも権利や保護を大切にしている点が，大きな特徴と言える．

労働法制に関しては，ハビビ政権において，ILO87条（集会の自由）を始めとするILOの基本条約のほぼすべてを批准し，2000年には労働組合法（No. 21/2000），2003年には労働基本法（No. 13/2003），2004年には労使紛争解決法（No. 2/2004）の3法が成立し，2007年には投資法（No. 25/2007）が成立した．因みに同時期に新会社法（No. 40/2007）が成立し，それまでは，外国投資による会社と内資による会社との差があったが，内資，外資ともに同じ待遇の会社法の一本化が行われた．

経済の動向については，1998年の経済危機後，数年は，政権交代の余波で経済成長も低く，他のアセアン各国に比べ，立ち上がりに時間がかかったが，経済危機直前の経済成長に追いつき，高度成長の6.17％を記録したのは，2011年のユドヨノ政権の2期目になってからであった．その後，2019年に至るまで，GDPの経済成長率は，大方年5％以上を維持している．2019年の一人当たりのGDPは，5910万ルピアまたは4,221米ドルとなっている．2020年現在，インドネシアはG20のメンバーであり，ジョコウイ政権の2期目（大統領は任期が2期合計8年間まで）に入って，海外からの投資を積極的に受け入れる方針をもとに，労働法も他の投資関係法律と一緒にオムニバス法（一括法）の形で雇用促進法が2020年10月4日に国会の承認を得て，11月3日ジョコ・ウイドド大統領が署名し，2020年法律11号として発表された．雇用促進法は，5章174条より成っており，その改革の影響は，79の法律と1203条に影響を与える．この新法の目的としては，投資のエコシステム促進，制度の効率化，人権の保護，土地の収用，経済特区，地方分権から中央政府管轄の強化などに重点が置かれている．最近の動向としては，貿易，投資の相手国として今年からシンガポールや日本に代わって，中国がトップに踊り出たことや，屋台での一般庶民の決済方法が携帯電話を使ったEマネーに代わってきていることが挙げられる．Eマネーは銀行のキャッシュカードの発行数の倍額に達している．インターネットでの買い物も多く，欧州からの輸入品が年間1000億ドルに昇るなど，デジタル経済への移行は思ったより早く，労働法制の対応も迫られている．

コロナウイルスの影響

しかしながら，コロナウイルスの影響は深刻で2020年の第2四半期の経済成長率はマイナス4～6％であり，国家開発企画庁（バペナス）のスハルソ長官の発表では，「7月時点の失業者数は約1058万人で，このうち，コロナの影響での失業者数は370万人」と発表された．（じゃかるた新聞2020年8月5日付）．2020年6月段階のADB（アジア開発銀行）による2021年のインドネシア経済成長見通しは4月度予想の4.5%から4.1%に下方修正され，IMFの世界経済展望（WEO）の7月版では，4月度の4.3%から3.9%に下方修正されている．

1　オムニバス法について

雇用促進法（法律2020年11号），オムニバス法（The Omnibus Bill on Job Creation）は，投資に関係する既存の法律ならびに規則の齟齬などを見直し，投資環境を整えることにより，投資の実地や誘致の環境を改善させることにより雇用が増加できるようにするための法律改正で，2020年10月６日に議会を通過し成立した．73の既存の法律や規則を改正する15章174条項に及ぶ法律である．主な中身は下記のような10の目的からなる．この記述が意味するように，今までそれぞれの法律の縦割りで生じていた齟齬を，投資の効率化という横糸で関連付けることによって，解釈の違いや法律の実施権限，責任を明確にする目的だと言える．ただし，内容的には，自由主義的で市場主義的な貿易や投資という方向ではなく，外国投資を誘致するが民間クロスボーダー取引の増加に対し「国益の確認」というデフェンス的な意味が強く，ほとんど内容的には以前の法律を踏襲しつつ，政府の中央集権的な強制力が強まり，国営企業による分野の確定など民営化に対して逆方向に向いている．ただし，オムニバス法は汚職や行政許可の不透明性などについて改善効果があるように思われる．

1．投資関連のエコシステムならびにビジネス活動の促進
2．労働に関する部分
3．投資規制緩和
4．ビジネスが簡単に行えるようにする（EASE of Doing Business）
5．調査や革新技術に対する支援
6．土地の収用
7．中央政府主導の投資および国家プロジェクトの推進
8．経済特区の設置
9．行政手続きの効率化
10．罰則規定

オムニバス法に改正対象となった労働法関連の法律

労働法関連で，オムニバス法の影響を受けた法律としては，

1．Law No. 13 of 2003 労働に関する法律.
2．Law No. 24 of 2011 社会保障統括機関に関する法律.
3．Law No. 40 of 2004 社会保障制度に関する法律；ならびに
4．Law No. 18 of 2017 外国人労働者の保護に関する法律.

の４つがあげられるが，従来の法律を踏襲しつつ，労働者保護，組合の権利強化の色彩が強く打ち出されている．

2　インドネシアの労働法

インドネシアの労働法は，法体系の分類では行政法に属し，社会法または経済法に属していない．インドネシアの労働法の準拠する法源は，基本的に下記５つの法律とその下にある2000以上の政令である．オムニバス法による改正を含むと６つの法律となるが，オムニバス法による改正は，既存５つの法律の書き換えの部分が多く，労働組合法（2000年21号）と産業関係紛争解決法（2004年２号）はオムニバス法の対象にならなかった．

1．2003年13号　労働法
2．2000年21号　労働組合法
3．2004年2号　産業関係紛争解決法
4．2004年40号　国民社会保障システム法
5．2011年24号　社会保障機関に関する法

オムニバス法（2020年11号）に関連して，次の4つの大統領令が出された．これらには，オムニバス法にある「政令による部分」に関しての具体的な数値などの規制が盛り込まれ，以前の法律そのものの書き換えの部分も多数ある．

1．政令34号2021年　外国人労働者の利用について
2．政令35号2021年　有期雇用契約，労働者派遣，労働時間，雇用の終了について
3．政令36号2021年　賃金について
4．政令37号2021年　失業プログラムについて

ここでは，これらの政令による改正を中心に，インドネシアの労働法の基本的な部分について解説したい．

3　雇　　用

2018年から2019年のインドネシア中央統計局（BPS）の統計では，労働年齢人口は1億9791万人である．労働年齢人口のうちで，仕事をしている人口は1億2651万人であり，失業者は約700万人と言われている．毎年200万人のあらたな労働人口が増えると言われている中で，2019年の失業率は5.28％まで下がっている．（10年前の2009年の統計では，失業率が7.9％であった．）完全失業者を年齢別にみると，若年層（15～29歳）に失業が集中しており，完全失業者全体に占める若年層は69.3％となっている．労働人口の分野別では，27％は農業に従事しており，全分野の中で一番多い．次に多いのが，商業18.8％となっている．また，労働人口の学歴を見ると，小学校卒業以下の者は，全体の50％程度であり，義務教育である中学を卒業していない人は，2人に1人である．また，就業形態から見ると，フォーマルセクターの割合が2015年では42.25％であったが，2019年には44.28％まで増加している．インフォーマルセクター（フォーマルセクター以外）の割合がまだ2019年でも55.72％と過半数を超えている．性別の雇用状態では，15歳以上の人口の男女比がほぼ1対1であるのに対して，労働力の男女比は62対38と女性の比率が低い．

インドネシアにおける雇用形態は，直接雇用として，正規社員（無期限の雇用）と有期雇用（雇用契約作成が義務となっているため契約社員とも呼ばれる）があり，間接雇用としてアウトソーシングと呼ばれる雇用が対象である．アウトソーシングは労働法2003年13号の65条（請負）と66条（人材派遣）の二種類があったが，オムニバス法81条が労働法13号66条にとって代わったが，65条の請負は，オムニバス法では対象外となった．

（1）　正規社員（無期雇用）

契約社員に比べると，正規社員の雇用の特徴としては，雇用契約が書面であるなしにかかわらない雇用であること（労働法13号51条），試用期間3か月が認められていること，ならびに会社が中途で正規社員をやめさせる際には，労働法13号156条の退職金規定通りの最低金額が支払われることである（同規定はオムニバス法81条ならびに政令35号4条にとって代わったが退職金，功労金の料率など改正されなかった．ただし，オムニバス法では損失補償金の計算は，労働法13号156条4項の通りに退職金および，乃至は功労金の15%にするかどうかは，会社規則または労働協約によることになり，組合と会社の協議事項となった．）試用期間中であれば，会社側，従業員側双方とも退職金などの支払い義務なくいつでも雇用を終了させることができる．有期雇用の場合には，試用期間を設けることは禁止（労働法13号58条）されており，契約社員に試用期間を設けた場合には，雇用契約は無効となり正社員となる（政令35号12条2項）．また，正社員本人の都合による退職に際しては，会社側が設定できる「手切れ金」（Separation Fee）を支払わなければならない．正社員の勤続年数の長さに試用期間を含めるかどうかは，会社規則または労働協約による．

（2）　契約社員

契約期間については，オムニバス法以前は，新規契約が最長2年で延長1年その後30日間の休みをおいて最長2年間更新でき，合計最長5年となっていた．オムニバス法では有期契約は，期間を定めるものと，ある仕事の完遂によるものとの2種類を明確にして，仕事の完遂ベースでも期間については5年を超えてはならないとのみの記述となった．（政令35号6条，8条ならびに9条）契約社員の仕事の分野は，オムニバス法でも以前と同様に永久的な業務でなく，本質的に一時的なものに限るとしている（政令5条）．契約終了時に特別な支払い（弁償金）がなかったが，今回の改正では，新たに政令35号15条3項にて1か月以上働いた契約社員の契約終了にあたって弁償金を会社が支払うことになった．ただし，外国人労働者には適用されない．（政令35号15条5項）弁償金は，1年勤続で月給の1か月分であり，それより短い場合には，比例配分で支払われることが規定されている（金額の計算方法については政令35号16条参照）．短い契約期間で延長する場合には，初めの契約期間終了時に勤続期間／12か月分の給与額の弁償金を支払い，延長後の契約終了後に再び，弁償金の支払い義務が生じる（政令35号15条）．また，2003年13号で規定されていた契約社員の中途で契約解消の場合の規定では，契約社員の自己都合による退職は，残存期間の支払いを契約社員が支払う義務があり，会社都合である場合には，会社が残存期間の賃金の支払いをするというであったが，その規定はそのまま適用されている．その場合の弁償金の金額は，勤続期間に応じて支払わなければならない．また，契約社員の雇用に関しては労働省への報告義務が新たに規定され契約社員の雇用のハードルが高くなった．

契約社員の使用にあたっては十分法的に適正な管理がなされない場合，多数による提訴となるケースが多く，労働裁判で会社側が負けると，同じようなケースを組合が繰り返し提訴し続けるという悪循環になりやすいため，二者間協議，調停の段階から専門弁護士を起用することが望ましい．

（3） 派遣社員（アウトソーシング）

労働者派遣については，オムニバス法が出される前に，二度憲法裁判所から判決が出されている．1つ目は，2012年1月17日付 No. 27/PUU-IX/2011であるが，これによると労働者派遣サービス提供者は労働者を無期雇用でも有期雇用でもできるが，有期雇用の場合，契約途中で雇用関係を終了することはできないとの趣旨の判決である．2つ目は，2015年11月14日付 No. 7/PUU/XII/2014であるが，憲法裁判所が法律2003年13号第65条8項の文中にある，請負会社と労働者間の労使関係の詳細が定められた．それによると，労働省からの調査官が調査結果，正社員にすべきという NOTE を経営者および要求する労働者に提供するが，労働者はこれを持って地方裁判所（労働法廷）で証書化してもらうことによって，正社員化を可能とすることになった．政令2021年35号では労働者派遣については3条しか規定がなく，基本的に改正されていないことから上述の憲法裁判所判決をそのまま踏襲していると解釈できる．

（4） 日雇い

政令35号10条では，月間の勤務する日数が21日以下の場合には，日雇いとすることができるが，21日以上の勤務が3か月続いた場合には，正社員にしなければならないとなった（政令35号10条4項）

4　労働時間

労働時間は，会社が会社規則を定めるにあたり，週休2日制をとるか，1日制を取るかで勤務時間を登録しなければいけないが，どちらの場合も週40時間が労働時間である（2003年13号77条ならびに政令35号22条）．労働時間は雇用契約書や労働協約に記載の必要があるが，インドネシアでは，ある業種や分野を除き（労働大臣が定める），次の2つから選ぶことができる（政令35号21条および22条）．

a. 一日7時間で労働日が6日で，週40時間の場合，週に一日休日
b. 一日8時間で労働日が5日で，週40時間の場合，週に二日休日

ここで言う「ある業種や分野」とは，a. 一日7時間以内，週に35時間以内で終了してしまう仕事，b. フレクシブルな労働時間制を採用している場合，c. 仕事が仕事場外で実行できる場合（同令23条）．

休日や祝日は，原則休みを与えなければいけない．シフト制は認められている．残業については，1回3時間，1週間で14時間が限度であったが，オムニバス法では，週日または営業日には4時間まで，一週間に18時間以内と変更になった．（大統領令2021年35号26条）時間当たりの残業代の計算値は，従来通りで月給の金額を173で割った金額である．休日や祝日での残業は，従来通りで最初の7時間目が2倍，8時間目が3倍，9時間目，10時間目，11時間目は4倍の金額となる．また，4時間以上残業をさせる場合には，1400Kcal 相当の飲み物と食事を会社は用意する義務がある．ただし，この飲み物と食事は金銭の形で代替できない．特別な職業では残業代を支払う義務が免除される

(大統領令2021年35号29条).

シフト制の場合には，１週間の労働時間を守れば，日曜日に働いても休日用の残業代を払わなくても良い．以上の他，いくつかの有給慶弔休暇がある．労働者の結婚（３日），子供の結婚（２日），子供の割礼（２日），子供の洗礼（２日），妻の流産または出産（２日），配偶者，実父母，義父母，子供，子供の配偶者の死亡（２日），同居する家族構成員の死亡（１日）が与えられる（政令36号40条３項および41条３項）．働き始めて１年後には，年12日の年次休暇制度があるが，年次休暇の買い取りは認められていない．また，勤続年数が６年経過すると長期休暇２か月間を７年目と８年目の２回に分けて取ることができるが，まだ，この長期休暇制度を実行していない会社には義務ではなく，既に実行しているのであれば，労働者の権利，つまり，会社の義務として与えなければならない（労働法13号79条）．また，インドネシアの特徴として，イスラムの祈りの時間を与えなくてはいけない（労働法13号80条）．参考までに，イスラムの祈りは１日５回が義務で，勤務中にかかるのが，昼，午後，夕方の３回で，それぞれ15分程度である．会社は祈りの場所を提供する義務がある．従業員がハッジ巡礼に行く場合には，有給休暇を与えなければならないが，期間は，２週間から３週間が一般的であり，会社規則または労働協約の中で定めなければならない．病欠は年次休暇に含めず，いつでも病気であれば，休むことができる．ただし，医療機関の証明書が必要である．女性の場合，生理休暇として毎月生理の初日と二日目に痛みを伴う場合仕事を休むことができる．（労働法13号81条）ただし，最近この生理休暇の利用者が減ってきている．女性労働者には，出産前1.5か月，出産後1.5か月の休暇，流産の場合も1.5か月の休暇を取得する権利が与えられている．

5　雇用の終了および解雇

労働契約の終了については，労働法2003年13号150条以降に定められていたが，政令35号36条から59条により書き換えられた．雇用関係終了に伴う会社の支払い義務には，退職金，功労金，補償金の３種類が正社員に対して支払われることになっており，雇用期間に対応した支払い義務金額（賃金の倍率）がそれぞれ３種類の権利について法律で定められている．この賃金の倍率は，政令35号40条と，労働法13号156条に書かれたものと同じで変更されていない．また，政令35号でも，自己都合の退職の場合には，退職金，功労金，補償金の３種類を支払う必要がなく，会社で定めた「手切れ金」を支払うという原則は踏襲されている．また，オムニバス法以前は，会社都合での雇用関係終了の場合には，その金額の２倍が最低支払義務となっていたが（労働法13号163条），会社閉鎖，吸収合併，分割など企業の形態の変更によって生じる雇用契約の解消に伴う退職金などの倍率をめぐって，大規模なストライキなど紛争が大きく，最低２倍の料率が交渉結果８倍になるなど，進出企業にとって大きな負担であったものが，今回の政令35号では，細かくケース毎に退職金の料率が定められ，ほとんどの会社形態の変化のケースでは１倍と定められた．インドネシアの労働法の特徴として，弱き者に対する温情的な扱いがあるが，今回の政令35号で最大の２倍の倍率の退職金などを払う義務が会社に生じるケースでは，「12か月以上の長期病欠で会社が解雇，または本人が辞める場合」，並びに「死亡した際に遺族に支払われる場合」のみである．定年で支払われる金額の倍率は，1.75倍となり，以前は2倍であったが，倍率が下がった．会社が解雇する場合には，産業関係紛争調停機関に書面で報告が必要である（労働法13号152条）．正規社員が自己都合退社をする場合には，退職金などはなく，会社は「手切れ金（separation fee）」を支払う義務がある（同162条）．手切れ金の金額は，会社が独自に会社規則，または労働協約の中で定めなければならない．政令35号では，手切れ金を支払うケースについても義務化されて，書かれているが，いずれの場合も，必ず補償金がついているので，手切れ金プラス補償金となる．政令35号でいう補償金とは，a. 有効で消費されていない年次休暇の買取，b. 最初に雇用された場所まで帰る本人と家族の交通費，c. その他雇用契約，会社規則，労働協約で書かれているものということになり，労働法13号156条4項記載の住宅手当，医療手当の補償のための15％が政令35号には見当たらない．15％の支払い義務はほとんど従来の労働協約に書かれているはずであり，今後の交渉にもよるが，政令35号に記載がないからといって15％の支払い義務が即廃止になるとも思えない．組合との交渉課題の1つであろう．

また，今回の35号で細かなケース毎に退職金の倍率が低く決められており，たとえば会社が赤字ではないが借金返済を先延ばしにしていることをベースに退職金，功労金を1倍支払えば解雇できる（政令35号46条2項）ことや，別の例としては不可抗力で会社が閉鎖しなくても解雇が可能となっており（政令35号45条2項），今回のコロナ禍が不可抗力と認められれば，0.75倍の退職金と功労金1倍で解雇可能である．

契約社員（有期社員）の場合，自から辞める場合には，残存期間分の給与を辞める労働者が雇用主に支払う義務があり，雇用主から労働者を辞めさせる場合には，残存期間分の給与を雇用主が労働者に支払わなければならない．

また，雇用関係の終了にあたっては，ファクラリン（Verklaring）と呼ばれる推薦状（転職の目的）を雇用主が用意しなければならない．これは民法上の義務となっているので注意が必要である．

従業員が連続5労働日無断欠勤した場合は，自動的に自主退社したとみなされる（労働法13号168条），その場合は，自主退職したものと見なし，会社は手切れ金および補償金を支払わなければならない（政令35号51条）．ただし，会社は5労働日の間に2回呼び出し状を出す必要がある．契約社員が無断欠勤した場合には，残存期間分の月給に相当する額を会社に支払わなければならない．

退職金は，法律で率が定まっており，企業の体力に応じた率が設定できないため，社内の積み立てが大きな負担となっていたが，政令35号では，年金基金と会社の退職金，功労金，手切れ金の支払いとの合同での補償を行い，年金基金での退職金補償と会社の補償を比較して，会社の退職金支払い義務金額が高い場合には，その差額については会社が負担し，義務の金額通りに支払うとしている（58条）また，零細ならびに小企業の場合には，退職金，功労金，補償金は従業員との合意で決めることができるとした（59条）．

6　雇用契約・会社規則・労働協約

政令35号２条では，雇用関係は口頭であれ，書面であれ雇用契約の成立をもって成立すると明記された．雇用契約内容については，法律ならびに政令によって規制されている．

会社は，10名以上の従業員から会社規則を定めなければならない義務がある（労働法13号108条）．その後，組合ができれば，組合との契約を労働協約として定め，会社規則はなくなり，労働協約が会社規則に代わる（同116条）．会社規則は，労働省に登録して承認を受けて発効するが，労働協約は，組合との合意をもって発効となる．有効期間が２年間である．インドネシア語表示が義務である．問題は，労働協約延長に組合が合意できない場合に，会社規則，労働協約ともに存在しない空白期間が生まれることである．労働省意見は，労働協約は組合との合意が前提だからと言って取り合わない．この場合，組合に規則なしを主張される場合があり，注意が必要である．逆に組合が同一会社内に２つある場合には，労働協約はひとつの会社にひとつという規則となっているために，組合同士が合意しない案は会社側の交渉拒否が可能である．調和的な労使関係を築くためには，労働協約改定の満期日に余裕があるタイムスケジュールを組んで，組合との交渉をやることである．交渉を始める前に，組合との間に期限が切れた場合には，改訂までの間旧協約を適用する旨合意書を作成し，労働省に報告しておく．
会社規則作成時には，会社側のみではなく，従業員代表の署名も必要で，労働省に提出すると，労働条件，就業条件などを法律に照らし合わせ，審査する．労働条件などが，法律に違反して労働者に損害を与える場合には，訂正を求められる．法律に違反していても労働者が法律のレベルより有利な場合には，承認される．会社規則はその後，労働協約にとって代わられる存在なので，会社規則作成時には経営者側の権利や労働者側の権利のバランスを考慮すべきで，そうしたバランスがインドネシア労働法制の底流でもある．従って，会社規則は労働法のレベルで権利・義務のバランスを取った形で作成するのが望ましい．つまり，会社規則作成時には，労働者の義務と違反時の罰則規定など労働法に書かれていない部分をしっかり描く必要がある．また，労働協約の交渉には，事前に交渉ルール作成が必要である．また，会社規則または労働協約に書かれた労働者の権利はNormative Right（有効な権利）として裁判で扱われるため，協約有効中に変化が予想される数字や法律番号などは記載しない方が良い．

7　賃　　金

オムニバス法の下で出された「大統領令2021年36号賃金について」では，2003年13号の賃金に関する内容が改正されている部分もあるので，大統領令36号も引用しながら，説明していきたい．

まず，賃金の定義であるが，2003年13号法律での賃金の定義は，基本給と固定手当（毎月変化しない金額が支払われる手当）の合計金額を指している．この他に非固定手当

(毎月の勤務日数に応じて支給され，毎月金額が変化する手当で交通費手当，食事手当など）がある．大統領令36号では，新たに「収入（income)」という概念が設定され，労働者の収入は，賃金と非賃金収入からなり（大統領令36号6条2項)，非賃金収入とは，「宗教祭手当（THR)」を指すが，これ以外にも「インセンティブ」「ボーナス」「ファシリティの還付」「ある職に対するサービス料」などを雇用主は非賃金として支給しても良い（大統領令36号8条）としている．今まで賃金として処理していた項目を賃金から外しているが，賃金構成要素である基本給，固定手当，非固定手当は，改正されず，2003年13号の法律を踏襲している．つまり，オムニバス以前は，宗教祭手当（THR）はレバラン（断食明け大祭）のための手当として最低賃金の1か月分を支払う義務があり，今まで賃金として処理していたため，インドネシアの賃金は13か月分の支払いとなり他国との賃金比較で不利であったが，これを賃金から切り離すことによって年間の賃金の金額が12か月分だけになる．宗教祭手当が，義務であることに変化はない．（大統領令36号9条）非賃金の内容の説明としては，「インセンティブ」は，職業や仕事によって雇用主が支給しても良いが，雇用主に任せるとしている（同令10条)．「ボーナス」は雇用主が支給しても良いと任意である（同令11条1項）が，同令11条2項にて，雇用契約，会社規則，労働協約の中で規則化（regulate）しなければならないと実質改正されており，労働組合の交渉項目に追加された．「ファシリティの還付」の意味は，会社が与えるファシリティが不足の場合には，雇用主はファシリティの還付として支給してよいという意味で（同令12条2項）これも雇用契約，会社規則，労働協約どちらかで規則化しなければならないとして，組合との交渉が義務となった．「ある職に対するサービス料」は同令13条に記載されているが，職によってはサービス料を会社が徴収し，管理し，原価を差し引いた残りを労働者に分配しなければならないと記載されている（同令13条1，2項)．これも，雇用契約，会社規則，労働協約のいずれかに記載しなければならないが，この詳細については，後日大臣令を出すとしている（同令13条3項)．

また，賃金構成では，基本給は基本給と固定手当を合計したものの75%でなくてはならないと定めている（2003年13号および大統領令36号7条3項)．この賃金構成は，雇用契約，会社規則，労働協約のどちらかに記載しなければならない（大統領令36号7条2項)．また，この賃金構成比は，特殊の職業や仕事であれば，雇用契約，会社規則，労働協約のいずれかで変えることができるとしている（大統領令36号7条3項)．最低賃金，時間制賃金，残業代の計算はすべて月給の賃金が基本となる．時間制賃金は，月額を126で割った金額である（同令16条)．

賃金に関しては「NO WORK NO PAY」の原則が謳われているが（労働法13号93条及び同令40条1項)，賃金の定義では，働いた後または働く前に支給されるとしており（13号労働法第1条定義30項)，実際に公務員の場合には，働く前に支給されている．民間会社では，働いた分に対する支払いを行うのが原則となっている．しかし，大統領令36号では，上記原則の除外項目として，「労働者がいない場合」「労働者が仕事以外でほかのことをやっている場合」「休息または休日の権利を行使している場合」「仕事をしたいということで約束を雇用主としていながら雇用主のミスで雇用できなかった場合」が同令40条に記載されており，41条から46条までは前述の原則適用除外の場合についての記述であるが，これを労働者保護という目的で雇用契約，会社規則，労働協約いずれかに記載しなければならないと同令47条では義務化しており，これも組合との交渉項目となった.

賃金は労働者に支払わなくてはならないが，労働者からの委任状があれば第三者に支払っても良いと同令53条4項に記載された．また，賃金の詳細を記載した「賃金の証明書」（サラリースリップと思われる）を労働者に賃金を支払う際に渡さなくてはならない（同令53条3項）．このスリップのフォームを雇用契約，会社規則，もしくは労働協約に記載しなければならない．「賃金のスリップを賃金支払日に渡さなければならない」という文言を労働協約に記載義務ができたことは，労働者の有効な権利として認められたことであり，これを理由にストに入ることが可能になり，さらに労働裁判では最高裁まで行くことができることを意味する．また，これのバックアップとして同令52条1項では，会社が保有している賃金の情報を労働者は聞く権利があり，また，その権利を誰かに委任（proxy）することができると，同令52条1項に記載してある．この意味は，委任先が組合でも可能であるため，組合が会社の給与についての情報を入手することができるようになったことである.

賃金の調整項目として関連して，「罰金」「弁償金」「賃金の減額」「賃金の前借」「家賃および雇用主所有の不動産で労働者に貸している場合の賃料」「労働者の借金または返済金」ならびに「給与の払い過ぎ」を特定し（同令58条），これらの項目についても雇用契約，会社規則，労働協約のいずれかに記載義務を課している．この項目の中で，「罰金」については，労働者の利益になる場合のみ有効と規定していることから（同令60条），会社が労働者に対して払う罰金としては，賃金の支払いが遅れた場合のこと（同令61条）であり，この場合同令61条では，遅延4日以上8日までなら1日あたり5％を会社は払わなければならない．遅延が8日以上になった場合には，1日につき1％で，1か月で50％が限度となっている．それ以上遅延した場合には，国立銀行の一番高い金利率と同じ率の金利を罰金の上に加算する．また，宗教大祭手当（THR）の支払い遅延に対する罰金は雇用主の支払い義務日より遅延すればTHR金額の5％である.（同令62条）一方，給与の支払い過ぎを給与調整で返済する場合には，本人の同意なく給与から控除してよいト規定している（同令63条4項）．上述の賃金の調整項目をすべて加算しても会社は，賃金の50％以上を金額を給与額から控除してはいけないことに留意が必要である.

他の計算根拠として使用する賃金の金額は，基本給と固定手当のみである（同令66条）．他の計算根拠とは，社会保障料金（BPJS）ならびに退職金の計算のことである．所得税については，会社が労働者の収入全額についてであるが，これも雇用契約，会社規則，労働協約の中に記載しなければならない（同令68条2項）.

長期の病気についても，最初の4か月間は賃金の100％，次の4か月間75％，その次の4か月は賃金の50％，それを過ぎてから25％を経営者が解雇処分にするまで支払わなければならない（2003年13号93条3項）.

最低賃金は，毎年定められる．経営者は最低賃金より低い賃金を払ってはならない（労働法13号90条）．以前は，地域毎に生活条件や物価をもとに，地域ごとに案が作成され，それを州知事が承認する形式であったが，地域ごとの最低賃金の決め方などにバラツキが出たため，州知事の決めた最低賃金に従うこととして，最低賃金の決め方も，政令36号にて明確にした．

8　ストライキとロックアウト

労働ストライキは，労働法13号の137条～145条に規定されており，また，ロックアウトについては同法146条～149条に規定されている．労働ストライキは，手続きが正しく行われているか，内容（サブスタンス）が権利紛争であるかどうかの2点から判断して，非合法なストか，合法なストかを判断する．たとえば手続きでは，7日前に通告しなければならないが，これが守られなければ非合法ストになるというように，些細な手続き面でのミスが合法かどうかを決めるため，労働ストライキは非合法である場合が多い．合法，非合法の違いは，インドネシアでは組合が自分の資金でストライキをやることはないから，スト期間中の給与が支払われるかどうかの違いとなる．ほとんどのストライキの和解交渉では，この点が組合からの要求に含まれる場合が多く，ストライキを解除する代償としてスト期間中の給与を支払ってほしいとの条件をつけることが多い．また，ストライキ中でも，民事損害賠償責任が存在するため，違法ストライキの場合に，会社が受けた損害を賠償するように会社が組合員幹部を民事訴訟で訴えることは可能である．2004年の憲法裁判所決定 No. 12・PUU-I／2003により，労働法13号137条および138条1項は無効となり，非合法ストの刑事罰が無くなった（労働法13号186条2項に関連して）．また，ストライキの理由については，権利紛争のみに限られているため，たとえば給与の値上げなど利益紛争でストを起すと，非合法ストとなる．権利紛争とは，労働協約や会社規則に書かれた労働者の権利に関する紛争を言う．ストライキの解決は，労働省の義務（労働法13号141条2項）となっているため，直ちに解決のための調停人（労働省地方管轄支部の調停課）を含めた三者協議を行う．紛争が和解に至った場合には，和解書を作成し，労働裁判所に登録することにより，今後同じ問題では紛争が起きないようにしておくことができる．合法的かつ平和的にストライキを行っている労働者および組合幹部を逮捕し，拘束することは禁止されている（同143条）．また，ストライキ中の労働者の交代として社外の労働者（たとえば人材派遣）に替えることは禁止されている（同144条）．ロック・アウトは，協議が決裂した場合に労働者の業務遂行を拒否するもので，会社の基本的権利として認められている（同146条）．協議決裂状態を証明するため，産業関係紛争解決法では，交渉の議事録に決裂を認める合意がなされた文書が必要である．

9　労使紛争処理

2004年2号　産業関係紛争解決法にて定められており，これに基づき，地方裁判所内の定められた所内に労働裁判所が設置されている．今回のオムニバス法の改正対象にはなっていない．個別的紛争と集団的紛争とに分かれておらず，労使紛争は次の4つの紛争に分けられている．つまり，権利（Normative Right）紛争，利益紛争，解雇紛争，組合間の紛争である．それぞれの紛争内容によって，解決手段の選択とプロセスが異なってくる．調停（mediation），和解（reconciliation），仲裁（arbitration）の3つの選択肢から選ぶことができる．一番多く使用されるのが，調停であり，経済的なコストが安い．紛争の場合，二者間（会社と労働組合または従業員）協議で解決はかるが，不成立の場合（不成立だという証拠が必要），地方の労働省支局にある調停機関に持ち込む．調停機関からの指導書が作成されるが，強制力はない．同意しなければ不服申し立てを労働裁判所に行う．労働裁判所のプロセスは，民事裁判のプロセスと同じである．ただし，裁判官は3名で構成されており，主判事がキャリアの裁判官であり，ひとつは組合側から派遣された判事，もう1人は経営者協会から派遣される判事である．経営者協会から派遣される判事が必ず会社側の利益を代表するとは限らない．権利紛争では，通常の民事訴訟と同様で，上訴が可能で高等裁判所，最高裁判所まで行くことが可能であるが，利益紛争や組合間紛争では，地裁で結審する．

10　外国人労働者の雇用

インドネシア経済にとって外国企業の直接投資は大きな影響を与えている分野であるが，進出企業にとっては，現地会社に派遣する人の生活環境や安全に就労できる環境は，投資を決める際の重要な要因のひとつに成りうる．一方で，外国人を受け入れるインドネシアにとっては，自国民の雇用が優先であり，特に一般労働者の分野には，外国人ではなく，自国民を雇用してもらいたいというのが基本的な考え方である．このような外国投資家とインドネシアとの間の利害の接点となるのが，外国人雇用に関する法律ならびに規則であるが，この規定は2003年13号の労働法の中の42条から49条まで7条を占めていたが，オムニバス法2020年11号の下で政令2021年34号「外国人労働者の利用について」が出され，政令34号では，40条以上になっている．内容は2003年13号法律で今まで施行されていた内容とほぼ変化がない（ただし，2018年20号の大統領令は廃止された）．外国人を雇用する雇用者に対する義務がより明確化されている．最新の規則である政令2021年34号をもとに概要を説明したい．

1．外国人を雇用する雇用主は，（大使館や国際機関を除くが，外国人雇用を許された）インドネシアの法人企業でなければならず，個人で雇用することは禁止される（同令9条）．
2．外国人を雇用したい法人は，雇用計画書RPTKA（Rencana Penggunaan Tenaga Kerja Asing）を提出し，承認（Legalization）を受けなければならないが，外国人労働者は，
   ① 雇用組織図の中でほかの職務と兼務できない（同令10条），
   ② 人事部長の職務に就くことはできない（同令11条1項），
   ③ 技術移転のために技術移転先（アソシエイト）を任命し，現地労働者の名前その他必要な情報を記載しなければならない（ただし，取締役，監査役，外国企業の事務所代表，財団の幹部，外国人労働者が短期の場合を除く，同令7条）また，

雇用計画書を提出する際に訓練に関する誓約書を提出しなければならない.（12条3項h）

④ 外国人労働者の情報を添付するが，学歴証明，仕事上の経験証明書，本人に関する保証，本人または雇用者の銀行口座などが必要となる.

3．外国人雇用計画書の承認が不必要な場合は，a. 株主である取締役または監査役，b. 外交官，c. 緊急を要する場合，職業訓練関係者，設備の立ち上げのための技師，商用訪問，短期の調査である（同令19条）.

4．外国人を雇用する者は，6か月以上の雇用の場合には，社会保障プログラム（BPJS）に加入させなければならない．6か月未満の雇用であれば，保険会社の保険（労災または障害保険）に加入しなければならない.（同令8条）

5．雇用計画書はすべてが整ってから（特に外国人を雇用しなければならない理由が認められることが必要）2日の労働日で承認される（同令13条）外国人雇用計画書は，a. 一時的な目的，b. 6か月以上の滞在（滞在期間最長2年），c. 弁償金（DKPTKA）ならびに，d. 経済特区（滞在期間最長5年）

6．外国人雇用計画書承認にあたっては弁償金（現在1か月1人につきUS$100）の支払いが条件となる．弁償金は非税の国家収入または地方の課徴金として扱う（同令24条）.

7．外国人雇用計画書は技術移転の状況を含め毎年報告義務がある．雇用契約が終了した場合には，労働省に報告義務がある.（同令32条）

8．雇用計画書提出に関する規定の違反者は，遅延期間，罰金外国人1人1か月あたり，600万ルピア（430米ドル相当）を支払わなければならない（同令37条）.

参考文献

政令 No. 34/2021 外国人労働者の利用（英訳）（hyyps://peraturan.go.id/peraturan/index-terjemah.html?TerjemahPeraturanSearch%5Bjenis_peraturan_id%5D=11e449f368aacfa0a20b31323137330&TerjemahPeraturanSearch%5Bpemrakarsa%5D=&TerjemahPeraturanSearch%5Btentang%5D=&TerjemahPeraturanSearch%5Btahun_offical%5D=2021, 2021年8月2日閲覧）.

政令 No. 35-37/2021（英訳）（https://indolabourdatabase.org/2021/02/22/job-creation-act-derivative-regulations/, 2021年8月2日閲覧）.

Indonesia Labour Force Participation Rate（http://tradingeconomics.com/indonesia/labor-force-participation.pdf, 2021年7月9日閲覧）.

Indonesia Labour Market Outlookf368aacfa0（http://www.ilo.org/wcmsp5/groups/public/---asia/---ro-bankok/---ilo-jakarta/documents/publications/wcms_513718.pdf, 2021年7月9日閲覧）.

Indonesian Omnibus Bill-Changesto Labour-Related Sectors（www.qbgindonesia.com/en/main/legal-updates/indonesian_ominibus_bill_changes_to_labour_related_sectors/php, 2021年7月8日閲覧）.

（イク ファリーダ／鬼 正一）

第10章
ミャンマー

1　ミャンマーの概要

ミャンマーは1948年イギリスから独立したが，1962年ネーウイン将軍がクーデターを起こして，国軍による革命評議会が一国社会主義を目指した．国を閉ざして自力で経済発展を目指したが，うまくいかず経済は停滞していった．転機が訪れたのは1988年の反政府民主化運動である．この運動は軍によって鎮圧された．一方国民民主連盟が結成され，アウンサンスーチーが書記長になった．民主化運動によって一国社会主義は崩壊して市場経済の導入や開放政策への転換が図られた．1990年５月総選挙が実施され，国民民主連盟が圧勝したが，国軍は政権移譲を拒否し軍事政権が成立した．2003年５月から３度にわたってアウンサンスーチーは自宅に監禁されたが，2010年10月に開放された．これは民政に移管するためであった．2011年３月軍事政権が終わり，民政がスタートした．

ミャンマーの労働法は形成途上にある．イギリス植民地時代はインドに適用になっていた労働法が適用されていたが，国軍が政権を握っていた時期は労働法令が制定されることはほとんどなかった．2011年３月に民政に移行してから次々と労働立法が制定されている．2011年労働組織法，2012年労働争議解決法（2014年，2019年に一部改正），2013年最低賃金法，2013年雇用および技能向上法，2016年賃金支払法，2016年店舗および商業施設法，2019年労働安全衛生法が代表的な労働立法である．

今後制定される労働立法やすでに制定された労働立法の改正が必要になっているが，それを支援するために，アメリカの提案で「ミャンマーにおける労働者の基本的な権利と慣行の促進に関するイニシアティブ」が組織され，ILO，日本，デンマーク，EUが参加している．これはイギリス植民地時代に制定された古い労働法の改正を行う必要があり，そのための人材育成や労働行政制度の改善していくことと政労使や市民団体との話し合いを深めて民主化を促進することにある．このイニシアティブを通して労働法の改正や労使関係の改善について海外からの支援が行われることが期待される．

しかし，2021年２月国軍によるクーデターによって政治状況が変わってしまった．国軍の動きに反対する運動もあり，混沌とした事態になってしまった．今後これからの労働立法がどうなるのか，海外からの支援が受けられるのかどうか予測しがたい状況になっている．

2　労働市場法

ミャンマーは人口約5200万人で，15歳から64歳までに生産年齢人口は58％を占め，ピラミッド型の年齢構成別人口である．したがって，若い労働力が豊富に存在する．労働参加率は67％であり，４人の１人は失業中ということになる．失業者のうち，東南アジアや日本，韓国を含む海外で合法または不合法で働いている者がいると思われる．

1988年６月からの民主化運動以降，ほぼ10年にわたって大学が閉鎖され（軍関係の医学や工学系大学は別），教育水準が低下した．

教育省に一元化されていた職業訓練は，1996年以降各省庁に権限移譲されて専門に特化された職業訓練が実施されてきた．その中でも科学技術省の工学系学校，保健省の医学系学校，国境省の女性や青年育成訓練校などで訓練がなされている．その結果，国として統一的な職業訓練政策が立てにくくなっている．2013年雇用および技能向上法によって，中央において雇用開発と訓練開発のために審議会を設置し，職業訓練の政策立案，熟練評価の認証発行，訓練所の登録認証発行，訓練発展基金の管理を定められている．使用者は賃金総額の0.5％を訓練発展基金の支払い，訓練整備の費用に使われる．

職業紹介では労働・入国管理・人口省（以下，労働省）の地方出先機関である労働事務所が無料の公共職業紹介所の役割を果たしている．1959年雇用制限法の1975年改正によって，５人以上労働者を雇用する使用者は労働事務所に欠員の通報を義務づけられている．しかし，求職者の登録者数は全労働力人口の２％程度を占めているにすぎない．多くは親戚や友人を通した口コミで就職先を探している．工場の門前で募集することもある．さらに最近はインターネットや新聞を活用して職探しするケースが増加してきている．

3　労 働 契 約

2013年雇用および技能向上法によれば，企業は訓練生や試用期間中の者を除き，雇用開始後30日以内に雇用契約を締結しなければならない．締結されない場合，６か月以下の禁固刑，罰金その両方を科せられる．その契約書の写しを労働事務所に送付して承認を受けなればならない．

雇用契約書には以下のことを定めなければならない．それらが規定されない場合３か月以下の禁固刑，罰金またはその両方が科せられる．

職種，試用期間，給与，契約期間，休暇および休日，時間外労働，勤務中の食事の手配，住宅施設，医療手当，車の手配，労働者の遵守すべき規則，研修後勤務しなければならない期間，退職および解雇，期間満了後の取り扱い方，遵守すべき義務，合意退職，契約書の規定の改正方法，雑則である．

試用期間中の賃金は最賃の75％を下回ってはならない．期間は３か月を超えてはならない．

雇用期間を規制する規定はないので，いくらでも期間を設定することが可能である．期間の定めのある場合と期間の定めのない場合で区別をして取りつかう規定もない．しかし，期間の定めのある雇用契約が一般的である．長期間雇用されて働くという実態が少ない．離職率が高いからである．

雇用契約書のサンプルは2017年８月28日付けの労働省のウエブサイトからダウンロードすることができる．サンプルに従っていれば，労働省の承認を得やすくなる[1]．

4　雇用契約の終了

ミャンマーでは解雇についての法律による包括的な規定はない．これはイギリス植民地時代にはインドの労働法が適用になっていたが，その当時インドには解雇を規制する一般的な規定はなかった．それはイギリスで解雇に関する法律は存在せず，コモン・ローによって処理されていたためである．コモン・ローでは相当の予告をすれば解雇を正当とする理由がなくても解雇できるという考えで処理されていた．それがミャンマーに入ってきている．それが解雇の場合に，勤続年数に応じた解雇手当が支払われる制度として2013年社会保障法の中に生きている．

勤続期間が６か月以上１年未満の場合	0.5か月分
１年以上２年未満の場合	１か月分
２年以上３年未満の場合	1.5か月分
３年以上４年未満の場合	３か月分
４年以上６年未満の場合	４か月分
６年以上８年未満の場合	５か月分
８年以上10年未満の場合	６か月分
10年以上20年未満の場合	８か月分
20年以上25年未満	10か月分
25年以上の場合	13か月分

これを見ると勤続年数が短い者ほど月数が有利になっている．５年勤続すると４か月分の給与相当額がもらえるが，これを５回繰り返すと20か月分の給与相当額となる．しかし，25年継続勤務すると13か月分しかもらえない．勤続年数の短く，転職を繰り返すほど有利になっているのは，離職を繰り返す現状を反映したものと言えよう．

解雇法制の整備がまだ十分になされていない段階のために，解雇手続や解雇事由を就業規則や労働契約書に定めておくことが望ましいとされている．

労働契約書のサンプルによると，以下の解雇事由が定められている．窃盗，財産を故意に損失やその危険を招くこと，無許可での銃器の搬入，暴行や障害，賄賂の授受および腐敗にかかわること，許可なく禁じられた場所への出入り，職場での賭博，飲酒および非常識な行動，３日以上の無断欠勤．

2012年労働組織法では組合活動を理由とする解雇や懲戒処分は違法となっている．さらに使用者の違法なロックアウトに対抗してストライキに参加する労働者を解雇してはならない．その場合には労働者は使用者に労働者の再雇用を求める権利が認められている．

5 賃　　金

(1) 賃金支払法

2016年賃金支払法が賃金支払の原則を定めている．1か月を超えない賃金支払期間を設けること．賃金計算期間の最後の日から，100人以上労働者を雇用する企業は5日以内，100人未満の労働者を雇用する企業は計算期間の最後の日に賃金を支払うこと．賃金は硬貨か紙幣で支払うこと．雇用期間が終了する場合には，終了の日から2日以内に支払うこと．

賃金から控除できる項目が決められている．欠勤による賃金カット分，提供された住宅の費用，食事・水・電気の料金，前払賃金や過払賃金の清算，所得税，裁判所によって命じられた額，退職準備金のための掛け金，生協への支払，貯蓄のための天引きの額である．これらの場合，全控除額が賃金の50％を超えてはならない．

労働者の過失によって使用者側に損害が生じた場合，雇用契約でその違反行為に金銭による支払が定められている場合，その額を賃金から控除できる．ただし，控除できるのは，賃金の5％以内に限られる．

使用者は賃金台帳に支払った賃金額を記載し，その記録を所轄の官庁に提出すること，監督官の要請があれば監督官の企業内への出入りを認め，賃金台帳などの記録を提出することが義務づけられている．

(2) 最低賃金法

2013年最低賃金法が制定された．政労使三者同数からなる全国審議会が設置され，そこで最賃をいくらにするか審議する．これに賃金問題の専門家が数名参加する．ここでは全国レベルの最賃を決めるが，制度上は連邦直轄領，管区，州レベルごとの審議会で最賃をきめる方式や産業ごとの最賃をきめる方式も定めているが，これらはまだ実施されたことはない．現在は全国レベルで一本の最賃額が決められている．時間，日，週，月あたりの最賃額を決めることができるが，現在は日単位の最賃額が決められている．

労働者とその家族の生活に必要な生計費，生活水準，賃金の実態，社会保障給付金の実情，国内総生産などの経済状況等を考慮して最賃額を決め，施行日の60日前までに官報や新聞に公表し，それに反対がなく，中央政府が承認すれば，最賃額を告示する．

使用者が最賃額を下回る額を支払うことはできない．現金だけでなく現物での支払は可能である．その地域での価格で現物の値段を決めておく必要がある．使用者は最賃額を労働者に通知し，さらに見やすい場所に掲示する義務を有する．最賃額の支払いがなされない場合，その日から1年以内に審議会や労働事務所に申し立てることができるし，裁判所に支払いを求めることができる．一方，最賃額を下回る額しか支払わない使用者は罰則を科せられる．1年を超えない禁固刑，50万チャットの罰金またはその両方を科せられる．

試用期間中の者は最賃額の75％を下回らないこと，訓練期間中は50％を下回らないことが義務づけられている．最賃額に算入される範囲が限定されている．通勤手当，奨励金，社会保障に基づく現金給付，住宅手当，食事手当，電気手当，飲料水手当，税金，治療費やレクレーション費，解雇手当，葬祭費等は含まれていない．残業手当とボーナスは最賃額に含まれる．

最初の最賃額は2015年９月から施行された月額3600チャットであった．適用になるのは15人以上の労働者を雇用する企業であった．それが改訂されて月額4800チャットになり，2018年５月から施行された．適用になるのは10人以上の労働者を雇用する企業である．これを日額に直すと450チャットから600チャットに上がった．９人以下の労働者を雇用している企業は最賃額が適用になっていない．

2020年には最賃額の改定が予定されていたが，コロナによる経済の悪化もあって議論が進まないうちに，国軍のクーデターがあり，頓挫した状態のままである．

6　労働時間

（1）　労働時間の規制

労働法典がなく，個別の法律によって労働時間の規制がなされている．工場法では，動力を用いる場合では５人以上を雇用する企業，動力を用いない場合は10人以上雇用する企業に適用される．18歳以上の労働者の労働時間は，原則として１週間44時間，１日８時間である．技術的理由がある場合には週48時間まで認められる．この時間を超える場合，２倍の賃金を支払われる．労働時間が５時間を超える前に30分以上の休憩時間を付与しなければならない．労働時間と休憩時間の合計が10時間を超えてはならない．日曜日が法定休日とされており，日曜日の前後３日以内に代休が認められれば，日曜日の勤務が可能となる．

2016年店舗および商業施設法は商品販売業，小売業，理美容業，銀行業，保険業，問屋，運送業，公共娯楽施設に雇用される労働者に適用になる．毎週１日は完全に閉店し，その日は休日となる．店舗や商業施設では，開店は午前５時，閉店は午後11時まで可能となる．ホテル，飲食店，病院，薬局，電力，給油，給水では24時間営業が可能である．

店舗や商業施設では原則として１日８時間以上，１週48時間以上働くことはできない．ただし，棚卸，決算書の作成の場合にはそれ以上働かせることはできるが，時間外労働は週12時間，特段事情のある場合は週16時間までである．

店舗，商業施設，公共娯楽施設では１日５時間以上働くと，少なくとも30分以上の休憩時間が付与される．労働時間，休憩時間，時間外労働の合計が１日11時間を超えてはならない．労働時間の規制は厳しくなっている．

（2）　休日と休暇

2014年改正の休暇および休日法によれば，少なくとも週１日の休日を定めている．祝日は政府によって定められており，年間16日の祝日がある．１月４日の独立記念日，２月12日の連邦記念日，３月２日の農民の日，３月27日の国軍記念日，５月１日のメーデー，７月19日のレジスタンスの日，11月14日の国民の日，12月25日のクリスマス，いくつかの祭りの日は陰暦によって決められるので，年によって日が異なる．

12か月以上勤務し，各月20日以上勤務した者は年間10日の年次有給休暇を取得できる．勤続年数が増えても有給休暇の日数は増加せず，10日のままである．12か月勤務の要件として，病気，事故，適法なストライキやロックアウトによる欠勤があっても合計で90日を超えなければかまわない．取得されなかった年休は3年を超えないかぎりで繰り越せる．退職，解雇，死亡のために取得されないで残った年休は買い取る義務が使用者に生じる．

冠婚葬祭等の私的用事のために，年間6日の臨時休暇が有給で認められている．1回あたり，3日間が最長期間になっている．取得しない場合の繰り越しが認められていない．

病気休暇として年間30日有給で認められている．6か月以上勤務することが条件である．ただし，最初の3日間は賃金の半額が支払われるだけである．その後は満額が支払われる．通常の年休と組み合わせて取得することも可能である．取得されなかった病気休暇は繰り越すことはできない．6か月未満勤務の労働者は無給の病気休暇を取得することは可能である．

7　女性労働者の保護

（1）　産前産後の休暇

妊産婦は産前6週間，産後8週間の有給の休暇を取得できる．産休時に1年以上勤務し，6か月以上保険料を支払っている者は産休期間中に平均賃金の70％の給付を受ける．さらに第一子の場合には1か月の平均賃金の50％，第二子以後の場合には1か月の平均賃金の75％の出産手当を受けることができる．

妻が出産のときに，幼児の世話のために夫が15日間の休暇をとることができる．妻が保険加入者の場合は平均賃金の70％，非加入者の場合50％の手当を受けることができる．

50人以上の女性を雇用する企業には6歳未満の子どもを保育するに必要な部屋を用意することが求められており，そこには清潔な環境を保持して授乳できる施設を整備することが求められている．

（2）　女性であることを理由とする保護

2016年工場法には，女性や年少者への重量物制限を行うことが定められている．開綿機（Cotton opener）の近くでの作業が女性および児童に禁止されている．男女別々の便所を用意することが義務づけられている．

8　児童労働・年少労働

2016年改正の工場法によれば，14歳未満の者を働かせてはならない．14歳から16歳未満の者は，医者の診断により就労するに適した健康状態であるという証明書があれば，1日4時間以内，午後6時から午前6時以外の時間帯で軽作業にのみ従事できる．16歳以上18歳未満の者は，医師の診断書があれば18歳以上の者と同じ時間働くことができる．

それがない場合は14歳から16歳未満の者と同じである．医師の証明書を就労の際には携帯することが義務づけられている．それぞれが働く時間についての予告を事業所に掲示しておく必要がある．危険な業務を伴う場合には訓練を受けたり，十分な経験を有する者の監督のもとで仕事に従事させる．

「児童労働指数」によれば，ミャンマーは深刻な問題を抱える国に位置づけられている．軍隊の中で子ども兵士として働いている事例や人身取引の対象として女性や子どもが働かされている事例がある．人身取引禁止法で10年から無期の禁固刑と罰金を科せられている．ポルノに出演させる場合には，5年から10年の禁固刑と罰金を科せられる．養子縁組や偽装結婚の手段としている場合には5年から7年の禁固刑と罰金を科せられている．罰金の中から被害者に損害賠償金の支払を裁判所が命じることができる．

ミャンマー国内人権委員会は，働く年少者を労働の場から救済することができる．これは2014年3月に実施されたところである．さらにILOの児童労働撲滅計画が進められている．2005年人身取引防止法が制定され，女性も含め子どもが人身取引の対象から救済する努力もなされている．

9　障がい者

2015年障がい者の権利に関する法律が制定された．障がい者のための国家審議会で，障がい者の教育，健康，政治や市民参加，職業の機会の促進を提言することになっている．これまで積極的に障がい者の保護がなされてこなかったが，これから変化してくるであろう．

10　労働災害・安全衛生基準

労働災害防止のための基本法として2019年3月労働安全衛生法が制定された．これまで1951年工場法の2016年改正法，2016年店舗および商業施設法などが労働災害防止のための規定をもうけているが，それらを包括して労働安全の基本法として制定された．1人でも労働者を雇用している企業・事業所に適用になる．この法律で，労働安全問題を統括して，安全衛生の基本方針を審議する機関を労働省のもとに設置した．使用者は労働安全衛生の責任を負う者を任命し，さらに労働安全衛生委員会を設置し，企業内での労働安全衛生基準の遵守に努める．使用者は事業開始にあたって労働省労働監督局長の許可を得る必要がある．監督体制の強化を目指して，監督官の任務を定め，危険な職場には改善命令や操業停止命令を出すことができる．監督官の腐敗防止に苦心している．さらに労働安全衛生問題を扱う資格を設けている．

具体的な安全衛生基準は，工場法，鉱山法，店舗および商業施設法，ボイラー法，油田法，化学物質危険防止法，原子力エネルギー法，原子力安全法，電気法等に定められている．悪臭の除去，廃棄物の処理，換気の維持，ごみの処理，過密な状態での労働の防止，照明，飲料水の確保，便所やシャワーの設置，休憩室の設置，通路の確保，危険物・重量物の扱いの制限，発火性物質の扱い制限等が定められている．

労災が発生した場合の補償は1957年労働者災害補償法と2012年社会保障法に基づく労災補償がある．後者が適用になる場合には前者は適用されない．前者は業務上の災害によって死亡または負傷を負った場合，その都度使用者が支払う補償金が定められている．これは保険制度を用いてはいないからである．

後者は，保険制度を導入しており，事業主は支払う総賃金額の1％を保険料として労災保険基金に支払う．治療費，一時的就労不能給付金，永続的就労不能給付金，遺族給付金の4種類の給付が設けられている．

11　海外移住者

国内で生活を支えることが困難な者，軍政時代にアメリカやEUから経済制裁を受けて倒産した企業に勤務していた者，少数民族で国軍と対立して迫害を受けている者，1988年の民主化運動の活動家で軍政によって弾圧を受けた者等が海外で働いている．一国社会主義から市場経済化を目指して対外開放政策が採用されたことも海外で働くことへの抵抗感を小さくしている．タイ，マレーシア，シンガポールの隣国に手稼ぎに行く者の割合が高い．1999年海外就労に関する法律が制定され，政府の許可を受けたあっせん業者のあっせんを受けて合法的に海外で働く手続を定めている．それだけでなく海外で不法就労するケースが多く報告されている．移住先で悲惨な労働条件のもとで働かされて，社会的保護を受けられない場合が発生している．そこでミャンマー，カンボジア，タイの3か国の2015年「移住労働者福祉基金」を設立して移住労働者の保護に乗り出している．

ミャンマーから日本に働きにくるケースが徐々に増加しており，技能実習生として働いている．

12　労働組合

国軍の支配が続いた約50年間にわたって労働組合の結成が禁止されてきた．民政化に移行して2011年労働組織法の制定によって労働組合，使用者団体の設立が認められた．この法律で「労働者」とは，経済活動に従事して労働によって生活する者を意味し，日雇労働者，臨時労働者，農業労働者（10エーカー未満の農地を持つ者を含む），家事労働者，政府職員，見習いを含む．軍隊，警察に勤務する者と海上労働に従事する者は除かれている．

労働組合は5層になっている．（イ）基礎労働組合は，企業または事業所において最低30名で組織され，そこの従業員の10％以上の推薦がなければならない．30名がいない場合には同業な他の企業や事業所と合同で基礎労働組合を結成できる．その場合，同一地域で同一産業の従業員の10％の推薦が必要になる．

（ロ）タウンシップレベルの労働組合は，同一タウンシップ内で同一の産業の基礎労働組合が複数集まって結成される．10％の従業員が参加する必要がある．（ハ）州・管区レベルの労働組合は，同一の州・管区レベルで，労働組合の10％を超える組織が参加して結成される．（ニ）全国産業別労働組合は，複数の州・管区レベルで労働組合の10%以上が参加して結成される．産業は23に分類されており，それぞれの産業毎に結成される．（ホ）全国労働組合連合会は，複数の全国産業別組合によって結成されるが，関連する全国産業別組織の20%以上が参加しなければならない．

労働組合を結成する場合，以下のことを定めた規約を作成しなければならない．組織の名称，結成の目的，入会手続や入会許可とその証明書の発行，脱退手続，執行委員の選挙・解任・辞任手続，会議の開催，基金の設立やその維持・入会金と賃金2%を超えない範囲での毎月の会費・会計監査・組合員の技術および福祉の向上，労使紛争手続やストライキ手続，組織の合併・脱退・解散手続等である．

労働組合は登録が強制されている．（イ）（ロ）（ハ）の組織は登録官，（ニ）（ホ）の組織は主任登録官に申請する．必要記載事項を記載した申請書を提出する．（イ）の場合，組織の基盤である企業や事業，執行役員の名前，身分証明書，父親の名前，職業，組織での役割，本人の署名，構成員の名前・父親の名前・生年月日・勤務開始日・地位・構成員となった日・住所・本人の署名が必要となる．（ロ）の場合，さらに追加として参加する組織の名前と数とその割合，会長と書記長の名前と署名，承諾書が必要になる．（ニ）（ホ）の場合にも，参加する組織の名前・数と参加する承諾書，会長と書記長の名前と署名が必要になる．

登録官および主任登録官は申請書類が整っていることを確認して受領書を交付する．登録官は現地で調査し，主任登録官に報告する．主任登録官は30日以内に登録するかどうかを開示する．（ニ）（ホ）の場合は60日以内に開示する．つまり主任登録官が登録を承認するか拒否かの証明書を送付する．拒否された場合，修正して再申請するか，90日以内に連邦最高裁判所に救済を申請することができる．このように細かく登録手続を定めているが，登録が強制されていることが結社の自由に違反しないか問われるところである．

労働組合の結成は長い間の国軍の支配のために遅れ，やっと始まった段階であり，組織率は1%程度である．（ホ）の組織が登録されたのは，全ミャンマー労働組合（CTUM）であり，2015年7月のことであった．第一次産業の農業部門の組織が多くを占め，第二次・第三次部門の労働組合の組織化は約2割しかない．

使用者団体も5層の組織が想定されているが，労働組合と同様に登録官または主任登録官への登録申請が必要である．2015年8月段階で30団体が基礎使用者団体として登録されている．

13　団体交渉と労働協約

登録労働組合は使用者と団体交渉する権利を有するが，団体交渉と労使紛争をセットにとらえた2012年労働紛争解決法が制定され，その中で団体交渉手続を定めている．30人以上の労働者を雇用する企業では，職場調整委員会が設置される[2)]．そこで労働組合が組織されている場合には，組合代表3名と使用者代表3名で構成される．労働組合のない場合は労働者が選出した労働者代表3名と，使用者代表3名で構成される．任期は2

年であり，正規従業員の21歳以上で勤続期間が6か月以上でなければならない．労働諸条件について交渉するが，申し立てを受け付けてから5日以内に交渉して解決を図らなければならない．そこで合意ができれば協定書を作成して上位の調停機関に送付される．協定書の有効期間は1年とされている．

30人未満の労働者しかいない場合，労働者から苦情があれば，使用者は7日以内に紛争を処理しなければならない．解決できない場合も含めて上位の調停機関に申し立てることができる．

以上の協定書は調停委員会が介入することによって合意内容が確認され，それに違反すれば罰金を科せられる．この合意文書は労働協約となり，法的拘束力を有するという手法が使われている．

14　労使紛争処理

職場調整委員会の上位の機関として調停機関がタウンシップごとに設置される．委員長として州や管区で任命される政府代表1名，労使3名ずつの委員，タウンシップから1名，有識者2名，労働省から書記1名の11名から構成される．

調停機関は当該紛争が個別紛争か集団紛争かを判定する．個別紛争の場合には，調停機関で解決のための調停を試み，それで解決できなければ裁判所に提訴することができる．集団紛争の場合には，労働省，州や管区に通知され，調停機関は受理した日から3日以内に調停を試みなければならない．それで合意ができれば協定書が締結される．合意ができない場合には，仲裁機関に付託される．

仲裁機関は州または管区に11名の委員で構成される．議長は州または管区から任命される1名，労使代表3名ずつ，州または管区から選ばれる者1名，有識者2名，書記1名である．任期は2年で，25歳以上でなければならない．仲裁機関は付託をされてから7日以内に決定を下さなければならない．2日以内に関係者に通知されるが，それに不服な場合，7日以内に仲裁評議会に申し立てるか，ストライキやロックを実施する．ただし重要事業の場合には仲裁評議会に申し立てなければならない．

仲裁評議会は，15名の労働問題の専門家から構成される．労働省が選ぶ5名，労働組合が指名する5名，使用者団体が選ぶ5名からなる．任期は2年であり，25歳以上でなければならない．仲裁評議会は独立機関であり，社会正義，公平の原則，ディーセント・ワークの考えに従って決定を下す．付託を受けて7日以内に決定を下し，2日以内に関係者に通知される．その写しは労働省，州または管区に送付される．

調整機関，仲裁機関，仲裁評議会の決定は定めた日から有効になる．有効な日から3か月経てば当事者の合意によって変更することができる．それは新しい労働協約となる．

それらの決定は紛争に関するすべての人に効力が及ぶ．紛争にかかわる使用者の法的相続人，紛争当時だけでなく決定後雇用された者にも効力が及ぶ．

決定に決められた事項を，その決定の有効期間中に変更を求めてなされるストライキやロックアウトは禁止される．これは平和義務を定めている．さらに，決定によって決められた事項は履行されなければならないが，それらに違反した場合，罰金が科せられる．しかし，禁固刑は科されていない．

当事者は紛争が調停機関や仲裁機関に付託されていても，裁判所に解決をもとめて申請することは妨げられていない．将来はそのために労働裁判所を設置する計画がある．

15　ストライキとロックアウト

ストライキを実施する場合の手続の規制がなされている．公益事業とそうでない事業に分かれている．公益事業の範囲は広く，交通事業，港湾および港湾荷役業，郵便・テレックス・ファックス業，情報通信事業，石油業，ごみ処理および衛生事業，発電・配電業，金融業等である．

公益事業では過半数以上の組合員によるストに賛成の決議が必要であり，ストライキ実施日，場所，参加人数，方法等を少なくとも14日前までに使用者や調停機関に通知する義務がある．保安業務を交渉して決めておく必要がある．公益事業でない場合，少なくとも3日前までの通知が必要になる．

労使紛争の調整がなされている間，ストライキは禁止される．水・電気・消防・健康・通信などの生活を送る上で不可欠なサービスに著しい損害を与えるストライキは禁止される．病院・学校・宗教関連施設・駅・空港・バスターミナル・港湾・大使館，軍隊・警察施設から500ヤード以内ではデモが禁止される．ミャンマーではストライキに付随して企業の外でデモ行進をよく実施しているために，このような規制が設けられている．労働組織法が制定される一方，平和的集会および行進法が2011年に制定されて，集会や行進に際して事前の許可を取得することを求めているのも同じ趣旨である．これは2016年に改正されてより厳しい規制を行っている．

ロックアウトの場合も，ロックアウト実施期日を労働者，労働組合，調停機関に少なくとも14日前に通知し，調停機関の許可を得なければロックアウトを実施できない．違法なロックアウトを拒否する労働者を解雇することはできない．

注

1）　堤雄史「NNA ミャンマー進出関連法115回～116回新雇用契約書のひな型（1）（2）」．https://www.nna.jp/news/show/1692652&1696358, 2021年12月5日閲覧．

2）　堤雄史「NNA ミャンマー進出関連法207-208回労働紛争解決法第2次改正（1）（2）」．https://www.nna.jp/news/show/1956448&1959072, 2021年12月5日閲覧．

参考文献

香川孝三「ミャンマー（ビルマ）における労働組合法の意義」季刊労働法238号，2012年，148-158頁．

―――「ミャンマーの労働争議解決法の意義」季刊労働法244号，2014年，150-161頁．

―――「ミャンマーの最低賃金制度」季刊労働法251号，2015年，130-139頁．

―――「ミャンマーにおける基本的な労働者の権利と労働慣行の促進のためのイニシアティブ（ミャンマー労働イニシアティブ）をめぐる動き」ICD NEWS（法務省法務総合

研究所国際協力研究部会報）70号，2017年，85-94頁.
――――「2012年ミャンマー労働争議解決法の改正点」法政策学の試み18集，2018年，3-23頁.
――――「ミャンマーの労働安全衛生法の制定の意義」Business Labor Trend 553号，2019年，54-59頁.
――――「アセアン後発４か国における解雇法理」金子由芳編『アジアの市場経済化と民事法』神戸大学出版会，2019年，272-295頁.
日本貿易振興機構『ミャンマー労働ガイドブック』（SAGA 国際法律事務所作成），ジェトロ・ヤンゴン事務所，2015年10月.
労働政策研究・研修機構編（西澤信善・堤雄史・北澤謙一・香川孝三共著）『ミャンマーの労働・雇用・社会――日系進出企業の投資環境』労働政策研究・研修機構，2017年３月.
One Asia Lawyers Group／弁護士法人 One Asia『最新東南アジア・インドの労働法務』中央経済社，2021年，553-594頁.

（香 川 孝 三）

コラム ①

アセアンにおける労働にかかわる活動

アセアンに加盟している10か国は2015年12月31日アセアン経済共同体を成立させた．今後アセアン政治共同体，アセアン社会文化共同体を成立させて，アセアン共同体の実現を目指している．アセアンでの労働組合組織としてアセアン労働組合協議会（ASEAN Trade Union Council）とアセアンサービス産業従業員労働組合協議会（ASEAN Service Employees Trade Union Council）の２つがある．前者は各国の労働組合のナショナル・センターが加盟し，後者はUNIグローバルユニオン，国際建設・林業労働組合連盟，国際公務労働組合連盟のアジア太平洋事務局が中心となってサービスに係る産業別組織がアセアン・レベルで組織された協議会である．使用者側はアセアン使用者連盟が組織されており，上記の協議会と話し合いを実施している．

アセアンでかかわっている労働問題はアセアン域内の移民労働者の処遇問題である．東南アジアの列島諸国ではフィリピン，インドネシアからはマレーシア，シンガポールやブルネイ，大メコン圏ではベトナム，ラオス，カンボジア，ミャンマーからタイに働きに出かける流れがみられる．アセアンでは人の移動を自由にする政策が採用されているが，熟練労働者を対象にしているにすぎない．しかし，現実に移住しているのは未熟練労働者であり，劣悪な労働環境での搾取的な労働，不法就労，人身売買や買春に絡む問題を抱えており，その保護が大きな問題となっている．2007年移民労働者の権利と保護の促進のための宣言（セブ宣言），2017年移民労働者の権利と保護の促進に関するアセアン・コンセンサス，2019年移住労働者によって母国に残された子どもの権利に関するアセアン宣言が採択されている．まだ条約には至っていない．

ベトナム，フィリピン，インドネシア等のアセアン諸国からは，経済連携協定，技能実習，特定技能，留学の諸制度によって日本にやってきて働いている．アセアンでの移住労働者の権利保護に向けた動きは日本ともかかわってこよう．

2016年アセアン労働大臣会議で「労働CSRに関するアセアン・ガイドライン」が採択された．中核的労働基準だけでなく，労働安全，労働時間，報酬，懲戒処分，経営システムがILOの基準に従って実施される運動を進めている．

2012年にはアセアン人権宣言が採択されており，2009年設置されたアセアン政府間人権委員会では「CSRと人権に関するアセアン戦略」が検討されている．これは国連で承認された「ビジネスと人権に関する指導原則」の普及を目指し，さらに持続可能な開発目標（SDGs）の実現に取り組もうとしている．

アセアンではコンセンサスによって意思決定する方式を採用しており，１か国でも反対があれば，その国が合意するまで説得をおこない，すべての国が合意することを目指している．そのために意思決定に時間がかかるし，その合意の実施は各国に任されている．EU とはことなる共同体を目指している．

参考文献

香川孝三「ASEAN 経済統合が各国労働法に与える影響」Business Labour Trend 489号，2015年，4-11頁．

―――「アセアン労働組合協議会の活動からみる労働問題」労働調査585号，2019年，4-8頁．

（香川 孝三）

第Ⅲ部

南アジア

第11章
インド

1　インドの概要

インドの労働法は，憲法に基づき，連邦と州の両方の管轄になっている．2019年5月モディ政権が2期目に入って連邦レベルの労働法改革を実施しようとしている．1991年経済の自由化が始まり，モディ政権はその流れをいまも継続している．インドでは労働立法の歴史は100年以上を経過しており，連邦政府が管轄している労働立法だけでも44もある．これらの間で適用対象が錯綜しており，定義が統一されていないという問題がある．そこで，4つの法律（賃金法，労使関係法，労働安全衛生および労働条件法，社会保障および福祉法）にまとめて簡素化を図り，わかりやすくしていこうとしている．さらに，これまでの労働立法が労働者保護のために規制が強化されてきたが，モディ政権は新自由主義の立場から規制を緩和していこうとしている．4つの法案のうち，賃金法典（Code on Wages）は2019年8月に成立したが，あとの3つの法案は2020年9月に成立し，10月4日に公布された．施行日はまだ確定していない．これに対してインド人民党と友好関係を持つ労働組合を除いて労働組合は既得権を奪うものとして反対して全国規模のストライキを実施している[1)]．本章では，4つの法案が成立したことを受けて，成立した法律の内容を記述することとする．

労働法は連邦と州の共同管轄になっているが，州法は連邦法に違反することはできないが，大統領が承認をすれば州法がその州で優先的に適用になる．そこで州法も見ることが必要になる場合もある．

労働法は組織部門（organized sector）で働く労働者に適用になり，非組織部門（unorganized sector）には適用されない．10人以上の労働者が働く民間企業や政府機関や準政府機関に働く者が組織部門である．10人未満の労働者が働く民間企業や路上の物売りやオート・リキシャの運転手のような自営業者，農業従事者，家事使用人等が非組織部門であり，非組織部門の労働者は人口の約9割を占めている．したがって労働法がカバーする労働者は労働者全体の約1割ほどである．

労働法が適用になるのは労働者（ワークマン）であり，「肉体，非熟練，熟練，技術，機械，事務，監督業務に従事して月給が一定額以下の者」である．そうでない経営や管理的立場で雇用されている者や監督的業務に雇用されて月給が一定額を超える者（ノンワークマン）は別の扱いになっている場合がある．一定額は改定がなされ，現在では1万8000ルピーである．

新しく制定された4つの法律がインド労働法すべての分野をカバーしてはいない．4つの法律でカバーされていない分野の法律は有効に存在する．

2　労働市場法制

1959年職業紹介法では，公企業と25人以上を雇用する民間の非農業企業に対して，欠員を届け，採用を公共職業安定所に報告する義務を課している．これが2020年社会保障法第８章に引き継がれ，すべての事業所の使用者に欠員の報告義務を課している．しかし，公共職業安定所を通じて職を探さすことができる割合は低い．むしろ民間の人材紹介所がインターネットを利用して求職活動するのが高学歴者ほど一般化している．さらに，縁故で雇用の場を探すケースが多いし，未熟練労働者の場合は工場の門前で採用されるケースもある．

インドにはインド工科大学を卒業して高度な専門的技能を持った者がいる一方，大量の未熟練労働者やインフォーマル部門に従事する者が存在する．低いカーストに所属する者ほどカースト制度によって職業選択の自由が規制されて，伝統的に従事してきた職業に縛られてきた．不可触民であり大統領令で指定されるカースト（指定カースト）や少数部族であって大統領令で指定される部族（指定部族），その他の後進諸階層（Other Backward Classes）には，積極的措置として公共部門への雇用，職業訓練の受講，高等教育への進学において優先的に割り当てがなされる留保制度が設けられている．マハトマ・ガンディー全国雇用保障法によって農村部の労働者に年間100日間の最低賃金による雇用を保証する制度もある．

最近，州に居住する者の採用を一定の割合で義務づける州法が制定されている．たとえば，日本企業が多く立地するグルガオンを含むハリヤナ州では，月給５万ルピー以下のポストに州内に居住する者を75％雇用することが義務づける法律が2021年３月施行された．これは低い技能の職種において州内の雇用を促進するねらいあるが，雇用の機会均等に反するのではないかという疑問が提起されている．この動きが広がるのかどうか注視する必要がある．

様々な職業訓練制度が設けられている．1961年徒弟訓練法に基づく徒弟が給付金をもらって企業で訓練を受ける制度，14歳以上で第８年から第12学年程度の学歴を持つ者への職工訓練制度，インフォーマル・セクターに従事する労働者での訓練制度，学校における職業技術教育，農村部の貧困者への職業訓練制度，女性専用の職業訓練所の設置等がある．技能のレベルを認定するために国家技能資格を設定した．それはレベルを10段階に分け，各段階において期待される技能の内容が定められている．

1948年国家従業員保険法に基づき，2005年４月１日から失業手当制度が施行されているが，これは2020年社会保障法第４章に引き継がれている．企業閉鎖や人員整理，業務に起因しない永久的労働不能によって解雇された労働者は，保険料を２年以上納付している場合，従前の賃金の50％が一生涯に最大２年間失業手当として支給される．限定的ではあるが，失業手当が支給されることはインド経済が1991年の経済の自由化政策以降成長したことを示すものである．2019年のGDPは世界で６位にランクされている．

3　労働契約

労働者を雇用する場合，使用者が出す採用通知書に労働者が署名をして返送することによって労働契約を締結している場合が多い．採用通知書には仕事の内容，勤務場所，賃金，福利厚生，有給休暇，契約の終了，競業避止義務等に関する定めを規定している．それを使用者が変更したい場合には労働争議法によって，書面で変更内容を通知しなければならない．登録組合がある場合には登録組合にも通知しなければならない．

試用期間は3か月から6か月の期間設けられているが，その期間満了したときに正式の採用になるかどうかを検討して決めることが合意されている場合が多い．労働者の適性を判断する期間になっている．

2016年10月7日の通達によってアパレル産業での有期雇用を認めたが，それを2018年3月16日全産業の「ワークマン」に適用することを認めた．これによって雇用形態の多様化が促進されることになった．有期の期間をいくらにするかは労使の合意で決めるとしており，上限も下限も定めていない．従業員退職準備基金への使用者負担分（賃金相当額の3.67%），従業員年金スキームの使用者負担分（賃金相当額の8.33%）を3年間国が負担する制度を実施している．雇用期間を3年に限る労働者を雇用すれば，この制度を活用できるので，雇用期間を3年とする場合が多くなっている．

一方，労使関係法2条（o）によれば，1年の有期契約の場合には，労働者は期間満了時に退職金を受ける権利を有するとされている．このために，今後は退職金の支払いを免れるために，1年未満の有期契約が増加する可能性も指摘されている．さらに，有期契約を更新を繰り返すと，実質的に1年以上の契約として退職金の支払いを命じられる可能性もある．

労働契約とは別に請負労働がインドではより多く利用されている．従来は1970年請負労働（廃止および規制）法によって，20人以上のワークマンが請負労働者として働く請負企業（contractor）に規制を加えて請負労働者を保護していたが，労働安全衛生および労働条件法は，50人以上の請負労働者を雇用する請負企業に適用を制限している．20人以上から50人以上に適用対象を狭め，規制緩和を図っている．本法では，請負労働には一定の仕事を完成させることと，労務を提供することの両方が含まれ，労働者派遣も含んでいる点に特徴がある．中核的な業務に請負労働者を雇用することは禁止している（57条）．

請負業者は所轄の政府からライセンスを取得しなければならない．ライセンスを得ていない請負業者と契約する受入企業は労働安全衛生および労働条件法に違反しているものとみなされる．

請負業者は請負労働者に賃金支払義務があるが，請負業者が賃金支払を遅延している場合，受入企業が請負業者に代わって当該請負労働者に賃金を支払う義務がある．さらに，受入企業は請負労働者の健康や労働環境を配慮する義務を負い，食堂・休憩所・飲料水・トイレ・洗面所・救急箱等の福利厚生の設置義務がある．

4　労働契約の終了

労働契約終了の中で最大の問題は解雇や懲戒解雇である．労働者にとって解雇，特に懲戒解雇されると再就職には時間がかかり，即生活の困難をまねくおそれがあるためである．そこで解雇や懲戒解雇を有効にするには厳しい条件が課せられている．

労働契約を終了するケースとして以下の場合がある．

① 労働者の任意の意思で退職する場合．経営が厳しくなった場合に人員整理の代わりに希望退職を募集する場合がある．退職金を上乗せしたり，再就職を世話することを条件に希望退職を募集し，労働者がそれに応じる場合もこのケースに入る．また事実上操業が不可能な状態にもっていって，労働者に離職を促して退職届を提出させる場合もある．

② 労働契約の期間が満了する場合

③ 定年で退職する場合．モデル就業規則によると，定年年齢を58歳にしており，58歳がインドでは一般的な定年年齢となっている．

④ 労働者（ワークマン）に対するレイオフや雇用終了・企業閉鎖の場合は，労使関係法によって厳しく手続上の規制がなされている．レイオフとは石炭・電力・原材料不足，機械の故障，自然災害によって雇用を継続できないことを指し，雇用終了とは懲戒解雇，退職，退職受給年齢到達による退職，契約期間更新がない場合，病気による労働契約終了の５つの理由以外による雇用関係終了を指している．年間の平均労働者数が300人以上の事業所で，月収18000ルピー以下の労働者（ワークマン，ただし監督的立場の者を除く）に適用がある．従来100人以上を雇用する事業所を300人以上に改正して，解雇規制の適用を受ける事業所の範囲を狭めている．

レイオフの場合，300人以上雇用する事業所では，政府の許可が必要（電力不足と自然災害の場合は別）であり，50人以上雇用する事業所では，レイオフ期間中はレイオフのない場合に受け取れる賃金の50%が支払われる（例外の場合あり）．

雇用終了の場合，300人以上雇用する事業所では政府の許可が必要（電力不足と自然災害の場合は別）であり，50人以上を雇用する事業所では政府に届け出がなされなければならない．300人以上雇用する事業所では，１年以上雇用された労働者を雇用終了するときは３か月前に書面による解雇予告の通知が必要である．通知されない場合はその日数分の賃金相当額を支払う．50人以上を雇用する事業所では，書面による予告は１か月前に通知される．通知されない場合は，その日数分の賃金相当額を支払えばよい．さらに，300人以上雇用されている事業所では，勤続年数１年につき15日分の賃金相当額を補償金として支払う必要がある．50人以上を雇用している事業所では，勤続年数１年につき15日分の補償金，または使用者の責に帰せられない場合には最大３か月分の補償金が支払われる．

雇用終了の場合に，「労働者再スキル基金」が設けられ，解雇された労働者に対して，15日分の賃金に相当する額が，ここから支払われることになっている．

企業閉鎖の場合，300人以上雇用する事業所では，政府の許可が必要であり，50人以上が雇用される事業所では政府に60日前に理由を付して閉鎖を届け出る必要がある．さらに1年以上勤務する労働者には1か月前の予告が通知されなければならない．勤続年数1年につき15日分の補償金が支払われる．ただし，使用者の支配を超えた避けられない事由による企業閉鎖の場合には，最大3か月分の補償金が支払われる．

⑤ 労使関係法の適用をうけない管理職的立場にいるノンワークマンへの雇用関係終了は労働契約の定める内容や手続によって実施される．通常1か月の予告を行えば有効な解雇となる．

⑥ 懲戒解雇を含む懲戒処分を行う場合，就業規則に処分対象となる不正行為を明記しておく必要がある．処分を行う前に警告書を出して注意を喚起しておく．それでも是正されない場合は処分にいたるが，その前に内部審査会を開催して，本人の弁明を述べる機会を与える審問手続をへなければならない．その上で処分の程度や種類を決定する．

5　就業規則

1946年産業雇用（就業規則）法によって，100人以上の労働者を雇用する産業施設で就業規則の作成が義務づけられていた．これが労使関係法28条によって300人以上の労働者を雇用する産業施設での義務づけに変更され，規制緩和がなされた．その産業施設はこの法律の適用を受けてから6か月以内に，就業規則を作成しなければならないが，その前に就業規則案を作成して労働組合や交渉協議会のメンバー，従業員の代表等と協議する義務がある．それらの意見を取り入れて修正した就業規則は，認証官（労働監督官や地方の監督官が任命されるのが一般的である）による認証を受けなければならない．中央政府が就業規則のモデルを作成することになっており，モデル就業規則に準拠していれば認証が容易である．内容が合法かどうか，公平かつ合理的な内容かどうかをチェックして認証する（労使関係法30条7項）．認証官は認証する前に労働組合等の意見を聴取することができるし，就業規則の内容を修正する権限が与えられている．

就業規則には労使関係法第1別表に定める事項が定められる．つまり，労働者の分類，労働時間・賃金支払日，交代勤務，出勤や遅刻に関する事項，休暇・休日，通用門での検査，施設の閉鎖，雇用の終了，懲戒処分・解雇，使用者の不公平な取り扱いへの苦情処理等が書かれている．認証された就業規則は関係者に送付されて30日後に確定する．英語または労働者の過半数以上が理解できる言語で掲示する．使用者や労働者の合意がない限り，6か月間は変更できない．

6　賃　　金

新しく成立した2019年賃金法典が賃金に関する統一法となっている．これは1936年賃金支払法，1948年最低賃金法，1965年賞与支払法，1978年男女賃金平等法の4つの法律を統合した．そこで，賃金の定義を統一した．労働の対価として支払われる報酬であって，基本給，物価手当，休業手当（企業が休業中に支払う手当）で構成される．しかし，これからボーナス，住宅手当，使用者が負担する年金基金や退職準備基金への拠出金，残業手当，退職金，通勤手当等は除かれるとしている．

従来は1000人以上の労働者を雇用する事業所・企業に最賃を適用していたが，すべての労働者に適用することを明記した．さらに全国レベルで適用になる最低賃金を設けることができる制度を導入した．州間格差や地域間格差が大きいインドにおいて，業種に関係なくインド全土で適用になる最賃を設定することができる．州レベルで最賃を決める場合，全国レベルの最賃を下回ることができない．最賃は時間，日，月単位で設定することができる．原則5年毎に見直すことになっている．従来はもっと短い期間での見直しであったことからすると，労働者にとっては改悪になる．

賃金支払の規制は従来月18万ルピー以下の給与をもらっている者に限定していたが，すべての労働者に適用になっている．賃金支払方法として通貨だけでなく，小切手，電子送金，銀行振り込み方式を認めている．これは貧困層も含めてすべての国民を金融システムに取り込む「国民皆口座」運動によって銀行口座を持っていることが前提となっている．モディ政権のもとで多くの国民が銀行口座をもつ政策がすすめられており，インドのIT技術の普及の程度が高いことが示されている．

残業手当は通常の賃金の少なくとも2倍とする．これまで中央や州政府の決定に委ねられていたが，明確に法律で2倍以上と定められた．従来工場法では残業には当局の許可が必要であったが，それが不要となり，所轄の政府が定める残業時間内であれば，労働者の同意があれば残業を義務づけることができる．

最低の賞与額は会計年度の労働者の賃金の8.33％か100ルピーのいずれか高い方の額となっており，当該会計年度に30日以上働いた労働者に支払われる．さらに配分可能な余剰金が最低賞与額を超える場合には，労働者の賃金の20％を上限として，労働者の賃金額に比例した金額が労働者に支払われる（26条）．

退職金は社会保障法に定められているが，5年以上継続して勤務した労働者が定年退職，任意退職，事故や疾病によって死亡や労働不能が生じた場合，退職金が支払われる．その額は勤務した年および6か月を超えて勤務した年ごとに賃金の15日分である（53条）．ただし，故意や過失によって会社の財産を毀損させたことを理由とする退職には退職金は支払われない．

労働監督に透明性を確保することを目指し，法令違反行為の調査や検挙を行うだけでなく，使用者や労働者に情報提供や助言を与える推進官（ファシリテーター）を任命する．賃金をめぐる労使紛争を減少させることが期待されている．それでも，賃金やボーナス額に不服がある労働者の苦情を処理する機関を設置し，申し立て期間を3年としている．支払ったかどうかの立証責任を使用者に課している．

7　労働時間

労働安全衛生および労働条件法は，10人以上の労働者を雇用する事業所に適用される．ここでの「労働者」は月給が1万8000ルピー以下であり，監督者として雇用された者または主に管理のために雇用された者は含まれない．この法律の適用をうける事業所は当該適用の60日前に所轄の政府に登録しなければならない．登録内容に変更が生じる場合は，変更から30日以内に所轄の政府の登録担当者に通知しなければならない．

10人以上の労働者を雇用する事業所では，1日8時間，週6日を超える労働をさせてはならない（25条，26条）．毎日の労働時間は休憩時間や残業時間も含めて決められ，事業所内に掲示されなければならない（31条）．深夜にわたる交代勤務の場合は，連続して24時間休むことによって休日を付与したことになる（28条）．所管の政府の許可がない場合は，交代勤務を連続して働くことはできない．工場や鉱山で兼業として働くことが禁止されている（29条）．

ただ州政府にはこの規制を緩める権限が認められており，1日最大10時間（業務が多い場合は12時間），休憩時間を含める拘束時間は1日最大12時間（業務が多い場合は13時間），1日9時間週48時間を超える残業時間は週最大60時間，1四半期あたり最大50時間（業務が多い場合は75時間）を超えない範囲で規制を緩めることができる．

年休は，前年に180日以上勤務した者に対して，前年の労働日20日につき1日付与される（年少者や地下鉱山に勤務する者は15日につき1日の年休付与，32条）．工場法が定めていた勤務日数が240日から180日に短縮された．未消化の年休は次年度に繰り越すことが認められるが，最大限30日の年休まで認められる．懲戒処分，解雇や死亡によって雇用契約が終了したときに未消化の年休がある場合，年休日数分の買い取りができる．さらに，年度末に残った年休は買い取ることができる．

8　労働安全衛生と労災補償

従来1947年工場法が労働安全衛生の基本法となっていたが，2020年労働安全衛生および労働条件法がそれに代わった．暑い国のために換気や気温，湿度を最適にすること，清潔さを担保するためにごみやにおいへの対応，照明，飲み水の確保，便所，痰壺の整備等を定めている．この中で注目を集めたのは便所の整備である（24条2の3）．男性用，女性用のほかにトランスジェンダー用の便所の整備が求められている．これは2019年に成立したトランスジェンダー権利保護法によってトランスジェンダーの権利を保護するために，積極的措置としてトランスジェンダー用の便所の整備を定めたものである[2)]．さらに，100人以上の労働者が雇用されている工場では食堂施設の設置が必要になっている．

安全対策として危険な作業，火災や爆発の危険性からの回避，重量物扱いの制限，目の保護，発動機やタービンなどの動力の安全装置の義務づけ等詳細な規則を制定している．

100人以上雇用する工場での安全担当職員の任命，安全委員会の設置，500人以上の労働者を雇用する工場，鉱山，その他の建設場では医務室または救急処置室の設置が必要となった．さらに，危険な製造工程は監督官の許可を得て災害防止計画を作成して，労働者だけでなく地域住民にも通知しなければならない．これは1984年インド・ボパールでユニオン・カーバイドのインド工場で火災によって有毒ガスが発生し，死者3000人以上，50万人以上の負傷者を生んだ事故がきっかけで定められた．

労働安全衛生および労働条件法は連邦法であるが，州政府によって適用条件が変更することが認められているので州独自の規制を見ておく必要がある．さらに，各州の施設店舗法は存続しており，そこに規定されている安全衛生基準を見ておく必要性もある．

1923年労働者災害補償法と1948年従業員国家保険法によって，労災による負傷，疾病，死亡に対する補償制度が設けられている．前者の法律が適用されると後者の法律は適用されず，お互いが補完しあう関係にある．これは社会保障法に引きつがれている．

9　女性労働

出産給付法によって，2017年7月1日から産休制度が拡大された．それが2020年社会保障法に引き継がれている（59条から65条）．10人以上を雇用している事業所では，12か月のうち80日以上勤務した女性労働者が産休を26週間取得できる．産前は従来6週間であったが最大8週間となっている．産前に取った残りを産後にとる．26週間とれるのは子どもを2人まで出産する場合であり，3人以上出産する場合は12週間しかない．養子縁組をして3か月以内の養子を育てる場合や，人工生殖によって出産する代理母は12週間の産休を取得できる．人工生殖はインドで子どものいない夫婦で利用されている[3)]．産前産後のケアを無料で受けられなかった場合には，使用者は3500ルピーの医療のボーナスを女性労働者に支払わなければならない．産休制度の拡大は女性の雇用の機会を失わせることにならないかという不安が組合側から述べられている．なぜならば産休期間中は有給だからである．使用者はすべての女性労働者に書面や電磁的方法で出産手当が支給されることを通知しておく必要がある．

生後15か月までの乳児のために勤務時間中に休憩時間のほかに2回の授乳時間を認められる（66条）．50人以上雇用する事業所では，託児所を設置することを使用者に義務づけている．その託児所に子どもを預けている場合，1日に4回の授乳時間が認められている（67条）．

子育てと仕事を両立させるために在宅勤務制度を導入することができる．その内容は労働組合との話し合いで決めることになっている．育児休業制度は法律では定められていない．

2013年セクハラ防止法が制定された．10人以上雇用する事業所には社内苦情委員会の設置が義務づけられている．委員の半数は女性でなければならない．この委員会設置の状況は2018年会社法改正によって取締役会報告書の報告事項となっており，それに違反する場合は罰則が科せられる．セクハラ行為は就業規則に非行として懲戒処分の対象となる旨の記載がなされている．従業員に対する定期的な研修や啓蒙プログラムを開催しなければならない．

2015年工場法改正によって女性の深夜業の規制が緩和された．それを引き継いだ労働安全衛生および労働条件法では，女性の身の安全確保を条件に午後７時以降から午前６時までの深夜業の勤務を本人の同意のもとに認めている（43条）．インドでは低いカーストの女性ほどレイプなどの身の危険を脅かされており，深夜業中やその前後の通勤に安全確保が可能なのか問題視されている．

1976年均等報酬法は2019年賃金法典に取り込まれているが，男女が同じまたは類似の仕事に従事している場合，その技能や責任の程度が同じであれば，男女間の賃金格差を認めず，同額の賃金の支払いを求めている．さらに，募集，昇進，訓練，配転についても，男女間の格差をもうけないことを使用者に求めている．それらに違反した場合や賃金支払の記録を廃棄したり，証拠として提出することを拒否する場合，使用者に罰則が科せられる．世界経済フォーラムが公表している2021年ジェンダー格差指数の中の賃金格差をみると，女性は男性の62.8％で135位になっている．

女性専用の職業訓練校が設置されて，女性の職業能力向上を目指している．寡婦となった女性は再婚への抵抗感や反感が強いために，自立して生活する必要から職業訓練の要望が強い．男性より女性の識字率が低いために，低い学歴の女性によって職業訓練によって手に技能を身に着ける必要性が高い．

10　年少労働

インドでは児童労働は深刻な問題である．1986年児童労働（禁止および規制）法はモディ政権のもとで2016年に改正された．14歳以下を児童，14歳を超え18歳未満を年少者と区別した．児童は家族だけでやっている企業での業務，演劇や映画，テレビなどの芸術活動，スポーツ活動（サーカスは除く）で危険有害な業務を除いて，就学時間外や長期の休みに働くことを認めている．年少者は，鉱山，可燃性物質や爆発を伴う作業，危険有害な業務を除いて就労することが可能となっている．１日６時間までの就労，３時間毎の１時間の休憩，残業禁止が科せられているが，これまでの工場法による規制（１日4.5時間，午後10時から午前６時までの深夜業の禁止等）の緩和になっており，貧困家庭の子どもが親を助けたいという気持を考慮したとされているが，2016年改正は児童労働の規制を緩和したことになり，子どもの保護になるかどうか疑問視されている．

年休は前年に最低240日勤務すれば前年労働日の15日につき１日付与される．最低16日の年休が付与される．罰則を強化して，それを原資にして年少者リハビリテーション基金を作って，年少者が教育を受ける機会を増やすための活動に利用されている．

児童の属性を記録した名簿を工場施設に備えておく必要がある．その時，出生届によって年齢を確定できない場合，医者が骨格や身長等によって年齢を確定する．名簿は監督官がいつでも監査することができる．

11 障がい者

2016年障がい者法が制定され，2017年4月1日から施行された．政府や政府関連機関だけでなく民間企業も障がいを理由とする差別を禁止され，障がい者を健常者と平等に扱うための方針を明示することが求められている．政府や政府関連機関では4％以上，教育機関や民間企業では5％以上の雇用の割り当てを障がい者に認めている．20人以上の労働者を雇用する場合，1人以上の障がい者を雇用するので，障がい者を監督する者を任命し，補助装置やバリアフリー確保等の労働環境整備が求められている．

12 労働組合と使用者団体

2020年労使関係法によって，労働組合は事業所の従業員100人または10％のいずれか少ない人数（最低7人）で結成することができる．したがって従業員991人以上の場合100人，61-990人の場合10％に相当する人数，7-60人の場合7人，それ以下の場合は他の事業所や企業と一緒になって7人を確保しないと労働組合を結成できない．小規模組合の乱立を避けるために従来7人で結成できたが，その人数を上げた．

組合員資格は危険でない産業に従事する14歳以上に認められるが，組合役員は18歳以上でなければならない．14歳は最低就労年齢と連動している．道徳的堕落で有罪判決を受け刑務所に収容された者は役員になれない（釈放されてから5年経てば別である）し，産業審判所によって役員資格がないと宣告された場合は役員になれない．これは役員資格を制限するためである．組合役員のうち3分の1までを部外者とすることができる．非組織部門の登録労働組合の場合には，半分までを部外者とすることが認められている．事業所・企業やその所属する産業に勤務しない者を部外者と呼んでいる．部外者はプロの組合活動家である．従業員の中から活動家が生まれにくい状況にあったが，非組織部門ではその傾向が強いので，半分までの部外者が認められている．組織部門では3分の1までに縮小されている．

イギリスの制度を導入して，労働組合の登録制度が採用されているが，従来は登録するかどうかは任意であったが，その制度が維持されている．使用者団体も登録制度が適用になっている．登録には，一定の書式に基づいて登録官に組合規約の写しを添えて登録申請を行う．申請書類には組合員の名前，住所，職業，組合名や住所，組合役員の名前，住所，職業が記載され，結成されて1年以上たつ場合には財産目録を添付する．登録官は申請書や組合規約が法律に違反していないことを検討し，登録簿に組合を登録し，登録認定書を発行する．申請書に虚偽の記載があれば登録は取り消される．それに不服がある場合は，産業審判所に申し立てることができる．産業審判所が登録の取り消し命令を出した場合には，登録官によって登録が取り消される．1926年労働組合法によって登録された労働組合は，労使関係法によって登録されたものとされる．

登録によって民刑事上の免責や法人格を取得する．組合名によって訴えられたり，訴えることができる．組合名によって財産の取得や売買契約や賃貸借契約ができる．

登録されると，毎年活動報告と収支報告を登録官に提出する義務が生じる．組合基金は一般基金と政治目的の基金を分ける必要がある．これはイギリスの1913年労働組合法を受け継いでいるが，団交を中心とする本来の活動と，政治活動を区分けすることによって，組合の政治活動への規制を加えている．

職能組合，企業別組合，産業別組合，一般組合の4種類がインドにもみられるが，職能組合は清掃，牛革なめし，洗濯，オート・リキシャの運転手等の低いカーストが従事している職業でみられるが，これらは非組織部門での組合である．産業別組合と企業別組合が組合組織としてはメインであるが，後者が増加傾向にある．全国組織として13の組合が政府によって公認されているが，その中で独立自営業の女性が組織する自営女性協会（Self-Employees Women's Association, SEWA）が含まれている．非組織部門で働く女性を組織した組合であり，政府が非組織部門の組合として認めた最初の全国組織である．貧困な女性の相互扶助組織であると同時に差別や不平等をなくす権利擁護運動を展開している．

全国組織は政党との関係が深いことに特徴がある．特定の政党と結びつくことによって組合活動を展開している．主要な全国組織であるINTUCは国民会議派系，AITUCは共産党系，BMSは人民党系として知られている．一方，どの政党とも関係をもたないで独立して活動する組合も増加傾向にある[4)]．推定組織率は5-6％とされているが，労働組合の活動は注目を浴びており，その社会的影響は大きい．

全国的な使用者団体として3つあり，ILOに使用者代表を送り出している．インド使用者連盟と全インド使用者組織が労働組合法によって登録されていたが，労使関係法に引き継がれる．公営企業会議は団体登録法によって登録されている．

13　団体交渉と労働協約

インドでは産業別交渉と企業別交渉が一般的である．産業別交渉には全国レベルと地域レベルの交渉がある．企業別組合の場合には企業・事業所別に交渉している．企業内に複数組合が併存している場合，組合側の交渉当事者が問題となっている．これが組合承認問題とも表現されている．

組合承認について労使関係法では，登録組合は1つだけ組織されている場合は，その登録組合が産業施設の労働者の30％以上を組織していれば，唯一交渉組合として承認を受ける．複数組合が併存している場合，従業員名簿に記載されている労働者の51％以上を組織している組合または従業員名簿に記載される従業員の51％以上が当該組合を支持していることが証明された場合には，当該組合が唯一交渉組合として承認される．51％以上を組織する登録組合がない場合または従業員名簿に記載のある労働者の51％以上が支持していると証明されない場合は「交渉協議会」が設置される．「交渉協議会」の委員は従業員名簿に記載される労働者の20％以上の支持を得る登録組合の代表達から構成される．上記の唯一交渉組合や「交渉協議会」に参加する代表達が使用者と団体交渉を行う．唯一交渉組合が使用者と団交の結果合意ができれば労働協約を締結する．交渉協議会に参加する代表の過半数が合意すれば労働協約を締結することができる．労使関係法は交渉代表制度を取り込んでいるが，インドの現状を考慮した制度になっている．

従業員名簿に記載された労働者の数によって決めるために使用者によって確認担当者（verification officer）が任命される．組合が提供する資料や使用者の提供する資料のほかに，労働者の秘密投票の結果が確認担当者によって報告され，それを受けて使用者が交渉相手を決めることになっている．インドの現状を前提に妥協が図られた制度になっている．さらに「交渉協議会」に参加する複数組合間でまとまっていくことが，この制度が定着するかどうかの決め手にあるであろう．

州レベルで法律によって処理している事例がある．マハラシュトラ州では，1971年組合承認および不当労働行為法によって，50人以上雇用する事業所で，30％以上の従業員を組織している組合は産業裁判所に承認組合として登録することを申し立てることができる．登録されるためには，申請した日からさかのぼって6か月間，違法ストを開始していない，組合費が月50パイサを下回る，執行委員会が3か月以上開催されていない，組合登録が取り消された場合には登録されない．

団体交渉によって合意された内容は労働協約として締結される．この労働協約はイギリスの考えからの影響を受けて法的拘束力がなく，紳士協定にすぎない．しかし，インドでは別のフレームワークを利用することによって法的拘束力が生じる方法をもうけている．団体交渉で合意しても，労働協約を締結しないで，調停官に紛争として付託し，調停によって成立したとして協定（settlement）を締結する．この協定は組合員だけでなく，事業所や企業の全従業員を拘束することが認められている．この協定に違反する者は6か月以内の禁固刑，1日あたり200ルピーの罰金，その両方を科せられる．罰金は違反によって被害を受けた者への損害賠償に充てることができる．これはインドの実情にあわせた解決法といえよう．この方式は労使関係法でも維持されている．

14　労使紛争処理

労働争議法に定める紛争処理を説明する．100人以上の労働者を雇用する事業所に，事業所委員会を設置する．目的は労使の意見交換によって良好な労使関係を構築することであり，事業所での労使協議を実施する機関である．労使同数の委員（20人以下）で構成される．登録組合が事業所の労働者の過半数以上を組織している場合，その登録組合の組合員から委員が選ばれる．任期は2年で，3か月に少なくとも1回開催する必要がある．半年ごとに調停官に報告書を提出しなければならない．

さらに，20人以上の労働者を雇用する事業所に苦情処理委員会の設置が義務づけられている．委員は10人以下で労使同数の代表で構成される．労働者代表委員の女性比率は事業所で雇用される労働者の女性比率以上でなければならない．苦情申請は紛争発生時から1年以内になされなければならない．申請から30日以内に多数決で処理することが期待されている．苦情処理委員会の決定に不服がある場合，自ら所属する労働組合を通して調停官に調停手続を申し出ることができる．

労働争議が発生した場合，当事者は州労働雇用省，労働監督官に争議の調整を申請する．一般的に調停官に争議を付託する．事件ごとに調停官が任命される場合と一定期間調停官が任命されている場合がある．調停官は争議の内容を調べ，当事者から意見を聞いて，公平かつ友好的に解決できるよう当事者を説得し，合意にいたるよう努力する．合意ができれば，争議はそれで解決する．解決できない場合は政府に報告する．この報告は調停手続に入って14日以内に行わなければならない．きわめて短い時間であるが，実態はこの期間に拘束されないで調停手続が行われている場合が多い．合意は協定として締結され，法的拘束力を持つ．

調停官の調停が不調におわった場合，産業審判所および紛争が全国規模の場合や複数の州にまたがる場合には全国産業審判所に付託される．従来は調停委員会と労働裁判所が設置されていたが，これらは廃止された．労働裁判所と産業審判所の間で管轄争いがあったが，労働裁判所を廃止したことによって，産業審判所で処理されることになった．その背景には労働争議が多く発生している地域では，労働裁判所と産業審判所の両方の機能を持つ組織が設置されていたことがある．

産業審判所は２名の審判員で構成され，１名は司法部職員出身，もう１名は行政部職員出身でなければならない．２名で担当する事件は，就業規則の適用解釈，労働者の懲戒処分や解雇，ストライキまたはロックアウトの違法性，人員整理と事業所閉鎖，労働組合の内部紛争（複数組合間の紛争や組合員間の紛争を指す）である（44条（７））．それ以外の事件は司法部職員出身または行政府職員出身の審判員が単独で担当する．

全国産業審判所も２名の審判員で構成され，１名は司法部職員出身，もう１名は行政部職員出身でなければならない．

産業審判所は裁定を下して解決させる．裁定は政府が受け取ってから30日以内に公表し，公表されてから30日後に発効する．裁定を遵守しない者は６か月以下の禁固刑と罰金を科せられる．さらに裁定内容は民事裁判所の判決と同じ強制執行の手続で執行される．裁定に不服のある場合，最高裁に令状請求の形式で訴えることができる．

産業審判所，全国産業審判所に争議が付託される前に，あらかじめ仲裁に付すことに合意をしていれば，仲裁人による仲裁に付すことができる．これは任意仲裁制度であるが，仲裁人の出す仲裁裁定は所轄の政府の調停官に届けられる．

管理職の立場にいて月１万8000ルピー以上の賃金をもらっている者は，労働争議法の適用がないので，裁判所による紛争処理を利用することになる．さらに，社会的弱者が訴訟で争う機会を保障するために社会活動訴訟がインドで広がっている．インド憲法32条および226条を根拠に最高裁や高裁に州政府や中央政府を相手とする令状請求を提起しやすくする方法を編み出した．正式の書面でなくても裁判官への私信で訴訟提起を認め，被害を受けた者（たとえば児童労働に従事する児童）ではなく，弁護士や社会活動家が訴訟を提起することを認めている．州政府や中央政府に一定の行政行為や求める判決が出される．ただし，それを強制するのはできないので，任意に履行することを期待するにすぎない．

正式に訴訟をおこすと時間と金銭がかかるが，簡易に早期に解決するための民衆裁判所を利用する方法もありうる．１回の公判だけで和解で解決することを目指し，裁判所の判決と同じ効力が認められている．たとえば最賃を遵守しない使用者から実際に支払われた額との差額の支払を民衆裁判所で救済を受けることがなされている．

15　ストライキとロックアウト

公益事業とそうでない事業所で区別をしていたストライキとロックアウトの規制を改め，労使関係法によってすべて同じ規制となった．

ストライキおよびロックアウトを実施するには，それぞれの相手方に60日前の予告が必要である．60日の予告のないストライキとロックアウトは違法となる．予告の日から14日以内のストライキとロックアウトは違法となる．調停手続中とその終了後7日以内のストライキとロックアウト，産業審判所および全国産業審判所の仲裁手続中とその終了後60日以内のストライキとロックアウト，任意仲裁手続中とその終了後60日以内のストライキとロックアウト，調停による協定や裁定が有効な期間中にそれらによって解決された問題を紛争の対象として実施されるストライキとロックアウトは違法とされている．

違法なストライキの結果宣言されたロックアウトは違法ではない．違法なロックアウトの結果宣言されたストライキは違法ではない．何人も違法なストライキやロックアウト実施のために金銭を使うことができない．

スト中の賃金は，ストが合法かつ正当な場合に賃金の支払いを認めている．合法かどうかは上記の違法ストでなければ合法となる．正当かどうかはストの目的，時期，方法，態様によって判断されている[5)]．したがって，ノーワーク・ノーペイの原則は適用されていない．

16　不当労働行為制度

労働争議法の1982年改正によって不当労働行為制度が導入されたが，労使関係法もそれを引き継いでいる．使用者，労働者および労働組合の不当労働行為を設けている．その具体的内容は第2別表に定めているが，その特徴をまとめておく．使用者の支配介入，不利益取り扱い，団交拒否だけでなく，不当な解雇や懲戒処分，違法ロックアウト，ストライキ妨害のための行為，合法なストに参加した労働者に職場復帰を認める前提として良き行動誓約書（Good Conduct Bond）に署名を強制すること等，ストライキ妨害行為が使用者の不当労働行為に含まれている．労働者や労働組合の不当労働行為としては，使用者側との団交拒否だけでなく，違法ストへの参加や援助，生産低下を招く怠業，ゲラオ（職場占拠），使用者へのつるし上げや脅迫行為，意図的な使用者の財産への損害等が含まれている．労働者や労働組合の団結権保護だけでなく，生産性向上を妨害し，経済発展を阻害する行為も不当労働行為としていることに特色がある．

不当労働行為に違反した場合は，6か月以下の禁固刑，1000ルピー以下の罰金，または，その両方が科せられる．直罰主義が採用されている．

注

1）　香川孝三「インド・モディ政権下の労働法改革」季刊労働法266号，2019年，128-141頁．

2）　香川孝三「最近のアジアにおける性の多様性にかかわる法制」日本ジェンダー研究23号，2020年，67-84頁．

3）　松尾瑞穂『インドの代理出産の文化論』風響社，2013年．

4）　太田仁志「インドの２つの『新しい労働運動』」太田仁志編『新興国の「新しい労働運動」』アジア経済研究所，2021年，99-140頁．

5）　香川孝三「アジアにおけるストライキ中の賃金問題」渡辺章先生古希記念論文集『労働法が目指すべきもの』信山社，97-125頁，2011年．

参考文献

「インド」厚生労働省編『世界の厚生労働2019』2919年，437-463頁．

太田仁志「インドの労働経済と労働改革のダイナミズム」内川秀二編『躍動するインド経済――光と影』アジ経済研究所，2006年，126-167頁．

香川孝三『インドの労使関係と法』成文堂，1986年．

――――「アジアにおけるストライキ中の賃金問題」渡辺章先生古希記念論文集『労働法の目指すべきもの』信山社，2011年，97-125頁

――――「硬直的な労働保護法制とグローバル競争下の企業経営」Business Labor Trend 2013年９月号58-61頁．

――――「インドの労使紛争処理手続」アジア法研究７号，2013年，159-172頁

――――「インド・モディ政権下の労働法改革」季刊労働法266号，2019年，128-141頁．

――――「インドの2020年労使関係法の意義」季刊労働法275号，2021年，192-203頁．

小山洋平「インド」安西明毅・栗田哲郎・小山洋平・中山達樹・塙晋共著『アジア労働法の実務』商事法務，2011年，５-78頁．

棚瀬孝雄「インドの労働法制と労働争議」比較法雑誌49巻２号，119-165頁．

労働政策研究・研修機構編（木曽順子・北澤謙・香川孝三共著）『インドの労働・雇用・社会――日系進出企業の投資環境』労働政策研究・研修機構，2016年．

One Asia Lawyers Group/ 弁護士法人 One Asia『最新東南アジア・インドの労働法務』中央経済社，2021年，595-660頁．

（香川孝三）

第12章 バングラデシュ

1 バングラデシュの概要

バングラデシュはインドの東部に位置し，面積は約14万平方キロメートルで日本の約5分の2に相当する．その中で約1億6000万人が住んでいる．人口過密な国である．バングラデシュは「ベンガル人の国」という意味であり，ベンガル語を話すベンガル人が多く住んでいる．人口の8割以上がイスラム教徒である．イスラム教の中で多数を占めるスンニ派に属するファナフィー派が勢力をもっている．ヒンズー教徒，クリスチャンらの宗教上のマイノリティや先住民族・少数民族も存在し，多様性を持った国である．

1947年イギリス植民地支配から脱して，インドとパキスタンが成立した．パキスタンは東西約2000キロも離れた地域を抱えていた．東パキスタンは1971年パキスタンから分離独立してバングラデシュとなった．独立後基幹産業の国有化がすすめられたが，1980～90年代は世界銀行とIMFによって構造調整政策が実施され，マクロ経済が安定化して民営化や経済の自由化がすすめられた．低賃金を武器に外資の導入によって労働集約産業の典型であるアパレル産業が輸出志向型産業として定着し，中国につぐ世界第二の輸出国になった．女性労働者の雇用の機会の増加，中近東への出稼ぎからの送金，農村部のマイクロファイナンスの普及等によって経済成長への基盤が拡大してきている．その結果，BRICSに続いて経済開発が期待される国として11か国が「ネクスト11」と総称されているが，その中にバングラデシュが含まれている．

労働法は2006年まではイギリス植民地時代の労働法をもとにして断片的に制定されてきたが，2006年に労働法典として一本化された．これは1990年代から2000年代にかけての経済成長を背景に貧困削減政策が加速された時期に最低の労働基準を定める労働法典が制定されたことになる．その後2010年の改正，ラナプラザ事件をきっかけとした2013年の改正があり，それを受けて2015年9月15日労働規則が制定された．さらに2018年に労働法典の一部改正がなされた．なお輸出加工区に適用になる労働法が別に制定されている．

労働法が適用になる労働者には指導的または管理的業務を行う管理職やそれより上位の管理者は除かれている．適用を受ける労働者はフォーマル・セクターで働く労働者であるが，インフォーマル・セクターに従事する者は労働者の9割近くを占めている．もちろん，インフォーマル従事者には労働法が適用されない．

2　労働市場法

就職先を探す場合，両親，親戚，友人などの地縁・血縁を利用する場合がこれまで一般的であった．たとえば，バングラデシュで輸出産業として成長した縫製業では，農村から若年女性が都市部に働きに出かけているが，イスラム教では女性が家から外出することを規制するパルダと呼ばれる戒律がある．それを乗り越えるために，工場経営者が出身の郷里に出かけて女性を採用し，両親が安心して都市に娘を送り出すことに成功している．このように地縁・血縁を利用して募集を仕掛けている．最近はインターネットを利用して探すケースが多い．「デジタルバングラデシュ」構想によってインターネット利用者が急増しているからである．未熟練労働者の場合には，工場の門前で募集して採用されるケースもある．

さらに人材供給業者が国内企業や海外企業に労働者を送り込んでいる．海外で働く労働者の送金がバングラデシュの経済成長をもたらす柱の1つと位置づけているように，海外，たとえば，イスラム教徒の多い中近東諸国で働く労働者が人材供給業者を通じて働く場所を確保している．人材供給業者は事業を開始するためには監督官長官からライセンスを得る必要がある．

職業訓練は経済発展や貧困撲滅のための人材育成策として実施されているが，国，国際機関，NGO 等の組織が取り組んでいる．

失業，特に若年者の失業が大きな問題であるが，失業保険制度はまだ導入されておらず，解雇や退職の際に支払われる補償金が失業した時の生活の費用の足しになる程度である．

3　労働契約

労働者は7種類に分類されている．実習生（徒弟），代替要員（Badli），臨時雇い，有期労働者，試用期間中の労働者，常勤労働者，季節労働者である（4条）．使用者は労働契約書または採用時に渡される採用通知書にどの種類の労働者かを明記しなければならない．この時に就業規則とともに労働者の区分と人数を記載した組織図を労働者に示す必要がある．採用通知書は写真付き身分証明書とともに労働者は受け取るが，採用通知書には労働者の氏名，父の氏名，住所，採用日時，勤務場所，労働者の区分，賃金等の労働条件が記載されなければならない．就業規則や特別な雇用マニュアルに労働条件が定められている場合には，採用通知書にその旨を記載しておく必要がある．このように確実に労働条件が労働者に伝わることを求めている．そこで採用通知書を労働契約書の代わりとすることもありうる．労働契約は書面で締結することを求めている．

実習生は使用者によって決められた訓練期間中，使用者の指示によって訓練を受けなければならない．実習生は官報によって公表された職業分野における訓練を受けて，試験を受ける必要があるが，全従業員の少なくとも20%の人数の実習生を雇うことが求められている．実習生は労働組合に参加することはできない．

試用期間は事務作業を行う者は６か月，それ以外の労働者は３か月と定められている．ただし熟練労働者の場合，３か月で，その技能の程度を把握できないときには，さらに３か月延長することができる．試用期間が終了すれば自動的に常勤労働者として扱われる．

同じ日に２以上の事業所で働くことは主任監督官の許可がなければできない．つまり，副業や兼職は主任監督官の許可がなければ認められない．

使用者は労働者の勤務記録を整備しなければならない（７条）．そこには労働者の名前，両親の名前，住所，生年月日，前使用者の名前と住所，雇用期間，業務内容，休暇取得状況，給与額，勤務態度等が記載されなければならない（８条）．これは労働契約の履行内容を記録としてまとめることを意味する．整備の方法は決まっておらず，コンピューターのデータベースでも文書でもかまわない．これは雇用期間が終了する際に労働者に手渡される．

さらに，使用者は労働者の雇用登録簿を整備しなければならない（９条）．これには労働者の名前，生年月日，両親の名前，業務内容，配属部署，免許の種類，採用日時，勤務期間，休憩や食事時間，所属するグループ名等が含まれる．ベンガル語または英語で記録される．

就業規則を定める使用者は，就業規則案を監督官長官に提出して承認を受ける必要がある．その案に労働者や労働組合が意見のある場合は監督官長官にその意見を送付する．監督官長官はそれを考慮しつつ，案の内容が労働法典や労働規則に違反していないかを判定し，修正が必要な場合はその修正を経た後，認証するかどうかの決定を行う．その決定後，監督官長官が署名した日から30日後から就業規則が効力を有する（３条）．

4　労働契約の終了

労働契約の終了の場合として解雇と退職についてまとめておこう．解雇はいくつかのパターンが定められている．

（1）　普通解雇

正当な理由の有無に関係なく使用者が一方的に書面によって予告をすることによって解雇する場合である．常勤で月払いの労働者の場合は120日前までに，その他の場合には60日までの予告によって解雇できる（27条）．

臨時労働者の場合，雇用期間の完了，中止，廃止，停止がないかぎり，月払いの場合は30日までに，その他の場合は14日の予告で解雇できる．

常勤も臨時労働者とも，使用者が予告なく直ちに解雇したい場合には，予告期間に相当する賃金を支払えば解雇できる．

常勤の場合，１年勤務ごとに30日分の賃金か一時給付金のどちらか高い方の金額を補償金として労働者に支払われる．

この普通解雇の制度はイギリスのコモン・ロー上の使用者の解雇の自由の法理を取り込んでいると思われる．

（2）　身体や精神的理由による就労不能に基づく解雇

労働者が身体や精神的理由によって就労不能の場合，あるいは医者の証明によって就労できない場合に，解雇されることがある．1年勤務ごとに30日分の賃金か一時給付金のどちらか高い額が支払われる．

（3）　人員整理

剰員のために1年以上勤務した労働者でも人員整理されることがある（20条）．この場合，使用者は書面に整理の理由を書いて1か月前に予告をしなければならない．予告に代わって予告期間に相当する賃金を支払うこともできる．この予告の写しは監督官や事業所の交渉代表にも提出されなければならない．整理される労働者は1年勤務ごとの30日分の賃金または一時給付金のどちらか高い方を補償金として受け取ることができる．停電や災害等によって休業しなければならない場合，労働者が休業する代わりに人員整理の対象として解雇すれば，さらに15日分の賃金が追加して支払われる．

人員整理は勤続年数の短い者から対象になっていくが，整理日から1年以内に労働者を再雇用したい場合は勤続年数の長かった者から優先的に再雇用される．そのために労働者に最新の住所を問い合わせる通知をしてなければならない．

（4）　懲戒解雇と懲戒処分

労働者が有罪判決を受けた場合，予告期間や予告手当もなく懲戒解雇の対象となるが，情状酌量をして退職，減給，昇進の停止，昇給の停止，罰金，停職，けん責や警告の処分に付すこともできる．

以下の違法行為がなされた場合，労働者を懲戒解雇することができる（23条）．

・単独または集団で，合法かつ合理的な上司の命令に故意に従わないこと
・営業秘密や財産を窃盗，横領，詐欺や不正行為を行うこと
・雇用中に贈収賄にからむこと
・常習的な欠勤や遅刻
・法律，規則，規約に常習的に違反すること
・勤務先で暴動，放火，破壊行動を行うこと
・常習的に業務上の手抜きを行うこと
・監督官に認められた就業規則の常習的に違反すること
・使用者の正式な記録を変更，偽造，損傷，消滅させること

以上の他に懲戒解雇事由を就業規則にあらかじめ定め，監督官の認証を得れば，それは懲戒解雇事由として認められる．

懲戒解雇の場合，一定の手続が不可欠である．労働者を懲戒解雇する理由を文書で記録しておくこと，その理由を当該労働者に手渡すこと，労働者の意見を聞くための労使同数の委員（6人までとされる）で構成される審問委員会を設置し，そこの審問で懲戒解雇が正当であると認められることが必要である．

(5)　労働者側からの退職

常勤者が退職する場合，60日前までに書面で予告しなければならない（27条）．臨時労働者の場合は30日前までに書面の通知が必要である．その他の労働者は14日までの書面の通知が必要である．労働者は補償金または一時給付金のどちらか高い方を受け取る権利を有する．補償金は勤続年数が5年未満は0であるが，5年以上10年未満の場合は勤続年数1年毎に14日分の賃金額，10年以上の場合には勤続年数1年毎に30日分の賃金額となる．

労働者が通知なく退職した場合，働く予定までの期間の賃金相当分を使用者に支払わなければならない．使用者への損害賠償の支払いという意味である．

事前の通知や許可なく10日以上欠勤した場合，欠勤理由を明らかにして10日以内に職務に復帰するよう使用者は当該労働者に通知をする．それでも欠勤理由を明らかにせず職務復帰をしない場合，さらに7日間の猶予期間を与える．その期間が経過しても職務復帰せず，欠勤理由を明らかにしない場合，欠勤の開始日から退職したものとして扱う．

定年年齢は60歳とされ，60歳で退職扱いとなる．しかし，使用者の裁量で一定期間延長することは可能である（28条）．労働契約によって定年を延長することは可能である．

以上の人員整理，懲戒，解雇，退職，雇用終了の場合に，労働者は雇用証明書を使用者から受け取る権利を有する（31条）．雇用終了から60日以内に使用者から割り当てられた住居を明け渡さなければならない（32条）．

(6)　業務停止によるレイオフ

火災，災害，機械の故障，停電，広範囲の暴動ややむをえない理由によって労働を中止せざるを得ない場合，1年以上勤務した労働者が休業しなければならない場合（これをレイオフと定義されている），週休日を除いてレイオフ期間中使用者から補償金を受け取ることができる．1年間のうち，原則として45日分までの補償金を受け取ることができる．補償金は基本給，物価手当の総額の4分の1に住宅手当相当額を加算した額である．1年間に60日以上のレイオフの期間がある場合には，労働者を人員整理の対象とすることができる（16条）．

5　賃　　　金

全額払いの原則，支払日の決定（先の支払日から30日以上の間隔をあけてはいけない，121条），計算日終了から7日以内での支払，通貨または銀行小切手の支払，銀行振り込みや電子取引による支払は労働者の要求があれば可能である（124条）．残業の場合には通常勤務時の賃金の2倍の額の支払義務が発生する．

最低賃金は原則5年ごとに最低賃金審議会で検討して，最賃額の勧告を行い，最終的に首相が決定する．最賃審議会は委員長，1名の独立委員，1名の使用者代表，1名の労働者代表で構成される（138条）．最賃額は官報で公示され，発効日が特定されない限り，公示日に発効する（140条）．労働者は公示された最賃額以上の額を受け取る権利を有する．公示された額より低い額しか支払わない使用者には1年の禁固刑，5000タカの罰金またはその両方が科せられる．

全国一律の最賃は2013年12月1日から施行され，その時の最賃額は月1500タカであった．この中で縫製業だけは最低賃金が上昇している．2010年には月3000タカ，2014年には月5300タカまで上げてきた．2018年12月1日施行の縫製業の最賃額は月8000タカ（内訳は基本給4100タカ，住宅手当2050タカ，医療手当600タカ，通勤手当350タカ，食事手当900タカ）まで上げられてきた．しかし，バングラデシュの基幹産業である縫製業の労働者は，この額では生活できないと激しい抗議活動やストライキが実施された．2019年には8000タカ，2020年には8100タカまで最賃額が上昇した．

6　労働時間

労働時間は明確に労働契約書に記載されなければならない．1日8時間，週48時間が原則である（102条）．残業時間を含めれば1日10時間，週60時間まで可能であるが，1年平均週56時間を超えてはならない．公益や経済開発上必要性があると政府が判断した場合，この規制を緩和することができる．これまでバングラデシュでは軍事クーデターが何回も生じており，非常事態が生じる場合の備えのための規制緩和である．

休憩や食事のために1時間の休憩がない限り1日6時間以上の労働はできない．30分の休憩がない限り1日5時間以上の労働はできない．1日8時間以上労働する場合は，1時間の休憩時間または30分の休憩時間を2回取らなければならない（101条）．休憩と食事時間を含めて10時間以上働くことはできない．

残業がなされた場合，基本給，物価手当の総額の2倍の賃金が支払われる．出来高払いの場合は，平均収入から時間給を決定してその2倍の額が支払われる．残業開始時間は少なくとも2時間前に労働者に通知しなければならない．

7　休日と休暇

商店では週1.5日の休日，工場では週1日の休日を取得できる．それを取得できない場合，3日以内に代休を取得することができる．団交や労使協議に出席する従業員は，休日に勤務して，休日分を祭日休暇に加算することができる．

深夜を超えて勤務する場合，シフトが終了する時間から24時間を1日の休日とみなされる．0時を超えて働く場合，前日の労働の一部とみなされる．

休暇には4種類が定められている．臨時休暇として年間10日が有給で取得できる．これを取得しなかった日数を翌年に繰り越したり，換金することはできない．病気休暇は年間14日有給で取得することができる（116条）．当該病気は使用者が認める医療機関によって認定される必要がある．年次有給休暇は，連続して12か月勤務した労働者に，18日の勤務日数ごとに1日の年休が付与される（117条）．未成年者（18歳未満以下の者）は，15日の勤務日数ごとに1日の年休が付与される．未消化の年休は次年度に繰り越すことできる．この場合，成人は40日を超えて，未成年は60日を超えて年休を取得することができない．また未消化の年休の買い上げも可能であるが，全年休日数の半分まで買い上げることが可能である．ただ労働者が退職や解雇によって労働契約が終了した場合に未消化で残った年休日数分はすべて買い取るができ，本人に支払われる．労働者の死亡の場合には，その額は指定または法定の受取名義人に支払われる．

祭日休暇として年間11日を有給で取得することができる（118条）．どの祭日を休暇として取得できるかは団交また労使協議を経て使用者が決定する．祝日を政府が決める公休日に限定する必要はないが，多くの企業が政府の決める公休日に合わせている．祭日の決定は前年の12月31日までに決定される．1祭日に勤務することになった場合，2日分の年休が年休に加算されることになっている．

8　女性労働

出産前8週間，出産後8週間の出産休暇が付与されている（45条）．この16週間の出産給付金が支給される（46条）．このためには出産前に最低6か月は勤務の実績がなければならない．すでに2人以上の子どもがいる場合には出産休暇は認められるが，出産給付金は支給されない．女性からの出産の通知がなされる3か月前の給与を基準に計算される．出産日から3か月以内に通知しないと全額または一部の給付金が支給されない．出産中に死亡または出産後8か月以内に新生児を残して死亡した場合にも全額が支払われる（49条）．妊娠・出産時の死亡率が高いことを考慮したものである．

妊娠中は危険な業務に就労させてはならない．出産後10週間は負担の重い職務には就労させることはできない．

育児休業の規定は労働法典にはないが，企業が独自に設けているケースがある．40人以上の女性労働者が常時雇用されている事業所では，1つ以上の部屋が6歳未満の子どものために保育室が提供されなければならない（94条）

女性は夜10時から朝6時までは本人の同意があっても就労させてはならない．危険業務への就労が禁止されているし，危険な機械で作業することも禁止されている．さらに地下や水中の就労も禁止されている．

性別や障がい者を理由とする賃金差別が禁止されている（345条）．しかし，女性が多く働いている縫製業で男女の賃金格差があることが報告されている[1)]．

女性の地位に関係なく，女性の尊厳を汚す下品な振る舞いや名誉を棄損する行為を行ってはいけない．これは使用者だけなくすべての従業員をも対象としている．セクハラやパワハラを禁止していると理解できる（332条）．これはイスラム国の女性差別の慣行への挑戦と言えよう．

9　児童労働

12歳以上の子どもは健康や心身の発達に危険でなく，教育の妨げとならない軽作業に従事させることができる．14歳以上18歳未満の年少者は登録医師による健康状態から就労可能であるという証明書がなければ就労させることはできない．証明書の発行を求められた登録医師は年少者を検査して適正性の決定を下さなければならない（37条）．その費用は使用者が負担する．監督官は，年少者の証明書がない場合や証明書があっても就労している職務に適さないと判断する場合，使用者に就労させないよう指示することができる．

年齢が不明な場合，出生届，学業の証明書，登録医師が体形や骨格から判断する証明書によって確定させる．

危険業務での就労，地下や水中での就労，動力を使う機械の清掃や調整の作業が年少者には禁止されている．労働時間は工場や鉱山では１日５時間，週30時間（残業を含めると36時間），事務所では１日７時間，週42時間（残業を含めると48時間）を超えることはできない．夜７時から朝７時までの深夜労働は禁止されている．

10　障がい者

2013年労働法改正によって，障がい者を危険な業務に従事させることが禁止されている．障がいを持つ従業員のための宿泊施設の優先的な割り当てが義務づけられている（94A 条）．

障がい者は2013年バングラデシュ障がい者福祉法でその権利保護と差別禁止が図られている．

11　労働災害と労災補償

2013年４月25日ダッカの北西15キロにあるサバールで８階建てのビルが崩壊したラナプラザ事件において1100人以上の労働者が死亡した．これは世界最悪の労働災害とみなされており，バングラデシュの労働安全政策を強化するきっかけとなった．ラナプラザ事件後，労働法が改正されて労災防止のための規制が強化されている．人命に危害を与える建物，電機設備，機械，工場について監督官に報告を行うことを使用者に義務づけ，差し迫った危険がある場合は，監督官はそれらの利用を禁ずることができる．各階の踊り場に非常口，消火器の設置，通路は有事の場合脱出できるように整理整頓すること，監視カメラの設置，避難訓練の定期的実施の義務づけ，十分呼吸のできる器具の装備，爆発事故，発火による事故，火事，引水事故によって死者や負傷者が出た場合の政府関係機関への通報義務，監督官の調査権限と必要な指示を出す権限を認めた．企業内での安全委員会の設置を義務づけている．

健康診断の受診の権利，5000人以上の従業員のいる企業での医務室の整備，500人以上の従業員のいる企業での福利厚生担当者の任命，飲み水の確保，ごみ処理施設，排水施設，光源の確保，男女別のトイレの確保，眼球保護のための防御器具の提供，定期的な清掃，３年毎のペンキやニスによる塗布の実施，換気と気温の維持，食堂の設置，休憩室の設置等が定められている．熱い気候だからこその規制がなされている．

ラナプラザ事件では，建物の３階以上に縫製業の会社が入居していた．そこでは欧米のブランド企業の衣服を製造していた．欧米のブランド企業はサプライチェーン・マネジメントを果たすために労働災害や労働監督を実施するための協定を締結した．ILO,

インダストリオール，UNI グローバル・ユニオン等，繊維産業の組合，発注元の欧米企業が2014年５月15日「防災・建物安全協定」（Accord on Fire and Building Safety）を締結した．通称 Accord と呼ばれている．これを引き継ぎ2021年８月に「繊維・衣料産業における安全衛生のための国際協定」が新たに締結されている[2)]．もう１つは，アメリカ企業を中心となって締結した協定（Alliance for Bangladesh Workers Safety）もある．通称 Alliance と呼ばれている．ともに企業から基金を集め，それで安全検査官を養成して工場の検査を実施することを目指している．これは2018年に終了している．前者は，紳士協定ではなく協定違反に損害賠償責任を認めているが，後者はそれを否定している点が異なる[3)]．

チッタゴン港の近く海岸で行われている船舶解体現場において死亡や負傷事故が頻発しており，これをいかに防止するかが大きな問題となっている．

政府が管理する保険制度を利用した労災補償制度がなく，労災が発生するごとに使用者が補償額を支払う義務が課せられている（150条）．ただ100人以上の従業員がいる企業ではグループ保険に加入することが進められている．また使用者が保険料を負担する生命保険に加入している場合もある．３日以内に完治する疾病，薬物使用，故意な命令違反によって生じた事故は補償の対象にはならない．死亡，永続的な障害（全損や一部損傷）に応じて補償額が決められている．

12　労働組合と使用者団体

労働組合と使用者団体の結成が認められているが，ともに労働局長に登録申請をして認められる必要がある（177条）．登録が拒否されたり，登録を取り消された場合には，その活動を停止しなければならない．それは違法な団体になるからである．非登録組合に参加したり，活動する場合，６か月までの禁固刑，2000タカまでの罰金，またはその両方が科せられる（299条）．

登録によって法人格を取得でき，法人の名前で契約締結や動産や不動産を取得，処分を行うことができる．企業や事業所に３つ以上の組合登録は認められないので，２組合が併存している場合には，それぞれが登録できることになる．

労働者は自ら選択する組合に加入する権利を有する．ということはユニオンショップ制度のような組織強制は認められないことを意味する．二重に組合に加入することは禁止されている．これに違反した場合は，６か月までの禁固刑，2000タカの罰金，またはその両方が科せられる（300条）．

企業や事業所を超えて，同じ地域で同じ職種に従事している労働者が労働組合を結成することも認めている．皮なめし業，煙草製造，茶製造，印刷，映画演劇，精米業，ジュート製造業，100人以下の縫製業，建築業等に認められている．

登録するための要件として特徴的なことを述べておこう．企業や事業所の全従業員の30％以上が組合員でない場合，登録資格がない．当該企業や事業所の全労働者の20％以上が女性の場合，執行役員の少なくとも10％を女性としなければならない（176条）．女性組合役員の割合を労働法典の中で明記しているのはきわめて珍しい．イスラムの国で女性差別の厳しい状況であるからこそ，このような規定が定められたものと思われる．国会や地方議会の女性議員の割合や数をもうけているのと同じ発想であろう．組合に加入できる労働者には退職や解雇で雇用から除外された者も含まれる．ただし警備，守衛，消防，機密事項を扱う労働者は含まれていない．

組合役員・執行委員には次の制限がなされている．つまり，組合役員は2年を超えない任期で，役員数は以下の表のように規制されている．不道徳な行為や違反行為を犯した者が釈放後2年未満の場合や当該企業を退職している場合は役員にはなれない．後者は外部指導者を排除する意味を持っている．企業内部から組合指導者を調達するのが難しい場合，外部の指導者が労働運動を指導する場合があるが，バングラデシュはそれを排除しようとしている．外部指導者によって運動が過激化する傾向にあり，それを避けたいためである．ただ国有企業だけは全役員の10%までは外部指導者を認めている（180条）．

執行委員の数が組合員数に応じて定められている．

組合員数	執行委員数
1人～50人	5人未満
51人～100人	7人以上
101人～400人	9人以上
401人～800人	11人以上
801人～1500人	13人以上
1501人～3000人	17人以上
3001人～5000人	25人以上
5001人～7500人	30人以上
7501人～	35人以上

労働局長は登録申請を受けてから60日以内に登録簿に組合登録を記載しなければならない（182条）．申請に瑕疵がある場合には申請受理から15日以内にその旨を組合に通知し，組合がそれに対応しない場合は登録を拒否する．いったん登録されても労働法典違反がある場合，労働局長によって登録が取り消される場合がある（190条）．その拒否や取り消しに不服がある場合，労働裁判所で争うことができる．さらに労働控訴裁判所で争うことも可能である．

特徴があるのは，組合が登録されるまでは組合は不法な団体である．登録申請から登録されるまでに時差がある．その時差を利用して使用者が組合つぶしを行う場合がある．それを防止するために，使用者は労働局長の許可なく，組合役員の労働条件を不利益に変更することが禁止されている（186条）．役員を本人の許可なく他の地域に異動させることも，組合員を解雇することも禁止されている（187条）．

労働組合と使用者団体は上部組織を結成することが認められている．労働組合は5つ以上の組合さらに2地域以上で結成される労働組合は連合組織を結成できる．これも労働局長に登録申請をして登録が認められなければならない．20以上の連合組織が全国レベルの組合連合を結成でき，10以上の組合連合がナショナル・センターの組合を組織することができる.

13　不当労働行為

使用者・使用者団体側と労働者・労働組合側の不当労働行為が定められている.
使用者・使用者団体の不当労働行為には，黄犬契約，不利益取り扱い，支配介入，団体交渉代表選出手続への介入・妨害，ストライキ中のスト破りのための新規雇用，違法なロックアウトの開始・継続が挙げられている（195条）.

労働者・労働組合の不当労働行為には，使用者の許可のない勤務時間中の組合活動，組合員や役員になることを妨害すること，脅迫や監禁等によって労働組合基金への支払いを妨害すること，脅迫や監禁等によって使用者に合意を強制すること，違法ストライキや怠業の開始や継続，ゲラオや財産を破壊する行為が挙げられている（196条）.

不当労働行為に該当する行為には罰則が科せられる．使用者には2か年以下の禁固刑，1万タカ以下の罰金またはその両方，労働者には1か年以下の禁固刑，5000タカ以下の罰金またはその両方が課せられる．バングラデシュでは直罰主義が採用されており，不当労働行為をめぐる紛争は労働裁判所で審査され，刑事訴訟法上のセッションズ裁判所と同じ権限によって処理される.

14　団体交渉と労働協約

企業や事業所に1つしか組合がない場合は，その組合が交渉代表とみなされる．2つ組合がある場合，交渉代表を選ぶための秘密投票が実施される（202条）．その選挙を自ら実施できない場合は，組合や使用者からの申請で，申請後120日以内に，労働局長の指導のもとで秘密投票が実施される．選挙実施のために使用者は施設を提供しなければならない.

投票の結果，交渉代表になる労働組合が選ばれると2年間その地位が認められる．複数の組合が連合を組み，その代表が交渉代表に選ばれた場合，その任期は3年となっている．この任期が切れる120日から150日前までに次期の交渉代表を決める投票実施を労働局長に申請し，その申請受理後120日以内に秘密投票を実施して，次期の交渉代表を決めることになる.

上部団体の組合連合が，傘下の組合によって交渉代表とすることが決定された場合，その傘下の組合の交渉代表となることができる．ただナショナル・センターは交渉代表になることは否定されている（203条）.

交渉代表は，労働条件や雇用環境について使用者と交渉し，ストライキを予告や宣言をし，労使紛争がおきた場合に組合側を代表して解決にあたることが認められている．使用者との交渉を有利にすすめるために専門家の支援を受けることや，執務室の提供を使用者から認められている．交渉代表からの要求によって，組合費を労働者の給与から控除するチェックオフ制度を導入することができる．控除した金額は15日以内に使用者は組合の会計に組み入れなければならない（204条）.

交渉代表と使用者との団体交渉の結果，合意が得られた場合，それを書面に記載し，両当事者が署名をする．この合意に違反した場合には，民事裁判所での法的手続にかけられない（199条）．これはイギリス法理を継受していることを示している．その合意の写しは労働局長や調停官に送付される．合意に至らない場合，その旨を調停官に報告し，労働争議の調停手続に入っていく．

15　労使協議会

50人以上が雇用されている事業所に，参画協議会と呼ばれる組織を設置することになっている（205条）．委員は労使の代表で構成されるが，労働組合は労働者代表を指名することができる．交渉代表を出している組合の他に交渉代表を出していない組合からも委員を出すことができる．組合のない事業所では，労働者の中から代表が2名選任される．この労働者代表は組合ができるまで労働者の利益に関する活動が認められている．2か月に少なくとも1回会議を開催し，意見交換や協議を行う．もし協議の結果，一定の措置の勧告がでれば，使用者および労働組合はその必要な措置を講じなければならない．

参画協議会は，労使の信頼，協力を高めること，生産性向上を図ること，労働者と家族の福祉サービスを改善すること，安全，健康や労働条件の改善に努めることを目的としている．労働組合との役割分担は明確に分かれておらず，本来労働組合が担当する労働条件が参画協議会で取り扱われる場合もある．

16　労使紛争処理

調停官は労使の双方または一方から調停の依頼を受けてから10日以内に調停作業を進める．30日以内に調停が成功すれば，合意内容を書面に記載し，両当事者の署名をして政府に送付される．調停官のもとで合意された協定に合意した期間有効であり，期間の定めがない場合は1年間有効となる．その協定に違反する者には1か月までの禁固刑，1万タカの罰金またはその両方が科せられる（292条）．

調停が30日以内に解決しない場合は期間を延長するか，調停失敗として扱う．期間延長しても調停が失敗すれば仲裁官に付託することができる．両当事者は政府が準備する仲裁官名簿から選ばれた仲裁官に仲裁付託を合意すれば，仲裁官は付託から30日以内または両当事者が書面で合意した期間内に仲裁裁定が出される．それが最終判断とされ，それで解決される（210条）．これは任意仲裁制度が採用されていることを意味している．仲裁官は仲裁裁定の写しを政府に送付する．仲裁裁定は2年を超えない期間有効とされている．

仲裁裁定に違反する場合，1か月までの禁固刑，10000タカの罰金またはその両方が科せられる（292条）．

17　ストライキとロックアウト

両当事者は調停手続が失敗したという証明書を受理してから15日以内にストライキやロックアウトの予告を行うことができる．予告された日から7日から14日の間にストライキやロックアウトの開始日が示される．ストライキの予告は調停官の監督のもとで秘密投票（無記名投票）によって3分の2の組合員の同意が必要である．ストライキやロックアウトが開始された後，両当事者によって労働裁判所に仲裁を申請することができる．さらに30日以上ストライキやロックアウトが継続されると政府が書面でそれらを禁止できるし，その継続が生活に重大な困難を招き，国家の利益に損害を与えると判断される場合，30日経過前に命令によって禁止することができる（211条）．この場合も労働裁判所に紛争を付託することができる．労働裁判所は付託後，60日より遅くならない時期に，適切な仲裁裁定を出す．この仲裁裁定は2年を超えない期間有効である（223条）．

労働裁判所は1名の裁判長と労使各1名の委員から構成される．労働裁判所の仲裁裁定に不服な場合，労働控訴裁判所に付託し，そこでの裁定が最終となる．

注

1）長田華子『バングラデシュの工業化とジェンダー――日系縫製企業の国際移転』御茶の水書房，2014年．

2）「バングラデシュのアパレル産業で労働者保護の新協定締結」国際労働財団メールマガジン642号．https://www.jilaf.or.jp/mbn/2021/642.html，2021年12月5日閲覧．

3）香川孝三「職場の労働安全と人間の安全保障」黒澤満編『国際共生と広義の安全保障』東信堂，2017年，123-148頁．

参考文献

香川孝三「バングラデシュにおける船舶解体に見られる児童労働」香川孝三『グローバル化の中のアジアの児童労働』明石書店，2010年，59-72頁．

――――「職場の労働安全と人間の安全保障」黒澤満編『国際共生と広義の安全保障』東信堂，2017年，123-148頁．

長田華子『バングラデシュの工業化とジェンダー――日系縫製企業の国際移転』御茶ノ水書房，2014年．

日本貿易振興機構ダッカ事務所『バングラデシュ労務管理マニュアル－労働法および労働規則のポイント解説』2019年3月（https://www.jetro.go.jp/ext_images/_Reports/02/2019/d06fe8058/ef255cc/201903bgrp.pdf, 2021年12月5日閲覧）．

松崎寛「南アジアの船舶解撤現場における労働問題」季刊労働法269号，2020年，150-161頁．

（香川孝三）

第Ⅳ部

社会主義市場経済国

第13章
中　国

はじめに

中国では，労働関係は生産関係の中心的な部分であり，最も重要な社会関係の１つとして位置づけられている．それゆえ労働関係の調和や安定は，労働者および使用者の利益にとどまらず，経済発展や社会の調和および安定にも密接に関連すると強調されている．このような考え方には1949年の中華人民共和国の建国時からの社会主義計画経済体制のもとでも，1978年以降の市場経済体制への転換後も大きな変わりはない．他方，労働関係を規律する法制度の展開についてみると，大まかに1949年前まで，1949年から1995年の「労働法」の施行（同１月１日施行．2009年改正）まで，1995年から「労働元年」と呼ばれる2007年の新たな３つの法律（労働契約法（以下，労契法），就業促進法，労働紛争調停仲裁法（以下，労働仲裁法））の立法までと，2007年以降と分けることができる．このように段階的に発展してきた中国の労働法制は，個別的労働関係法の発展と集団的労働関係法の未整備という特徴をもつ．なお，市場経済導入前後における法制度には，断続性と継続性があり，一見，先進諸国の労働法制と同水準に近づいているような規定もあれば，他方，社会主義国家ならではの考え方に基づく規定も依然少なくない．さらに，中国では，立法に際し漸進的方式（試験的に一部の地方で実施し，経験を積んでから立法する）が採られていることに加え，そもそも具体的な運用については国務院や各省庁から公布される行政法規および地方立法に委ねられる部分が多い．そのため，中国労働法制についての理解は決して容易ではない．ここでは，雇用の平等，労働市場政策，労働法制の履行確保についての特徴を指摘したうえ，主に「労働法」以降の現行法の内容，特徴や課題を中心に論じる[1)]．

（1） 雇用の平等

憲法上の平等理念に基づき，雇用における差別の禁止および平等取扱いについては，各法において規定されている．たとえば，「労働法」12条では，就業に関して，民族，種族，性別，宗教信仰による差別を受けないことを定めている．就業促進法では，民族，人種，性別，宗教，思想信条，障がい，農民工，伝染病を理由とする差別を禁止している（３条，27条～31条）．その他，各法や行政法規においても禁止される事項があげられている．しかし，差別とは何か，どのような状態を指すのかは明らかではなく，また，各禁止規定の法的効果についても定めがなく，理論的に検討すべき課題が多い．たとえば，近年，男女間の異なる定年年齢をめぐって様々な議論が展開されている．1950年代以来，長い間，定年年齢について，男性60歳，女性幹部55歳，一般女性労働者50歳となっていたが，少子高齢化の進展や年金制度が整備されるなか，年金受給開始年齢の引き上げとともに，定年年齢の引き上げも検討されるようになっている．2015年の行政通達により女性幹部（一定の資格を有する技術者，研究者などを含む）の定年年齢が男性と同じく60歳に引き上げられた．学説では，年金受給開始年齢にあわせて定年年齢を段階的に引き上げるとしても，男女異なる定年年齢の設定について，これまでの女性労働者に対する「保護」という考え方を維持するのか，それともこれを「差別的取扱い」と考えるのか，など議論されている．なお，定年年齢に限らず，包括的な差別禁止法（または雇用平等法）の立法の必要性も提唱されている．

（2）　労働市場政策

中国における労働市場政策の根本的な考え方は，多様な就業形態に基づく就業を促進することであるといえる．1978年以降の市場経済制度の導入とともに，労働契約制度が実施された．そして，従来の固定工制度の改革にともない，大量の失業者が現れることを回避するために，政府は1990年代初頭より，「積極的な就業促進政策」をかかげ，一連の政策文書を公布し，柔軟な就業形態による就業の実現を図った．その結果，有期労働契約を中心とした，労働者派遣やパートタイム労働者，自営的就労などからなる流動性の高い労働市場が形成された．しかし，長い間，雇用情勢は依然として厳しい状況にあり，政府は，2015年には，「インターネット＋行動」計画を実施し，IT の発展とそれが生み出すシェアリング・エコノミーの拡大を進めている．これにより，インターネットプラットフォームを利用した新しい就業形態による就労者が増加している．2019年には，多様な就業形態による就労への支援をさらに強調するとともに，雇用安定に向けた社会保険の企業負担の低減や障がい者・失業者への就業支援策を打ち出している．なお，就業の実態に照らして，労働保護法制の整備が遅れているうえ，相次いで政策的に進める就業形態にともなう新たな課題も出現し，法的に多くの課題を抱えている．

（3）　労働法制の履行確保

中国では，労働者の権利および利益の保障を担保するために，制裁（懲罰）的な金銭支払いの仕組みがとられており，行政罰としての過料だけでなく，民事罰的な賠償金，経済補償金，２倍の賃金の支払いなどが法律で定められている．このような，労働法制違反の使用者に対する制裁的な金銭支払いの制度（過料，賠償金，経済補償金）は，日本における労基法上の付加金や労働行政の過料と対比して，中国の特徴的な仕組みであり，実務的にみれば，その制裁的な効果は大きい．さらに，2017年より，労働法および社会保障法に関する法令違反行為に対する行政監督の重点化を図るために，企業の法令遵守状況に基づきその企業の「信用度」にランク（A・B・C）をつける制度が実施されている．

1　労働者・使用者

中国法においては，日本法のように「労働者」および「使用者」（雇用単位）について定義規定はなく，「使用者」たる主体について列挙したうえ，それらとの間で「労働関係が成立している」者を「労働者」とする手法がとられている.

(1) 使用者

一般的に，使用者とは，労働者を雇う主体的資格を有し，労働者を組織して労働させかつそれに対して賃金を支払う主体を指すとされている.「労働法」，労契法および労契法実施条例（以下，実施条例）においてその範囲が列挙されている.

労働法制が適用される「使用者」は，① 国内の企業，個人経済組織（従業員数が7名以下の個人経営もしくは家族経営），民間非営利組織等，② 国家機関，「事業単位」（公益の目的で設置された組織で，教育機関や医療衛生機関等が典型例である），社会団体（労働組合，共産党青年団，婦人連合会など）(「労働法」2条，労契法2条)，③ 会計事務所，弁護士事務所等パートナー組織と基金など（実施条例3条）が含まれる．これらのうち，上記①については，「本法を適用する」とされ，②については，「本法に照らして実施する」とされている．②に該当する主体は，労務提供者との間で「労働関係が成立」している場合にのみ労契法上の適用対象たる使用者となる[2)]．労働法制が適用される労働関係と，公務員関係を指す「人事関係」が明確に区別されるなか，長い間，②の「事業単位」の位置づけが，不明確であったが，徐々に労働関係として扱われる範囲が広がっている．もっとも，このような使用者の範囲も厳格に限定されるものではなく，たとえば，法所定の範囲に含まれていない組織または個人のもとで労務を提供する者が「労働者」としての保護を受けられるかどうかという問題も生じている.

(2) 労働者

中国においては，一般的に，労働者，工人，職工などその名称のいかんを問わず，労働能力を有し，労働に従事することによって合法的に生活の糧である経済収入を得ているすべての者を指すと解されている．労働法制の適用対象たる「労働者」について法律上の定義はなく，労働能力を有する自然人であり，使用者との間で書面による「労働関係が成立している者」であると規定されている（「労働法」19条参照）．公務員，農業労働従事者，現役軍人，家事労働従事者等には，「労働法」は適用されない[3)].

「労働関係の成立」とはどのような状態を指すのか．2005年の行政通達において，労働者が使用者の指揮命令のもとで有償労働に従事する場合とされている．具体的には，賃金支払記録，勤怠記録，社会保険料の納付記録，「従業員証」等身分証明証，応募書類，その他の労働者の証言などが判断要素としてあげられている．学説では，日本法と同様に「使用従属関係」の有無，すなわち，仕事の依頼，業務従事の指示等に対する諾否の自由の有無，業務遂行上の指揮監督の有無，時間的・場所的拘束の有無，代替性の有無，源泉徴収の有無，福利厚生や労働保険の適用の有無などの諸要素の総合判断による，とする見解もある．一見，日本法と似たような議論もみられるが，裁判例の蓄積などさらなる議論の熟成が必要である．なお，個人請負や業務委託就業者，学生アルバイト，家事労働従事者などの労働者性をめぐる問題に加え，シェアリング・エコノミーの利用にともなうネット配車サービス従事者の労働者性の判断など新たな課題も現れている.

2 賃　　金

（1） 賃金の定義

賃金とはなにか.「労働法」上定義規定はない. 1995年施行の「賃金支払に関する暫定規定」によれば, 賃金とは, 使用者が労働者に対して, 労働契約上の合意に基づいて支払われる労働に対する報酬であり（3条), 現物給付は禁止される（5条). 一般的に, 使用者が労働者に対して支給する労働の対価としての賃金を基本に据えつつ, 一時金や手当も賃金の範疇に含めているが, 行政法規もしくは集団契約, 就業規則, 労働契約に定めがなく, 任意的・恩恵的な性格を有するものは賃金に含まれないと解されている.

（2） 賃金体系と賃金の決定

計画経済から市場経済への転換に伴い, 従来の政府が統一的に分配し, 管理をしていた賃金体系も大きな変革を要請され, 欧米型の能力主義や成果主義が浸透し, また, 生産ラインなどでは出来高給が普及している.

賃金決定は, 最低賃金を下回らない範囲内で, 個別労働契約による決定と, 就業規則や集団契約（労働協約）による集合的決定が予定されている. 実際, 集団契約による場合など集合的決定は, 形骸化している.

賃金の構成は, 企業の類型（国有企業, 外資系企業, 民営企業など）によりやや異なるが, 一般的に, 基本賃金とそれ以外の賃金に分けられる. ① 基本賃金は, 労働者の所定労働時間内の労務提供に対して支払われる賃金である. ② 基本賃金のほかに, 法定時間外の労働に対する割増賃金および各種手当, 賞与や福利待遇なども賃金の構成要素となる. 賞与に関して, 現行法では, 国有企業に関してのみルールが定められているが, 基本的には企業の裁量に委ねられている.

（3） 賃金支払に関する原則

中国法においては, 憲法上の規定に根拠をもち, 働いた分に応じて分配を行う原則と同一労働同一賃金の原則（「労働法」46条）が定められている.

働いた分に応じて分配を行うとは, 文字通り, 多く働けば多く得て, 少なく働けば少なく得ることになるが, 労働の量と質の両方に基づいて対価を分配することが求められる. しかながら, 実際上, 賃金には労働の対価以外の構成要素も多く含まれている.

同一労働同一賃金原則について, 労契法において, 賃金について明確な合意がないときまたその合意をめぐって争いがあるとき, 依拠する集団契約がないときには, 同一労働同一賃金の原則を基づいて実施すること（11条, 18条), 派遣労働者は, 派遣先に雇用されている同種の労働者との間で同一賃金を得る権利を有する, と規定されている（63条). 行政法規[4)]においては, 同一労働同一賃金について,「使用者が, 同じ仕事に従事し, 同じ量の労働を提供しかつ同じ業績（成果）を出した労働者に対しては, 同じ賃金を支払わなければならないことを指す」と解されている.「同一労働」について, 当該企業での同種のポストに従事している労働者のみならず,「当該地域の同種または類似のポストに従事している労働者」と規定されている（労契法63条）．もっとも，同条は派遣労働者に対する規定であるが，裁判例においては，派遣労働者以外の事例においても，「企業所在地の同種のポストに従事する者」の賃金を基準に支払を命じるケースがみられる．ただし，裁判例においては，否定例がほとんどである．

（4）　賃金支払いの確保

賃金支払いについては，通貨払いの原則，直接払いの原則，全額払いの原則，定期支払いの原則が定められている．また，社会活動等への参加期間，各種休暇期間，操業停止時など特殊な状況における賃金の支払いのほか，農民工に対する賃金支払いに関する特別な規定がある．賃金債権の履行確保措置として，「企業破産法」等による賃金債権の優先弁済権等，支払命令による履行確保措置に加えて，賃金基金制度，未払い賃金保障金制度がある．

このうち，操業停止についてみると，労働者の責めに帰すべきでない事由により，企業の生産が停止した場合には，使用者は労働契約に約定された賃金を支払う義務を負う．その他，賃金の控除ができる場合と控除できる限度についての規制がなされている．賃金の控除ができるのは，個人所得税，社会保険料および法律法規に規定のある場合のみである．たとえば，労働者が企業に損害を与えた場合の損害賠償金も賃金から控除できるが，毎月控除される金額は賃金の20％を超えてはならず，また，控除後の残余部分が当該地域の最低賃金を下回る場合には，最低賃金の基準で支払わなければならない．使用者が労働契約や法律で定められている賃金を支払わなかった場合には，労働行政部門は是正命令を下し，賃金の支払いおよび賠償金の支払を命じることができる．

このように，政府はいくつかの規制を制定し，賃金支払の確保を図っている．しかしながら，現実には，特に出稼ぎ労働者を中心に賃金不払の現象が多発し，大きな社会問題となっている．そこで，政府は，農民工に対する賃金不払い問題を解決するため，「農民工賃金給付保障条例」（2020年５月１日施行）を公布し，賃金給付方式の標準化，賃金未払い分の清算，建設分野に対する特別規定，行政機関の管理，監督責任を明確化し，賃金支払い拒否に対する罰則が強化されている．

（5）　最低賃金制度

「労働法」48条において，地域別最低賃金制度を実施すると規定されている．具体的には，「最低賃金規定」（2004年３月１日施行，以下，最賃規定）による．地域間の経済発展レベルの格差に配慮するため，最低賃金基準の決定は各省，自治区，直轄市レベルでなされ，また，同一の省等内においても，それぞれの行政区域において異なる最低賃金基準を設定できる．最低賃金基準は各地方の労働行政部門，労働組合（工会）と企業側の代表が協議したうえで決定され，中央の労働行政部門に届出をし，それに関する修正意見がなければ適用となる．

最低賃金の決定に際し考慮される要素として，労働者およびその扶養家族の最低生活費，従業員の平均的な賃金水準，地域間の経済発展の格差，労働生産の状況，雇用状況などがあげられている（「労働法」49条，最賃規定６条）．また，最低賃金は，少なくとも

2年ごとに調整されなければならない（最賃規定10条）．ただし，近年，景気の減退に伴い，広東省など一部に地域で，3年に1度調整をするとの通達が出されている．

最低賃金が公布されてから10日以内に，使用者は，労働者に対してそれを周知しなければならず，これに違反した場合，労働行政部門より期限を指定し是正を命じ得る．また，労働者に支払われる賃金が最低賃金を下回る場合，労働行政部門は使用者に対して，差額の支払いおよびその2倍ないし5倍の賠償金の支払を命じ得る（最賃規定13条）．ただ，ここでいう最低賃金には，割増賃金，法律で定められる福利待遇，特殊な就労環境で勤務する場合の手当などは含まれない．

なお，中国における最低賃金制度は，企業間の公正競争の確保や経済不況期の購買確保といった最低賃金の経済政策よりも，低賃金労働者の保護，及び労使関係の安定による社会的緊張の緩和といった社会政策的側面としての色彩が強い．

3　労働時間・休日・休暇

日本法と同じく，法律上，労働時間についての定義規定はない．

（1）労働時間・休憩・休日

法定労働時間について，「労働法」上は，1日8時間・1週間44時間を超える労働を禁止している（36条）が，1995年の国務院の「労働者の労働時間に関する規定」（以下，「労働時間規定」）により1日8時間・1週40時間に（3条）なった．休憩時間については，運用上1～2時間の休憩を与えること，始業から4時間経過後に付与することが一般化しているが，法律上の規定はない．休日については，「労働法」38条において，使用者は，労働者に対して，毎週少なくとも1日の休日を与えなければならないと定められているが，「労働時間規定」に基づいて，週休2日制が導入されている．なお，休日を増やすなど労働時間を短縮する整備が進められているが，実態と法律との乖離は大きい．

鉱山，坑内，森林，地質調査や有害物の取扱いなどの特定業務への従事者，夜間業務従事者に対して，労働時間の短縮についての例外が設けられている（「労働法」39条など）．この場合，労働行政部門の許可を得なければならない．

（2）非標準型の労働時間制度

「労働法」によれば，事業や業務の性質上，法定労働時間に関する原則の適用が難しい場合には，非標準型の労働時間制度を導入でき（39条），「不定時」型労働時間制度と「総合計算」型労働時間制度という2種類の非標準型の労働時間制度が予定されている（労部発〔1995〕143号．5条）．具体的には，（旧）労働部の「部門規章」[5)]に定められており，導入に当たり，現地の労働行政部門の許可が必要である．

「不定時」型労働時間制度は，事業や業務の特殊性に基づき，労働時間・休日に関する原則の適用が除外される制度であり，①管理層やセールスマンなど，その労働時間を計算することが難しい場合，②タクシーの運転手など，業務性質上フレキシブルな時間で働く必要があるなどの場合に利用できる．

「総合計算」型労働時間制度は日本の変形労働時間制度に類似する．これは週，月，年を単位として労働時間を総合的に計算する制度であり，平均して1日および1週間の労働時間が法定労働時間と基本的に同様であることが求められる．この制度が適用されるのは，① 交通，鉄道，郵便，海運，航空，漁業など業務の特殊性によって連続作業が求められる者，② 地質や資源調査，建築，製塩，製糖，旅行業など季節や自然環境の影響が大きい業種の一部の従業員，③ 一定の期間単位で総労働時間を算定するに適している業務に従事している者である．同制度のもとで，時間外労働となるのは，単位期間の法定労働時間の枠を超えた場合である．

（3）　時間外・休日労働・法定祝祭日労働

法定労働時間を超えて労働させる場合，使用者は，労働者や労働組合と協議しなければならない．

時間外労働の上限は1日1時間を超えてはならないが，業務上の必要性に基づきさらに延長が必要な場合は，労働者の健康に配慮したうえで，1日3時間，1か月36時間を超えない範囲で労働させることができる（「労働法」41条）．ただし，実際にはこれを超える時間外労働も少なくない．なお，自然災害など緊急時の場合には，上記41条の規定は適用されない（「労働法」42条）．

時間外・休日労働に対して，割増賃金の支払と振替休日の提供という2種類の補償方式が予定されている．割増賃金の割増率であるが，時間外労働の場合には通常の賃金の150％，休日労働で振替休日の提供ができない場合には通常の賃金の200％，法定の祝祭日の労働の場合には通常の賃金の300％となる（「労働法」43条）．

このように，中国では，振替休日を休日労働の優先的補償としていると同時に，比較的高い割増率が設定されている特徴を有する．高い割増率は長時間労働の予防のためであったが，かえって，労働者が割増賃金を獲得するため長時間労働をするケースもみられる．他方，いわゆる「サービス残業」も存在するというのが実情である．

（4）　法定休日・休暇

あらかじめ設定される労働義務のない法定休日のほか，いくつかの休暇の権利も労働者に付与されている．これには，年次有給休暇，出産休暇，病気休暇，慶弔休暇，労働者の私事による休暇，親族訪問休暇（探親暇）などがある．休暇に関して，国家レベルで規定されるものも一部あるが，多くの場合，各地方政府による具体的な規定が設けられているため，地方ごとにやや異なる適用がなされることがある．

「労働法」40条と2007年改正「全国祝祭日休暇弁法」では，法定の公民全体の休日となる祝日を定めている．2008年1月1日より，一部の伝統的な祭日（清明節，中秋節など）が法定祝祭日とされ，法定の祝祭日は合計11日間（春節と国慶節を含む）となった．このほか，行政法規において，結婚・葬儀休暇，親族訪問休暇などの有給（賃金控除を禁止する）の休暇制度が定められている．親族訪問休暇は，共働きが一般的となっている中国では遠隔地で離れて勤務する夫婦も少なくなく，家族団欒や労働者が里帰りするための休暇であり，中国の特徴的なものである．そもそもこの制度は公務員や国有企業等の労働者を適用対象としていたが，今も残っている．ただし，外資系企業や民営企業などにおいては，この制度の施行は法規上強調されてないため，企業の裁量による．なお，年次有給休暇制度の整備に伴い，同制度の廃止を主張する見解も現れている．

（5）年次有給休暇

「労働法」45条において，労働者が継続して1年以上勤務した場合，年次有給休暇を取得できると規定されていたが，2008年の「有給休暇条例」（1月1日）の施行まで，長い間，具体的な規定は空白状態であり，実際に労働者が年休を利用することはほとんどなかった．同条例によれば，年休の日数は労働者の勤続年数に連動しており，1年以上10年未満の場合は5日間，10年以上20年未満の場合は10日間，20年以上の場合には15日間となっている（3条）．

年休の受給に関してはいくつかの例外がある．つまり，病気休暇，労働者の私事による休暇など，すでに所定日数（またはそれを超える）の休暇を取得した場合，かつ，賃金が減額されてない場合，また，比較的長期の病気休暇（勤続年数に比例する）を取得したなどの場合には，年休を享受できない（4条）．消化できなかった年休の繰越は基本的にできないが，企業の生産実情によって，1年間の限度で繰越しが認められる．そして，企業は，生産時期等の理由で労働者に年休を利用させることが難しい場合，労働者の同意を得たうえで，休暇を付与しないことができる．しかし，この場合，企業は労働者の1日当たりの賃金の300％を，賃金として支払わなければならない（5条）．

年休権行使のための監督とそれに違反した場合の処罰は，主に県レベル以上の政府の労働行政部門に委ねられている．まず，該当する労働行政部門は職権により，企業における年休権行使の状況について監督できる．年休権の行使に関する規定の違反があった場合，労働行政部門は期限内の是正を命じ得る．企業が是正命令に応じなかった場合，労働行政部門は上述の300％の賃金および同額の賠償金の支払を命じることができる（6条，7条）．

4　女 性 労 働

女性労働者に関する法整備は，1951年の「労働保険条例」を起点とし，女性の就業促進とともに，女性労働者の保護という考えを中心に展開されてきた．主な法律として，「女性労働者に対する特別保護規定」（1988年9月1日施行．2012年改正．以下，女性規定），「女性の権利利益保障法」（1992年10月1日施行．2018年改正．以下，女性法）などがある．女性労働者に対する保護規定は，重労働の禁止や女性に適しない職種への配置の禁止といった女性労働者全体に対する保護と女性の母性機能に着目した特別保護に分かれる．特別保護には，女性の4期（生理，妊娠，出産および授乳期）における保護規定が設けられている．なお，日本のような比較的長期の育児休業を保障する制度はない．

（1）募集・採用における差別の禁止

1990年代以降，雇用における女性に対する差別をめぐる法的紛争が増加し，女性の妊娠・出産およびそれにともなう法律上の配慮措置や費用負担等を回避するために，採用に際し女性に対して，恋愛，結婚，出産について制限をつける現象が発生した．そうしたなかで，募集採用に際し，結婚や妊娠出産について制限を加えることが禁止された（女性法23条，就業促進法27条）にもかかわらず，大きな改善がみられなかった．2018年2月に，人力資源・社会保障部や教育部など9部門が合同で「募集行為の規制による女性の就職促進通知」を発表し，禁止事項として，募集採用における男女差別のほか，女性の婚姻・出産状況の聴取，入社時の健康診断における妊娠検査，募集採用における出産制限などが明記された．

（2）　妊娠・出産を理由とする不利益取扱いの禁止

法律上，①結婚および妊娠を理由とする解雇，産前産後休業および授乳期間中の解雇が禁止されている（女性規定5条，「労働法」29条，労契法42条）．解雇の禁止は「その期間中」であり，有期労働契約の場合は，当該契約の期間の満了まで延長される．②また，産前産後休業や授乳期間中の賃金の減額が禁止されている（女性規定5条，女性法27条）．

（3）　妊娠出産および産前産後休業など

母体と胎児の保護という視点からいくつの規定が置かれている．①勤務時間中の健診時間の確保とそれに対する賃金の減額が禁止され（女性規定5条・6条参照），②妊娠中の女性労働者に対しては，強度3級の体力労働への配置が禁止（「労働法」61条）されている．③妊娠中の女性が医療機関の証明を備え付けて使用者に対して軽易業務への転換を求めた場合，使用者は，業務の軽減やその他の軽易業務への配置義務を負う（女性規定6条）．④妊娠7か月以上の者に対しては，勤務時間中に一定の休息時間を与える義務があり，また時間外・深夜労働が禁止される（女性規定6条，「労働法」61条）．

産前産後休業については，長い間，比較的短期間の産休期間が設けられていたが，2012年以降，98日間の産休が保障されることになった．このうち，15日間を産前休業として取得できる．難産の場合は，休暇を15日間加算することができる．双子以上の場合は，子の数に応じて，1人につき15日間の産後休暇が加算される．また，産後休業は，流産した場合にも適用されるが，休業日数が短縮される（女性規定7条）．

少子高齢化対策の一環として2015年に改正された「人口及び計画出産法」によれば，一定の要件をみたす夫婦に対しては，産休の延長またはその他の福利厚生を与えることができる（同法25条）．これに基づき，2016年より一部の地域では条例によりさらに60日間の産休の追加を認めている．また，男性労働者に対しては配偶者出産休暇が付与され，休暇日数については，地方によって異なる．

産前産後休業については，原則として休業前の賃金が保障され，（後述の）出産保険基金から支給される．なお，育児保険に未加入の場合は，使用者が負担しなければならない（女性規定7条）．「女性従業員の保健に関する規定」によれば，産休期間満了後の職場復帰に際し，1～2週間の慣らし期間をおき，徐々に従前の仕事に戻すよう配慮する義務を負う．

(4) 授乳期間中の保護など

授乳期間中の女性に対しては，①時間外および深夜業が禁止され，また一定の重労働（強度3のもの）への配置も禁止されている．②労働時間中に1時間の授乳時間を与えなければならない．二子または多子出産の場合は，子の数に応じて，1人につき1時間追加される（「労働法」63条，女性規定9条）．

ここでいう，授乳期間とは原則として，子が満1歳に達するまでの期間を指す（「労働法」63条）．なお，子が満1歳に達した後，子の体調が弱くケアが必要な場合は，6か月を上限として授乳期間を延長できる．この場合，医療機関による証明を提示しなければならない．なお，授乳については，母乳による授乳と限定する明文はない．実際，授乳期間中の特殊保護を保障する私営企業はほとんどないようである．

(5) 出産保険制度

中国における出産保険制度は1951年の労働保険条例にはじまり，当初は，出産に伴う費用のすべてを企業が負担していた．市場経済の発展にともない，次第に，出産費用の企業別管理・負担方式が，女性の採用にマイナス影響をもたらすようになった．こうした状況の改善を図るために，1994年より，出産保険基金を設立し，出産にともなうコストを企業負担から社会負担へ移行させた．その後，コストの社会的負担の拡大および負担の均等化をはかるため，2010年の社会保険法（2011年7月1日施行）の立法に際し，社会保険の1つとして格上げされ，2017年より出産保険と医療保険の統合が行われた．

出産保険基金の運用主体は政府である．出産保険料は使用者の全額負担とされ，労働者の負担はない（社会保険法53条）．保険給付は，出産費用および出産手当に分けられる（同54条）．①出産費用は，出産保険に加入している企業の女性労働者のみならず，男性労働者の配偶者が「専業主婦」である場合には，その男性労働者も支給対象となる．出産費用には，出産に関する検査費，分娩費，手術費，入院費，薬代など（上限あり）が含まれる．②出産手当は女性労働者の産休期間中の賃金保障である．

5　児童労働・年少労働

児童労働禁止規定（2002年改正）によれば，雇用において，満16歳未満の者は児童とされ，労働が禁止されている（2条）．ただし，スポーツや演劇などの場合には親権者の同意を得て就労させることができる．また，教育機関や職業訓練機構における技能訓練などを目的とする場合の就労は，児童労働に該当しない（同13条）．

未成年保護法（2012年改正）によれば，未成年とは満18歳未満の者を指す（2条）．満16歳以上満18歳未満の者の使用にあたり，労働時間の短縮などが規定されている．さらに，危険有害業務への配置は禁止されている（38条）．

なお，法違反に対して厳しい罰則が定められているものの，近年児童労働問題も発覚し，政府は，さらに取締りを強めている．

6　労働安全衛生・労働災害

（1）労働安全衛生

労働過程における安全衛生の確保については，1994年の「労働法」にも規定があるが，具体的には，2002年の労働安全衛生法（2014年改正）を中心に，鉱山安全法，職業病防止法（2017年改正）などがあり，国および企業の安全衛生確保責任が明確にされている．しかし，特に1990年代以来，職業病や大規模な労働災害が多発し社会問題化するなか，それらに対応するために，相次いで法改正がなされている．

労働安全衛生法は，安全生産や管理監督の強化，事故の防止，労働者の生命および財産の保護を目的としており（1条），すべての使用者に適用される（2条）．主な規定として，安全管理・監督体制の整備，職業病の診断や治療についての監督管理，人的資源・社会保険（主として職業病患者の社会保障の監督管理）などがあげられる．2014年の法改正では，安全生産の強化を図るための52の項目が改定され，罰則が強化された．また，安全生産に関する規則の作成にあたり労働組合への意見聴取が義務化されている．

（2）労災保険制度

労災（工傷）法制は，1951年に制定された「労働保険条例」に遡る．立法当時，労災は業務上の負傷に限定され，職業病や通勤災害は含まれていなかった．1980年代以降，労災保険制度の再構築が行われ，2003年の労災保険条例（2010年改正）により制度化され，労災の認定，労災保険の加入手続，給付内容などが明確化された．その後，2010年の「社会保険法」に格上げされている．同法において，労災保険の給付は「業務上」を要件とし，また，労災認定は便利性・簡易性（36条）を図る旨定められている．なお，具体的な内容については，労災保険条例（以下，条例），労災認定弁法（2011年1月1日施行）などの定めによる．

（a）労災保険の加入と管理

労災保険の保険者は，労働行政部門であり，労災保険基金の管理運営を行う．国はそれぞれの業種の労災リスクの程度に応じて保険料率を決め，さらに労災保険料の支出，労災発生率等によって，各業種内にいくつかの保険料率のランクを確定する（社会保険法34条，条例5条，7条～9条）．

国内のすべての企業は労災保険の適用事業とされ（条例2条），保険料の全額を負担しなければならない（社会保険法33条，条例10条）．労災保険未加入の使用者に対しては，行政部門より期限を指定して加入を命じるとともに，滞納金（日割りで保険料金の0.05%）が徴収される．期限までに納付しない場合，労災保険料の3倍までの罰金が課される（条例62条）．

（b）労災の二元的補償と使用者負担

中国における労災補償は，当初（1951年の条例）より，労災補償（障害による労働能力の喪失の程度に応じた所得補償等）と使用者負担の二元的な補償であった．つまり，症状が固定し，障害が残った場合にのみ労災保険の基金から補償され，それ以外の治療費や治療期間中の賃金等については，使用者の負担となっていた．

このような二元的な補償の考え方は，現行法制においても維持されているものの，2010年の条例により，使用者負担は大きく軽減された．すなわち，現在，使用者の負担は，被災労働者の治療期間中の賃金と福利厚生（原則として1年間に限られ，最大2年間まで延長できる），障害等級5～6級の労働者の労働契約の解約または終了に際し，一時金として障害就業補助金，障害医療補助金の支払にとどまる．なお，これらの補助金の基準について各地方に委ねられている（36条）．労災保険未加入の場合，使用者は，労災補償基金からの給付も含めてすべての補償を負担しなければならない（62条）．

（c）　労災認定と申請

労災保険基金による給付が認められる労災として，業務災害を中心としつつ，通勤災害も認められるようになっている．

条例によれば，労災認定に際し，「勤務場所」「勤務時間中」を要件としている．たとえば，① 勤務時間内に，勤務場所において，業務上の事由により負傷した場合，② 勤務時間の前後に，勤務場所で準備や片付けの作業をする際に負傷した場合，③ 職業病に罹患した場合，④ 出張中の業務が原因で負傷した場合である．このほかに，勤務場所において，勤務時間内に急死または48時間以内に死亡した場合，公益活動における負傷など（14条，15条）についても，労災保険の適用が認められている[6]．

通勤災害については，通勤途中での労働者の責任に帰さない交通事故による負傷またその他の公共交通機関の事故による負傷などが労災の対象とされた（14条）．通勤時間および経路については，合理性が求められる[7]．なお，労働者が交通ルールを違反した場合の事故による災害の扱いや「通勤途中」の判断が不明確であるなど，課題も少なくない．

災害が発生した場合，使用者は該当地域の労働行政部門に労災認定を申請しなければならない．使用者が申請しなかった場合，労働者またはその親族，もしくは，労働組合が直接労働行政部門に申請できる（17条）．労働行政部門は申請がなされてから60日間以内に労災認定の有無について決定する（20条）．また，労災の認定に際して，労働者と使用者の主張が一致しない場合の立証責任を使用者が負う（19条）．なお，故意の犯罪行為による場合，飲酒または薬物使用による場合，自傷または自殺は除かれる（16条）．

（d）　労災給付

労災の保険給付については条例（30条～45条）に規定されており，治療に必要な医療費，一時的な傷病補償金，復帰できなった場合に毎月支払われる傷病手当，葬祭料，遺族補償給付などが含まれる．傷病補償金および傷病手当の金額は，被災労働者に対する労働能力鑑定の結果に応じて変動する．労働能力の鑑定は，傷病の程度に応じて1～10級に分かれており，医療専門家の意見に基づき，労働能力鑑定委員会が行う．なお，労働能力の鑑定を拒んだときや治療を拒否したなどの場合には給付が停止される（42条）．

7　労働契約の締結

（1）　書面要件

労契法では，労働契約を書面で締結することを定めている（10条）．労働契約において，契約の期間，職務内容，勤務地，労働時間，休憩休暇，賃金，社会保険，安全衛生等の必要記載事項を明記しなければならない（17条）．書面の労働契約を締結せずに，実際の労務提供が開始された場合は，1か月以内に書面の労働契約を締結しなければならない（同条2項）．1か月を超えても書面の労働契約を締結しない場合，使用者は，労働者に対して，2倍の賃金支払い義務を負う（82条1項）．さらに，1年を超えて書面の労働契約を締結しない場合は，期間の定めのない労働契約が成立したものとみなされる（14条3項）とともに，2倍の賃金の支払いも求められる（82条2項）．こうした厳格な要式性とそれに対する違反への制裁は中国法の大きな特徴である．書面性の要件は，「労働法」においても定められていたが，労契法においては，違反に対する制裁を強化する形で取り入れられた．しかし，労働契約の書面化や後述の就業規則の使用者による制定によって，必ずしも内容的に合理性のない条項（覇王条項とも呼ばれる）が盛り込まれることもあり（たとえば，トイレの時間・回数の厳格な制限等），書面化をめぐる問題も少なくない．

（2）　労働契約の期間――有期労働契約

労契法12条によれば，労働契約は，その期間によって，期間の定めのないもの，期間の定めのあるもの，一定の事業の完成に必要な期間を定めるもの，との3つの類型に分かれる．中国の大きな特徴は，一般的に，期間の定めのある労働契約が多く，正規労働者でも，通常，有期労働契約を締結していることである．期間の長さについて規制はないが，同法14条1項では，①労働者が当該使用者の下で10年以上勤続している場合，②法定退職年齢まで10年未満の場合，③労働契約を2回更新した場合，労働者は期間の定めのない労働契約の締結を使用者に求めることができるとされ，更新回数の規制が設けられている．特に，③の規制により，有期労働契約の反復更新に制限が設けられ，期間の定めのない労働契約への誘導が図られている．ただし，その効果については，運用実態や裁判例の状況などは十分に研究されてない状況にある．

有期労働契約であっても，労働者は30日前までに書面で予告することにより辞職することができる（37条）．また，有期労働契約はその期間の満了によって終了する（44条）が，使用者は，解雇と同じく，経済補償金を支払う義務を負う（46条参照）．

（3）　試用期間

有期労働契約の場合にも，試用期間を設定できるのが中国法の特徴であり，労働契約の期間に応じて，試用期間の上限規制がある．すなわち，3か月以上1年未満の契約の場合は1か月以内，1年以上3年未満の契約の場合は2か月以内，3年以上および期間の定めのない契約の場合は6か月以内とされている．試用期間中は非違行為があった場合や身体的・能力的適格性を欠く場合を除き，解雇してはならないが，そうした事情が認められれば，即時に解雇されるため，地位が不安定となる．

8　労働契約上の権利義務と就業規則

(1)労契法は，すべての使用者に対して就業規則（労働規章制度）の作成を義務づけており，労働条件の決定・変更の重要なファクターとして位置づけている．特に，賃金，労働時間，休憩休暇，労働安全衛生，福利厚生，教育訓練，職場規律および労働ノルマの管理など，重要な事項の制定または変更に際し，従業員代表大会あるいは従業員全体の討論を経て，労働組合または従業員代表大会と協議して確定しなければならない（4条）．また，就業規則や重大な決定事項については，使用者は，これを公示し，労働者に周知しなければならない．就業規則の周知については，書面の配布など実質的な周知が求められる．

そして，就業規則の実際の運用や適用において，労働組合または従業員が不適当と認めるときには，使用者にその旨申し入れ，協議を通じて改善を求める権利を有するとされ，労働者側にも就業規則の変更について，イニシアティブが与えられている（最終的に変更するのは使用者である）．また，労働行政部門には，就業規則について監督する権限が与えられており（74条），法令に違反する内容については，是正を命じ得る（80条）．

(2)労働契約において，服務期間と秘密保持・就業制限の特約を定めることができる．服務期間とは，特殊な教育訓練に使用者がその費用を提供した場合に，一定の継続勤務期間を合意し，その期間満了前に退職する場合に違約金を定めるものである（22条）．違約金は，服務期間の履行期間に応じて逓減される．秘密保持・競業制限の特約については，それに相当する経済補償金の支払いを求められる（23条）．競業制限の特約を締結できるのは上級管理人員等に限られ，期間は2年までとされる（24条）．違反した場合には，労働者は違約金を支払わなければならないが，22条と23条の場合を除いて，違約金の定めをすることは禁止されている（25条）．

(3)労働契約の変更は，当事者の合意により行える（35条）．就業規則が最低基準を定めるものであるが，労働契約の内容を就業規則よりも不利益に変更することは認められない．他方で，労働契約に定めのない部分については，就業規則の変更を通じて，労働条件を変更することも可能と考えられる．なお，使用者は，労働者の同意がなければ，時間外労働を命じることはできず（31条），また，労働者は危険な業務への従事を拒否できる（32条）．

就業場所や職務内容は，労働契約の必要記載事項であり，その変更となる配転や出向には，個別的な同意が求められる．なお，中国では，日本のような勤務地の変更を伴う転勤はほとんど予定されていない．他方で，労働者が私傷病により従前の業務に従事できない場合，能力や適格性の欠如により業務を遂行できない場合に，使用者は労働者を解雇できるが，解雇する前に他の業務への配転を検討しなければならない（同40条）．労働者がこれを拒否した場合には，解雇事由に該当することになる．

(4)職場規律については就業規則の必要記載事項とされ，使用者は就業規則で懲戒の事由と種類を定め，懲戒処分を行うことができる．労働者に対する懲戒処分は，1982年の職工賞罰条例（国務院公布）に依拠していたが，労契法の施行により，同条例は廃止された．ただし，実態として，上記条例に規定されていた処分類型を参考にして，警告，降格，懲戒解雇などを定めている．また，労働者に重大な労働規律違反行為がある場合，使用者はそれを理由に懲戒解雇をすることができる．なお，何が「重大」な違反行為であるかについては，必ずしも明確ではなく，学説では，その厳格な適用が主張されている．

9　退職（辞職）

労契法によれば，労働契約は期間の満了によって終了し（44条），また当事者の合意によって契約を終了させることができる（36条）．さらに，労働者は，30日前までに書面で予告することにより，辞職することができる．試用期間中は3日前の予告で足りる（37条）．これは，期間の定めの有無にかかわらず適用されるものであり，辞職理由の制限はなく，労働者には，一方的な退職の自由が保障されている．そして，使用者は，教育訓練に関する服務期間と秘密保持・競業制限に関する特約に違反する場合を除いて，労働者に対して違約金を求めることはできない（25条）．こうした中国法における辞職権の保障は，一方では評価されるものの，あまりにも退職の自由が広く認められており，期間の定めがあるにもかかわらず，特段理由もなく，予告さえすれば辞職でき，解雇権と辞職権のバランスが取れていないとの指摘もある．

その他，使用者が賃金を全額支払わないとき，社会保険を納付しなかったとき，就業規則や法令に違反して，労働者に損害を与えたとき，詐欺・強迫の手段で労働契約を締結・更新させられたとして仲裁委員会等で当該契約が無効と認定されたときには，労働者は，即時に労働契約を解約することができる（38条）．

10　解　　雇

中国において，解雇は，法定解雇事由が生じた場合にのみ行うことができる．労契法において，即時解雇（39条），予告解雇（40条），整理解雇（41条）が規定され，それぞれ異なる実体的要件，手続的要件が定められている．ただし，法所定事由がある場合でも，業務上の傷病により労働能力の一部または全部を失ったとき，職業病にり患している疑いがあるとき，産前産後休業など一定の場合において，解雇は禁止される（42条）．なお，即時解雇あるいは合意解約（36条）には，この制限は及ばない．このような解雇についての規定は，期間の定めの有無にかかわらず適用される．

⑴即時解雇が認められる事由として，①試用期間中に採用条件を満たさないことが明らかになったとき，②重大な就業規則違反があったとき，③職務上の過失や不正行為により使用者に重大な損害をもたらしたとき，④刑事責任を追及されたとき，⑤二重就業により業務に重大な影響を与えたとき，⑥詐欺・強迫の手段で労働契約を締結・変更させられたとして労働紛争仲裁委員会または裁判所で当該契約が無効と認定さ

れたときである.

⑵予告解雇について，使用者は，30日前までに書面で予告するか，１か月分の賃金を支払うことにより解雇できる．予告解雇が認められるのは，① 業務外の傷病により治療期間を経てもなお従前の業務または使用者が再配置した別の業務に従事できないとき，② 労働者が職務に不適格で，教育訓練や配置転換をしても，職務を遂行できないとき，③ 労働契約締結時に依拠した客観的状況に重大な変化が生じ，労働契約を履行することができなくなり，当事者が協議しても，労働契約内容の変更について合意に至らなかったときである.

⑶経営上の理由による解雇（整理解雇）について，① 企業が破産法の規定に基づき清算される場合，② 生産経営に重大な困難が生じた場合，③ 企業が生産転換，重大な技術革新または経営方式の変更によって，労働契約を変更した後に，人員削減をしなければならない場合，④ その他労働契約締結時に依拠した客観的状況に重大な変化が生じ，労働契約を履行することができなくなったときに実施される解雇であると定められている．なお，一定規模の大量解雇に対して，特別な手続が求められる．つまり，20人以上または20人未満ではあるが企業の総従業員の10％以上の労働者を削減する場合には，使用者は，30日前までに労働組合または従業員全体に対して状況を説明し，意見聴取を経たうえで，人員削減の方法を労働行政部門に報告しなければならない（41条）.

11　経済補償金の支払い

日本の労働契約法は，不当解雇の法的効果として，無効となると定めており，解雇訴訟は，基本的に，裁判所において，労働契約上の地位の確認を認める訴訟となる．他方，中国の労契法では，違法解雇等の場合，労働者には，労働契約の履行継続か，２倍の経済補償金を受領して退職するかの選択が認められている.

⑴使用者が経済補償金の支払い義務を負うのは，予告解雇と整理解雇の場合（46条）であり，業務の引継ぎが完了したときに支払われる（50条）．経済補償金の支払義務を違反したとき，労働行政部門より期限を指定して，本来支払うべき経済補償金の支払が命じられる．期限が到来しても経済補償金が支払われなかった場合には，賠償金の支払いが命じられる．この賠償金は懲罰的な性格を有し，賠償金の額は，使用者が本来支払うべき経済補償金の50～100％増で命じられる（85条）．ここでは，あくまでも適法な解雇の手続の一環であるため，「解雇期間中の未払い賃金」（バックペイ）の問題は生じない．要するに，経済補償金の支払は解雇手続要件の１つであって，法定解雇事由がある場合，使用者が経済補償金を支払わなかったり，不十分な額しか支払われなかったりしたとしても，解雇が無効となるわけではない.

⑵違法解雇についてみると，法所定事由に該当しない解雇は無効であり，① 労働者はまず労働契約の継続を求めることができる（48条）．この場合，解雇期間中の未払賃金の支払いが命じられる．経済補償金の請求や支払といった問題は生じない．② 労働者が労働契約の継続を望まないとき，あるいは労働契約の履行が不可能となったときには，労働仲裁委員会または裁判所より，使用者に対して賠償金の支払いが命じられる

(48条参照).賠償金の額は，本来支払われるべき経済補償金の2倍の額に相当する(87条).使用者はこの賠償金を支払ったとき，本来支払うべき経済補償金を支払う必要はないが，賠償金が支払われるまで契約関係は存続しているので，使用者は賃金を支払続けなければならないし，支払われるまでの期間は勤続年数にも計算される(実施条例25条).つまり，結果的に，解雇期間中の未払い賃金に加えて経済補償金の2倍に相当する額の賠償金を支払うことによって労働契約関係を解消できる.ここで，労働者が労働契約の継続を望まないことについては，原職復帰が困難などその理由は問われない.なお,「労働契約の履行が不可能な場合」とはどのような状態を指すのか，条文を読むだけでは明らかではなく，一般的に，会社破産や企業移転など客観的な状況を指す，と解されている.

(3)経済補償金の金額については，①労働者の当該企業における勤続年数1年につき1か月分の賃金相当額が支払われる.勤続年数が6か月以上1年未満の期間については1年とし，6か月未満の場合は半月分の賃金が支払われる.②1か月分の賃金とは，解雇前までの12か月分の賃金の平均を指し，諸手当も含まれる.③経済補償金の上限は，12年間分までである.なお，④経済補償金の支払に際し，高所得者に対する上限規制および低所得者に対する最低保障の規定が設けられている(47条，実施条例27条).

(4)経済補償金の支払いは，損害賠償制度と異なる労働法上の独自の補償制度である.経済補償金の法的性格をめぐって学説上様々な議論が展開されてきたが，功労報酬的性格と労働契約が終了してしまうことに対する補償的性格を併せ持つと解されている.なお，経済補償金の支払は，有期労働契約の雇止めを含め契約解消のすべての場面(懲戒解雇を除く)に義務付けられている.

12　非正規雇用

労働契約制度導入後，中国においては，有期労働契約を中心とした雇用慣行が確立されている.そのため，非正規雇用といった場合，一般的に，主に，パートタイム労働(短時間労働)および労働者派遣を指す.労契法第5章において，パートタイム労働および労働者派遣に関する規定が置かれている.

(1)　パートタイム労働

日本法と異なり，パートタイム労働者に関する規定は少なく，かつ非常に緩やかなものとなっている.パートタイム労働者とは，同一の使用者のもとで1日4時間，1週間24時間を超えない範囲内で労働する形態を指し，時給制が適用される(68条，72条参照).また，労働契約の締結は書面形式を要件とするが，パートタイム労働契約については，当事者が口頭で合意することができ，労働者は，1つ以上の使用者との間でパートタイム労働契約を締結することができる(69条).いずれかの当事者がいつでも契約の解約を申し出ることができ，使用者による契約解約の場合には，経済補償金を支払う必要はない(71条参照).

立法時の議論状況からすれば，このような規制のあり方は，パートタイム労働について文字通りの短時間労働であって，生計補助的な労働として位置づけていることによるところが大きい．ただし，働き方の多様化の進展にともない，パートタイム労働の利用が増えている今日，就業の実態に応じた立法が必要となっている．

（2）　労働者派遣

労働者派遣に関しては，市場経済への移行期において，その果たしてきた役割や労働市場における労働力の供給のアンバランスなどを考慮にいれて，法律上認めることとなった．労契法上，労働者派遣の濫用の防止および派遣労働者を保護するための規定が設けられている．

労働者派遣について定義規定はない．労働者派遣についてはいわゆる常用型派遣のみ認められ，また，派遣元は労働者との間で2年を下回らない契約の締結が義務付けられている（58条参照）．労働者派遣を利用できるのは，臨時的・補助的・代替的な業務に限定される（66条）．派遣労働者に対しては派遣先の同種労働者と同一の賃金を得る権利が保障されている（63条）．ただし，ほとんどの裁判例においては，「同一労働」が認められず，労働者の請求が否定されている．さらに，派遣労働者は，派遣元または派遣先のいずれかにおいて労働組合に加入したり，労働組合を組織したりする権利を有する（64条）．同規定の実効性を図るために，労働組合の上部組織（中華総工会）は，派遣元および派遣先の双方に対して企業内労働組合の設置を求めている．その他，派遣労働者と派遣元との労働契約の締結（58条，60条），派遣先・派遣元の法的義務の明確化（62条），二重派遣の禁止（67条，62条参照），派遣元および派遣先の連帯責任（92条）などの規定がある．

13　障がい者雇用

障がい者の雇用については，主に2008年改正の障害者保障法（1990年制定，以下，障害者法）および2007年に施行された障害者就業条例（以下，障害者条例）による．障害者法は障がい者に対する教育，就業，健康回復等といった障がい者全般にかかわる事項を対象とし，原則的な規定や大枠を定める内容となっている．障がい者雇用に関する具体的な事項の多くは，後者の条例による．

（1）　障がい者の定義

障害者法2条によれば，障がい者とは，「心理的上，生理的機能，身体機能の喪失，あるいは何らかの異常があるため，正常な状態での活動能力の全てあるいは一部を失った者」である．視力障がい，聴覚障がい，言語障がい，肢体不自由，知的障がい，精神障がい，その他の障がいをもつ者が含まれる．

（2）　法定雇用率制度

障がい者雇用の促進について，公益性ポストへの配置や自営的な就労など障がい者の自力的な就業を奨励するほか，使用者に対して法定雇用率制度が実施されている（障害者法32～34条）．障がい者の雇用率は，全従業員の1.5％を下回ってはならないが，各地方は当該地域の実態に基づいて雇用率を定めることができる（障害者条例８条）．雇用率未達成の事業主は納付金（就業保障金）を支払う義務を負う（障害者法33条，障害者条例９条）．雇用率を達成しまたはそれを超えた事業主に対しては，税制の優遇的措置のほか，生産，経営，技術，資金，物資など様々な面で支援が行われる（障害者法36条[8]）．

（3）　就業促進～集中就業と分散就業

障害者条例において，就業における障がい者差別を禁止し，集中就業と分散就業を組み合わせた方法で障害者就業を促進する，と規定されている．

集中就業とは，① 政府が設立した福祉企業や盲人按摩機構などで就労することであり，フルタイムで働く障がい者は当該企業の全従業員のうち25％に達しなければならない（障害者条例11条）．分散就業とは，② 法定雇用率制度に基づく就労，③ 起業して自営業を営むことや，植栽・養殖，手工業に従事することを指す．上記①または③で就労する障害者に対して，税制優遇のほか，生産，経営，技術，資金，物資，敷地などの支援が行われる．

（4）　障がい者に対する公共職業訓練

2016年，政府は，障がい者の職業能力を高め，専門的な技術を取得させることで就業につなげる目的で，無料で技術訓練を行う計画を発表し実施している．障がい者向けの職業訓練は，① 就業のための技能訓練，② 在職者向けの技能向上訓練，③ 創業訓練の３種類に分けられる．各種訓練機関等において実施されるが，個々人の体力や能力に考慮した訓練メニューが用意されている[9]．また，職業訓練はその期間によって，半年を超える「長期訓練」，１か月から半年間の「中期訓練」，１か月以下の「短期訓練」に分かれる．このうち「短期訓練」を行っている地域が多い．

14　外国人労働者

（1）「外国人就労許可証」

中国では，2017年より外国人労働者の受け入れについて，高い専門性を有する人材の受け入れを奨励し，一方で，国内の労働市場への影響を抑えるために，一般的な就労を目的とする外国人労働者の受け入れを抑制する方針を打ち出した．さらに，外国人労働者に対する管理の厳格化および制度の利便性の向上を図るために，2017年４月１日より新しい外国人就労許可制度[10]が実施された．これまでは，外国人就労許可書および就業証の取得が必要であったが，この２つを一本化し，全国統一のシステムを作り，すべての外国人に対して，それぞれ終身有効な統一番号が与えられ，それによって管理（居留証，社会保険，個人所得税の情報等）することとなった．さらに，外国人就労許可通知をオンラインで申請できるようにし，また，ポイント制が導入され，とりわけ，下記のＡ区分の許可証取得の手続きの簡素化・迅速化が図られている．なお，この新制度は，地方政府が当該地域の実情に基づいて運用できるため，許可についての具体的な条件等は地方によって異なることも予想される．また，B 区分の年齢制限をはじめ，どの程度厳密に運用されるのか，不透明な部分も少なくない．

（2）　3つの管理区分

新制度では，外国人労働者の受け入れにあたり，その専門レベルに基づいて，ハイレベルの人材の奨励，専門人材の制限，一般就労の抑制という方針を明らかにし，それぞれ A，B，C の3つに区分し，管理が行われている．具体的に，就労者の年収や学歴，関連業務への経験年数，中国語のレベル，勤務地，年齢などを点数化するポイント制が導入され，ポイントが85点以上の者は A 区分，60点以上85点未満の者は B 区分とされる．

A 区分に対しては，受け入れ人数等の制限はない．グローバル500社の本部で上級管理職または技術研究開発責任者，世界ランキング200位以内の大学で博士号を取得した35歳以下の人材等が対象とされている．B 区分については，労働市場の需要に基づき制限を行うとともに，「60歳未満」，「学士以上の学位」，「2年以上の実務経験」という条件が設けられている．主に企業の駐在員等が該当する．C 区分に対しては厳格な人数制限が行われる．政府間協定に基づき就労する者，A 区分のハイレベル人材の家政サービスに従事する者や季節労働者などが含まれる．

15　集団的労働関係法

中国の労働組合（工会）は共産党の下部組織であり，上意下達の行政機関と同じ役を果たすこともあり，日本における労働組合とは性格が異なる．

（1）　労働組合の設立および役割

労働組合法（2009年改正．以下，労組法[11]）では，労働組合の組織，権利及び義務，基層の労働組合の組織，労働組合の経費及び財産などについて定められている．

中国の労働組合は次の特徴を有する．① 労働組合の自由設立はできない．「労働者は，法律により労働組合を組織し，労働組合に参加する権利を有する」（「労働法」7条）が，労働組合の設立は，上位組織の労働組合に報告し，その批准を得なければならない（労組法11条）．② 労働組合の組織として，全国，地方，基層の3つのレベルがあり，この縦の方式は行政組織と同じである．ここで基層組織は企業別組合になるが，1つの企業内には2つの労働組合は存在しえない．③ 労働組合は，労働者のみならず，国有企業のトップである工場長や管理職も組織する．企業内の労働組合の委員長（主席）については，民主的選挙によって選出すると規定されているが，これは，上位組織の労働組合または企業内の党委員会の指導のもとで行わなければならず，実際，党の役員が兼任する場合が多い．

労働組合の役割について，労働組合は「全国民の利益を保護する」とともに，「従業員の法的権利および利益を代表する」こと，「対等な立場における協議および集団契約制度を通じて，労働関係を調整する」など定められている（労組法6条）．労契法の施行に伴い，政府は「集団契約」の締結を積極的に促進するとし，労働組合に対して集団契約の締結当事者としての役割を果たすことが期待されている．また，労働関係法令の執行にかかわる監督などにおいて，労働行政部門が労働組合の意見を聴取することになっている．なお，労働紛争処理の過程において，労働組合は労働者を代表する立場でありながら，労使間の調整役をも担う．

（2） 集団契約

集団契約の締結や内容等については，1995年の「労働法」において原則的な規定が置かれていた．その後，より詳細な内容を規定した「集団契約規定」（2004年1月20日）が施行された．そして，労契法においても，第5章の「特別な規定」のなかに「集団契約」について規定されている（51条～56条）．この集団契約の性格については明確ではないものの，これは，労働組合と企業との間で，労働条件について，集団協議（集体協商）を経て合意するものであり，個別労働契約に対する規範的効力を認めるなど，少なくとも立法上は，日本の労働協約に近い制度をイメージしているようにも思われる．もっとも，中国の労働組合は行政的色彩が強く，管理職も含まれるためここでの「集団協議」とはいわゆる団体交渉の機能を果たし難い．団体交渉を欠く集団契約は，日本法にいう労働協約とその法的性格が異なる．近年，学説おいても，こうした集団交渉および集団契約の形骸化や問題点が指摘されている．

（3） 団体行動——ストライキ権を中心に

中国において法律上，ストライキ権などの争議権は認められているのか．

憲法35条は，「言論・出版・集会・結社・行進・示威の自由を有する」と規定する．あたかもストライキの自由には何ら制約が存在しないかのように読める．しかし，実際には，憲法や法律，さらには，法律の根拠が必ずしも明確ではない制約もある．第1に，すべての言動は，共産党の指導など一般原則による制約を受ける．第2に，憲法51条による制約であり，権利自由の行使は，国家，社会，集団の利益および他の国民の権利自由を損ねてはならない．第3に，国家安全法による制約である．第4に，集会進行示威法による制約である．この法律では，集会，進行，示威を許可制とし，①憲法の基本原則に反するもの，②国家の統一，主権および領土の保全に危害を与えるもの，③民族の分裂を煽動するもの，④公共の安全に直接危害を及ぼし，または社会秩序を激しく乱すと認めるに十分な根拠があるものは，許可しない，と規定されている（12条）．問題は，国家，社会，集団の利益等は何か，必ずしも明らかではなく，実際上，その制約は，社会経済活動の非常に広範に及ぶ[12]．

一方，労働組合には，ストライキ権は保障されているのか．明文規定はなく，長らく，社会主義国家の中国では，労働者階級が国や企業の「主人」であり，理論上労使の対立などは存在するはずはなく，ストライキによって生産を中止することは労働者階級の利益が損害されることになること，労働市場が形成されてないなかでのストライキの自由は，労働関係の調整のために機能するというよりも政治的な目的で利用される道具になりかねない，と考えられてきた．このような考え方は今日でも根強い．しかし他方，近年，現実にストライキなど争議行為が発生している．政府は，それを直ちに違法としているわけでもないようである．もっとも，実際は労働組合主導のストライキはほとんどない．

16　労働紛争処理

中国では，労働紛争処理について，いわゆる「一調一裁二審」制度が確立されている．労働紛争処理システムのなかで，調停が大きな役割を果たし，また，仲裁前置主義がとられている．労働裁判所は存在せず，民事訴訟の手続をとることになるが，裁判は二審制となっており，労働事件は最高裁判所にかけられないため，労働法理ないし審判根拠としての裁判法理を形成し難い状況にある．

2008年の労働仲裁法において，調停機能と仲裁機能がさらに強化された．調停には，企業内に組織される調停員会によって行われる場合と，労働紛争仲裁委員会（以下，仲裁委員会）による調停がある．

労働仲裁は，労働行政部門の代表，労働組合の代表，企業側代表（政労使）で組織される仲裁委員会の下で行われる．労働紛争の解決は，原則として，このような三者構成メカニズム（「三方機制」）による共同解決を目指している（8条）．ここでは，労働組合の代表は労働者側の代表と位置づけることができる．ただし，実際の紛争解決手続としての仲裁は，三者構成の仲裁委員会の下に設置された仲裁機構（労働行政部門）が実務を担当しており，具体的な仲裁手続を担当するのは仲裁員（一定の法律の知識や実務経験が求められる（20条））である．したがって，実質的には行政の役割が顕著な手続であり，三者構成のうち労使が現実的な役割を果たす余地は小さいといえる．

仲裁委員会は，最終的には判定的な仲裁による解決を図るが，その前段階で，当事者間の和解を促進し，調停による解決を優先することとし（調停前置），和解できない場合には，仲裁裁決を出す．なお，①報酬，労災医療費，賠償金等に関する紛争で，その額が最低賃金の12か月分以下の場合，②労働時間，休憩・休暇，社会保険等に関する紛争については，仲裁が終局裁決となるが（47条），労働者側はこれらの紛争についても15日以内に裁判所へ訴えを提起することができる（48条）．つまり，裁判所への提訴が制限されるのは，原則として使用者側のみとなる．なお，労働者側は，個別労働紛争のみならず，集団契約の履行をめぐる紛争についても労働仲裁の申立をすることができる．

調停および仲裁の申立ては，書面または口頭で行うことができる（12条，28条）．労働者は，権利が侵害されたことを知った日もしくは知りえた日から1年以内に仲裁申立をしなければならない（27条）．仲裁委員会は，仲裁申立の受理の有無について，5日以内に回答すること（29条），受理日より45日以内に審理を終了させること（複雑な案件については，15日を限度に延長できる（43条））など紛争解決の迅速化が図られている[13]．なお，仲裁申立の費用は，無料とされている（53条）．

注

1）中国の労働法制全般についての日本語の先行文献として，山下昇「労働法」高見澤磨・鈴木賢編『要説中国法』東京大学出版会，2017年，山下昇・龔敏『変容する中国の労働法――「世界の工場」のワークルール』九州大学出版会，2010年があり，本章においても多くを負っている．なお，紙幅の制約上，脚注での引用を割愛する．

2）中華人民共和国労働契約法起草小組編『中華人民共和国労働契約法　理解与適用〔最新版〕』法律出版社，2013年，5-6頁を参照．

3）「労働部関与貫徹執行『中華人民共和国労働法』若干問題的意見」（1995年８月４日）．

4）（旧）労働部「関於『労働法』若干条文的説明」（労弁発289号，1994年）．

5）「労働部関於企業実行不定時小作制和総合計算工時工作制的審批辦法」（1994年12月14日労部発〔1994〕503号）．

6）近年，中国でも，いわゆる過労死が発生しており，過労死または過労自殺をめぐる労災認定の可否について議論が行われている．また，労災の民事訴訟についても，十分な対応ができておらず，学説においては，労災補償と民事賠償の併存を認める考え方と労災保険で補填されない部分についてのみ民事賠償を認めるなどの見解がある．

7）人力資源と社会保障部「工傷保険有関規定処理意見的函」（2011年６月23日）を参照．

8）具体的には，2015年財政部・中国障害者連合会「障害者就業保障金徴収・使用管理弁法」，2016年財政部国家税務総局「障害者の就業を促す税収優遇政策に関する通知」などによる．

9）訓練対象の職業としては，按摩（マッサージ），情報技術，服飾デザイン，美容，調理，家電修理，工芸製品製造，農作物栽培，水産加工，畜産，養殖などがある．

10）「外国人の中国における勤務許可制度の全面的実施に関する通知」．

11）具体的な事項について，「企業工会工作条例」（2006年12月11日），「企業工会主席産生弁法（試行）」（2008年７月25日）の定めによる．

12）王雲海・周剣龍・周作彩『よくわかる中国法』ミネルヴァ書房，2021年，20-21頁．

13）2016年より，オンラインでの申立，開廷予約，案件の処理進捗照会などのサービスが提供され，労働紛争の速やかな解決が目指されている．

参考文献

日本語

王雲海・周剣龍・周作彩『よくわかる中国法』ミネルヴァ書房，2021年．

烏蘭格日楽「就業規則の法的意義と職場規律違反の労働者の法的責任」労働法律旬報1779号，2012年．

――――「有期労働契約法制―中国」大内伸哉編『有期労働契約の法理と政策――法と経済・比較法の知見をいかして』弘文堂，2014年．

――――「中国法における解雇の金銭解決――経済補償金について」季刊労働法252号，2016年．

――――「中国労働法上の『労働者』概念に関する法的考察」東アジア研究（大阪経済法科大学）67号，2017年．

――――「中国労働法における『同一労働同一賃金』原則に関する基礎考察」季刊労働法257号，2017年．

――――「中国における就業形態の多様化と法規制」東アジア研究（大阪経済法科大学）71号，2019年.
――――「中国における女性の就労と妊娠・出産に関する法制」京女法学第20号，2021年.
龔敏「中国における書面労働契約制度と労働契約論の課題」季刊労働法224号，2009年.
――――「中国労働法上の『労働者』と『使用者』」労働法律旬報1771号，2012年.
魏倩・叶静漪「中国における労災法制の変容」労働法律旬報1762号，2012年.
鄒庭雲「中国における労働契約法の改正――労働者派遣をめぐる法規制の強化」季刊労働法241号，2013年.
張丹「中国における退職後の競業避止特約」労働法律旬報1779号，2012年.
野田進「中国における労働紛争の裁判外解決システム」季刊労働法224号，2009年.
彭光華「中国改正工会（労働組合）法の成立と課題」法政研究69巻1号，2002年.
――――「中国における懲戒権」季刊労働法224号，2009年
――――「中国における労働紛争処理システムの現状と課題」労働法学会誌116号，2010年.
森下之博『中国賃金決定法の構造――社会主義秩序と市場経済秩序の交錯』早稲田大学出版部，2016年.
山下昇「中国における労働契約の解約・終了の法規制」季刊労働法224号，2009年.
――――「中国における労働時間・休憩休日・時間外労働の法規制」労働法律旬報1762号，2012年.
――――「中国における休暇・休業の法規制」労働法律旬報1771号，2012年.
――――「中国における労働法違反に対する使用者への制裁」労働法律旬報1779号，2012年.
――――「中国における労働法の適用対象」法政研究81巻3号，2014年.
――――「労働法」高見澤磨・鈴木賢編『要説中国法』東京大学出版会，2017年.
――――「中国における労働契約の書面化とその実効性確保の手段」法政研究84巻3号，2017年.
山下昇・龔敏『変容する中国の労働法――「世界の工場」のワークルール』九州大学出版会，2010年.

中国語

王倩『経済性裁員法律制度―司法適用与立法完善』上海人民出版社，2021年.
林嘉『労働法的原理―体系与問題』法律出版社，2016年.
林嘉他『改革開放40年法律制度変遷　社会法巻』厦門大学出版社，2019年.
――――『労働法和社会保障法〔第4版〕』中国人民大学，2020年.
謝増毅『労働合同法論』社会科学文献出版社，2019年.
王全興『労働法〔第4版〕』法律出版社，2017年.
黎建飛『労働法与社会保障法――原理，材料与案例』北京大学出版社，2017年.
関懐・林嘉編『労働与社会保障法〔第2版〕』法律出版社，2016年.

（烏蘭格日楽）

第14章
ベトナム

はじめに

ベトナムは社会主義国ではあるが，1986年に採用されたドイモイ（刷新）路線のもとで市場経済が導入され，労働分野に関しても雇用契約に基づく労働市場が形成されている．この労働市場に対応するために1994年に最初の労働法典が公布され，以後，労働市場の急速な発展や状況の変化に対応するために大幅な改正が繰り返されてきた．

現行法典である2019年労働法典は，2019年11月20日，ベトナム社会主義共和国第14期国会第８会期において可決・成立し，2021年１月１日に施行された．それまでの2012年法典の内容から大きく変わった点としては，定年年齢の引き上げ，「季節的労働契約」制度の廃止，時間外労働の上限緩和，退職の自由の徹底，賃金テーブルの内容に対する規制の撤廃，セクハラに関する規定の創設，労働者代表システムの多元化などが挙げられる．

なお，労働者代表システムについては，ベトナムが社会主義国でありつづけていることを反映して，同国において合法的に存在しうる労働組合組織は，ベトナム共産党に指導される準国家機関としての「ベトナム労働組合」に限定されている．そして，この「ベトナム労働組合」に，憲法上，未組織労働者を含む全労働者を代表する特別の地位が付与されている．2019年労働法典においては，TPP11への加盟などにともなう外的要因から「ベトナム労働組合」に属さない労働者組織の設立が許されたが，今後の関係法令の整備や実際の運用などの帰趨を見なければ，その実際的な意味を評価することは困難である．

1　労働市場に関する法制

(1)　職業紹介

職業紹介サービスを提供する「雇用サービス組織」には公的な「雇用サービスセンター」（2013年雇用法37条）と民間の「雇用サービス活動事業体」（同法39条）の２種類がある．「雇用サービスセンター」の設置母体は多岐にわたるが，いずれもあまり活用されていない．なお，労働者は求職に際していかなる経費も支払う必要がない（労働法典12条２項）．

(2)　職業訓練

2014年職業教育法は，職業教育施設として，職業教育センター（ひとつの職業における簡単な仕事が行えるようになるための教育を担当)，専門学校（技術を要する初級レベルの仕事をひとりでできるようになるための教育を担当)，および短期大学（現代的な技術を要する中級レベルの仕事を監督・指導できるようになるための教育を担当）の３段階を規定している．設置母体は多岐にわたり，公的なもの，民間のもの，外資系のものがある．

（3）　失業保険制度

2013年雇用法の定めるところにより，雇用主および労働者の双方は失業保険料を納付しなければならない（年金受給者と家事労働者を除く)．給付内容は，失業給付，再就職のためのアドバイスやマッチング，職業教育（費用補助）などである．

労働者の保険料負担は月例賃金の１％，使用者の負担はその雇用する対象労働者に対する月例賃金の１％とされている．失業給付の金額は直近６か月間の平均賃金額の60％で，給付期間は勤続12か月以上36か月未満で３か月，これに勤続が12か月加わるごとに１か月，最大12か月まで受給できる．なお，職業教育（費用補助）については１か月最大100万ドン（約５千円)，６か月までとされている．

（4）　外国人労働者の受け入れについての規制

労働法典150条以下の定めるところにより，外国人労働者については，一部の例外（会社の経営陣，３か月未満の任務に就く者，ベトナム人の配偶者など）を除き，政府機関の発行する労働許可証を有する者のみ，就労することが許されている．労働許可証の期限は最大２年で，１回（最大２年）のみ延長できる．外国人労働者は，ベトナム人労働者では置き換えられない専門性を有する者であることを要する．なお，ベトナム人労働者については有期雇用の更新に回数制限が設けられているが，外国人労働者については規制がない．

（5）　労働者の海外送り出し

労働者の海外送り出しについて，労働法典は海外労働市場の開拓奨励など簡単な規定を置くのみであり（150条)，2006年「契約に基づき海外で働くベトナム人労働者法」が，ベトナム人労働者の海外への送り出しや，その就労について規制している．具体的には，労働者送り出し事業の免許制や，労働者からのサービス料徴収の上限額（送り出し先国での契約期間12か月につき賃金の１か月分など)，送り出し先国での失踪やオーバー・ステイの禁止などが定められている．

ベトナムは数十か国にその労働者を送り出しているが，2020年現在では日本が最大の送り出し先国となっている．ただし，日本への主要な労働者送り出しチャンネルである技能実習制度に関して同制度と矛盾する国内規定が存在したり（保証金が禁止されている技能実習生について保証金の上限額を定める2013年労働傷病兵社会省通達21号など)，あらたに設けられた特定技能制度との関係で両政府が取り交わした二国間取り決めの内容が足かせとなり，日本側におけるコロナ禍対策としての特別措置（失職した技能実習生などが日本に滞在したまま特定技能に移行できるようにする措置）がベトナム人労働者に関してのみ実施できなくなったりするなど，調整が必要な問題が山積している．

なお，「契約に基づき海外で働くベトナム人労働者法」については，すでに新法(2020年法）が公布されており，2022年1月1日に施行される予定である．

2　労働契約に関する法制

（1）労働契約の時期と当事者

労働契約は，労働者と使用者との間で締結される（労働法典13条1項）．労働者とは，「合意に基づいて使用者のために働き，賃金を支払われ，使用者の管理，指導および監督を受ける者」である（同法典3条1項）．また，使用者とは，「自らのために合意に基づいて労働者を雇い入れ，使用する，事業体，機関，組織，合作社，世帯，個人」であり，使用者が個人である場合は，十分な民事行為能力を有する者でなければならない（同条2項）．

労働契約の締結における労働者側の当事者は原則として労働者本人だが（18条1項），12か月未満の期間を定める有期労働契約については労働者グループの代表者が一括して契約することも許されている（全員の署名つきの名簿添付．同条2項）．また，満15歳以上18歳未満の労働者については，その法定代理人の書面による同意を必要とし（同条4項b），満15歳未満の労働者については法定代理人が同席しなければならない（同項c）．

他方，労働契約の締結における使用者側当事者は，使用者の代表者または代理人（18条3項a～c），もしくは個人たる使用者本人である（同項d）．

（2）労働契約の期間

労働契約には，①期間の定めのない「無期労働契約」と，②36か月以下の期間を定める「有期労働契約」の2種類がある（労働法典20条1項各号）．

「有期労働契約」の期間満了後も労働関係を継続するときは，従前の契約の満了後30日以内に新しい契約を締結しなければならず，それまでの期間における労働条件については従前の契約内容が適用される（同条2項a）．30日以内に新しい契約が締結されないときは，従前の契約がその始期に遡って「無期労働契約」に転化する（同項b）．新たに「有期労働契約」を締結する場合の期間は1年間を上限とし，当該期間の満了後もさらに労働関係を継続するときは「無期労働契約」を締結しなければならない（同項c）．

ちなみに，2012年法典のもとで，労働契約は，①期間の定めのない「無期労働契約」，②12か月から36か月の期間を定める「有期労働契約」，および③12か月未満の期間を定める「季節的・一時的な労働契約」（例外的な短期労働契約）の3つに分類されていた(22条1項)．しかし，社会保険料の負担を免れるためにこのような短期労働契約を悪用する例が多発したため，2018年1月1日以降，1か月以上の期間を定めるすべての労働契約が社会保険の適用対象とされていた．

（3）情報提供義務

使用者は，労働契約の締結に先立って，仕事の内容と場所，福利厚生，労働時間・休憩時間，労働安全・労働衛生，賃金と支払形式，社会保険・医療保険，失業保険，秘密保持義務，その他労働者が要求する労働契約の締結に直接関係を有する事項を開示しなければならない（労働法典16条1項）．他方，労働者は，氏名，性別，住所，最終学歴，職能水準，健康状態，および使用者が要求する，労働契約の締結に直接関係を有するその他の情報を提供しなければならない（同条2項）．

（4）　労働契約の内容

労働契約の内容は法律，労働協約または社会道徳に反するものであってはならない（労働法典15条2項）．

労働契約の必要的記載事項は，① 使用者の名称・所在地および使用者側の労働契約締結者の氏名・職名，② 労働者側の労働契約締結者の氏名，生年月日，性別，住所およびIDナンバー，③ 仕事の内容と場所，④ 労働契約の期間，⑤ 賃金・手当の計算方法・支払い方法，⑥ 昇給制度，⑦ 労働時間と休憩時間，⑧ 労働保護設備，⑨ 社会保険，医療保険および失業保険，および⑩ 職能水準の向上のための制度とされている（21条1項各号）．また，必要に応じて秘密保持義務の内容について合意することができる（同条2項）．

（5）　労働契約の方法

労働契約は，1か月未満の期間を定める契約の場合（口頭での契約可）を除き，書面または電子的手段（電子商取引に関する法律の規定する方法）により締結しなければならない（労働法典14条1項，2項）．

なお，労働法典は，使用者に対し，労働者の身分証，卒業証書など各種証書の原本を預かること，労働契約の履行を担保するために金銭その他の財産による保証を要求すること，および労働者への貸金を回収するために労働契約の履行を強制することを禁じている（17条1項～3項）．

（6）　試用期間

試用期間は1つの仕事について1回のみ設定することができる（労働法典25条本文）．ただし，国有企業の管理職については180日以内（同条1項），短大卒以上の専門・技術水準を要する仕事については60日以内（同条2項），専門学校卒レベルの仕事については30日以内（同条3項），その他の仕事については6日以内（同条4項）に制限されている．また，1か月未満の期間を定める有期契約については試用期間の設定が禁止されている（24条3項）．

使用期間中の賃金額は，その仕事に正式に採用された場合の賃金額の85%を下回ってはならない（26条）．

試用期間は，労働契約に先立って契約することもできるし（試用契約），労働契約の中で合意することもできる．試用期間中は，労使とも，即時・無賠償で当該試用契約ないし労働契約を解約することができる（27条2項）．他方，試用期間が満了し，労働者の働きぶりが合意された要求を満たすものであったときは，試用契約の場合は，使用者は正式な労働契約を締結しなければならない．試用期間が労働契約の中で合意されていた場合は，そのまま当該労働契約が継続されることになる（同条1項）.

（7） 勤務場所

ベトナムにおいては，わが国におけるような転居をともなう広域の配転は一般的ではない．就労の場所は労働契約の中で明示的・具体的に合意されており，これを変更するためには契約の変更が必要となる.

（8） 労働契約の終了

労働法典34条は，労働契約が終了する事由として以下の各場合を規定している．すなわち，①「有期労働契約」の期間が満了したとき，②労働契約の対象である仕事が完成したとき，③当事者双方が労働契約の終了について合意したとき，④労働者が裁判所の判決によって懲役刑または死刑に処され，もしくはその職に就くことを禁じられたとき，⑤外国人たる労働者が裁判所の判決などにより国外に追放されたとき，⑥労働者が死亡し，または裁判所により民事行為能力の喪失もしくは失踪を宣告されたとき，⑦個人たる使用者が死亡し，または裁判所により民事行為能力の喪失もしくは失踪を宣告されたとき，⑧労働者が懲戒解雇されたとき，⑨労働者が法の定めるところにより一方的に労働契約を終了したとき，⑩使用者が法の定めるところにより一方的に労働契約を終了したとき，⑪使用者が法の定めるところにより労働者を解雇したとき，⑫外国人たる労働者の労働許可が法の定めるところにより失効した場合，および⑬労働契約の中に定められていた試用期間における要求水準が達せられなかったとき，または当事者のどちらかが試用期間中の解約権を行使したときである.

労働者が一方的に労働契約を終了できる場合とは，①労働契約の内容と実際の労働条件が異なるとき，②賃金の不払い，遅払いがあったとき，③使用者による虐待，暴行，罵倒，健康・尊厳・名誉を傷つける行為，または強制労働があったとき，④セクシャル・ハラスメントを受けたとき，⑤妊娠している女性労働者が医療機関から退職を指示されたとき，⑥定年に達したとき，および⑦使用者に雇用に関する情報開示義務違反があったときである（35条各項各号）．ただし，「無期労働契約」については45日，12か月から36か月の「有期労働契約」については30日，12か月未満の「有期労働契約」については3労働日以上前に予告しなければならない．労働者が労働契約を違法に終了した場合は，退職手当の支払いを受ける権利を喪失するとともに賃金の半月分相当額を使用者に賠償しなければならず，予告義務違反については違反日数分の賃金相当額を使用者に賠償しなければならないほか，教育訓練費用を使用者に返還しなければならない（40条各項）.

使用者が一方的に労働契約を終了できる場合とは，①労働者が常態として労働契約に基づく仕事を完成しないとき，②私傷病の治療を受ける労働者が，「無期労働契約」については連続12か月，12か月から36か月の期間を定める「有期労働契約」については連続6か月（ただし事業場レベルの労働者代表組織が存する場合はその意見を聞くことを要する），12か月未満の期間を定める「有期労働契約」については契約期間の2分の1を超える期間治療したが労働能力が回復しないとき，③天災など不可抗力により事業を縮小するとき，④労働者が労働契約の一時停止期間（兵役など）の満了後15日以内に復職しないとき，⑤労働者が定年に達したとき，⑥労働者が正当な理由なく5日以上職務を放棄したとき，および⑦労働者に雇用に関する情報開示義務違反があったときである（36条1項各号）．なお，予告義務違反の場合は違反日数分の賃金相当額を労働者に賠償しなければならない（41条1項）．

使用者が労働契約を違法に終了した場合であって，①労働者を復職させるときは，就労できなかった期間の賃金，社会保険などに加えて，2か月分以上の賃金相当額を労働者に賠償しなければならない．②労働者が復職を望まないときは，2か月分以上の賃金相当額の賠償に加えて，退職金を支給しなければならない．③使用者が労働者の復職を拒むときは，①の場合の支払額に加えて，双方の合意に基づき，2か月分の賃金相当額以上の金額を賠償しなければならない（41条各項）．

なお，定年年齢（＝年金の受給開始年齢）は2021年から男性が60歳3か月，女性が55歳4か月とされ，2022年以降，毎年男性につき3か月，女性につき4か月ずつ引き上げて，男性は2028年までに62歳，女性の定年年齢は2035年までに60歳にすることとされている（169条2項）．また，障害者や特定の重労働・有害危険業務に従事する労働者については早期の定年を定めることができるが，一般の定年年齢との差は5歳を超えてはならない（同条3項）．他方，高度専門職などについて定年延長を行う場合の限度は5年とされている（同条4項）．

3　就業規則

（1）　就業規則の作成義務と手続

労働者を雇用するすべての使用者は，労働者の人数にかかわらず就業規則を作成しなければならず，特に10名以上の労働者を使用する場合には書面での作成が義務付けられている．（労働法典118条1項）．労働者10名未満の使用者が書面により就業規則を作成するときは，その発効日は就業規則の中で規定される（同121条）．

就業規則の公布に先立って使用者は事業場における労働者代表組織の意見を参考にしなければならず，就業規則の主な内容は労働者に通知の上，職場のしかるべき場所に掲示しなければならない（118条3項・4項）．

（2）　就業規則の内容

就業規則の必要的記載事項は，①労働時間・休憩時間，②職場における秩序，③職場における労働安全，労働衛生，④職場におけるセクシャル・ハラスメントの防止と発生した場合の処理，⑤使用者の財産，経営上・技術上の秘密および知的財産の保護，⑥契約外の一時的配転が可能な場合，⑦懲戒事由と懲戒形式，⑧物的責任（損害賠償），および⑨懲戒権者である（118条2項各号）．ベトナムにおいて，就業規則とはもともと職場の紀律を定めるためのものであり，賃金に関する規定が含まれないなど，わが国の就業規則とはやや性格が異なる．

4 賃　金

(1) 最低賃金制度

労働法典は,「最低賃金は,月,時間について地域ごとに定められる.」(91条2項)と規定する.ただし,実際に公布されるのは月単位での地域別最低賃金のみであるため,最低時給などの算出は困難である.最低賃金は,国家賃金評議会の建議を受けて政府が公布する.評議会は,公=労働傷病兵社会省,労=ベトナム労働組合,使=中央レベルの使用者代表組織(特定せず),および独立の立場の専門家,という4者構成になっている(92条2項).

最低賃金は,「労働者とその家族の最低限の生活を保証するものでなければならない」と規定されているが(91条1項),実際には物価の上昇に改定が追いつかず,最低賃金で生活することは単身者であってもほとんど不可能である.ちなみに,2020年の最低賃金は,第1種地域442万ドン(前年比24万ドン引き上げ),第2種地域392万ドン(同21万ドン引き上げ),第3種地域343万ドン(同18万ドン引き上げ),第4種地域307万ドン(同15万ドン引き上げ)(政令90/2019/NĐ-CP)であり,2021年についてはコロナ禍の影響を勘案して引き上げなしとされている.なお,2021年8月現在,1万ドンは約48円(したがって2021年の第1種地域の最低賃金442万ドンは約2万1200円)である.

(2) 賃金の支払方法

賃金は,時間給,出来高給または請負給のうち使用者と労働者が合意した方法により計算された金額を,直接もしくは労働者名義の銀行口座に,全額,通貨で,定められた期日に支払わなければならない.使用者は(自らの商品を買い取らせるなど)賃金の遣い方について労働者に干渉してはならない(労働法典94条,95条,96条各項).

時間,日,週単位で賃金の支払いを受ける労働者については,その就労後,おそくとも15日以内に賃金を支払わなければならない.月給制の労働者については月に一度ないし半月に一度支払わなければならない.出来高給または請負給の場合の賃金の支払い時期については双方の合意によるが,複数月にわたる仕事の場合は毎月その月に行った仕事量に応じて支払わなければならない(97条各項).

(3) 割増賃金

労働者が時間外労働をしたときは,平日は150%以上,毎週の休日は200%以上,祝日,正月,有給の休日は300%以上の計算による割増賃金を支払わなければならない.また,夜間(22時から6時まで)に就労した場合の割増率は30%以上だが,これが時間外労働として行われた場合には,上記の時間外労働における割り増し分に20%を上乗せして支払えばたりることとされている(労働法典98条各項).

(4) 休業補償

使用者の責によるべき事由による休業については,賃金の100%を補償しなければならない．天災等の場合は，14日以内の休業については双方の合意する最低賃金額以上の金額，15日以降については双方の合意した金額を支払う．労働者の責によるべき事由による休業については無給となり，その影響を受けて休業せざるを得なくなった他の労働者については双方の合意する最低賃金額以上の金額を支払う（労働法典99条各項）．

5　労働時間・休日・休暇

（1） 労働時間

労働時間は，1日8時間，1週48時間を超えてはならない．使用者は1週間単位での変形労働時間を設定することができるが，その場合1日の労働時間は10時間を超えてはならない（労働法典105条1項，2項）．なお，政府は使用者に対して週40時間の実現を奨励している（同条3項）．

（2） 時間外労働

使用者は，労働者の同意を得て時間外労働を行わせることができるが，① 1日の通常の労働時間の50％を超えて行わせてはならず，② 1週間単位での変形労働時間を適用している場合でも1日の総労働時間は12時間を超えてはならず，また③ 1か月に40時間，1年に200時間（産業分野や事情によって300時間）を超えて時間外労働を行わせてはならない（労働法典107条）．

（3） 休憩・休日

1日の労働時間が6時間以上になるときは，連続30分以上の休憩時間，深夜労働の場合は45分以上の休憩時間を設けなければならない（労働法典109条各項）．また，シフトとシフトの間には12時間以上の休憩時間を挟まなければならない（110条）．さらに，使用者は毎週，労働者に連続24時間以上の休憩を与えなければならず，特別な理由によりこれが実現できない場合でも，1か月に平均4日の休日を保証しなければならない．休日が祝日と重なったときは，直後の平日が振替休日となる（111条各項）．

（4） 祝日・テト（陰暦の正月）

以下の祝日・テト休暇については，賃金の全額が支払われる．① 陽暦の元日（陽暦の1月1日），② テト（陰暦の1月1日から5日間），③ 戦勝記念日（陽暦の4月30日），④ メーデー（陽暦の5月1日），⑤ 建国記念日（陽暦の9月2日およびその前後のいずれか1日），フン王記念日（陰暦の3月10日）．なお外国人労働者については，以上に加えて，その母国の元日と建国記念日がそれぞれ1日，祝日として付与される（労働法典112条各項）．

（5） 年次有給休暇など

労働者が一の使用者のもとで12か月就労したときは，① 通常の労働の場合は12日，② 未成年，障害者，重労働や有害危険な労働環境の場合は14日，③ 特別に重労働，有害危険な労働環境の場合は16日の年次有給休暇が付与される（労働法典113条1項各号）．

年次有給休暇の日数は，勤続期間5年ごとに1日追加される（114条）．また，勤続期間が12か月に満たない労働者についてはその期間の長さに比例して減ぜられた日数の年次有給休暇が付与される（113条2項）．

退職などにより消化できなかった年次有給休暇は対応する賃金相当額により清算される（同条3項）．労働者は，年次有給休暇を複数回に分けて取得したり，最大3年分を1度に取得したりすることについて，使用者と合意することができる（同条4項）．賃金の支払い期日以前に年次有給休暇を取得する労働者は，当該休暇期間分の賃金相当額について前払いを受けることができる（101条3項，113条5項）．また，年次有給休暇の取得に際して移動に往復2日以上を費やすときは，1年に1回に限り，3日目以降の移動日も年次有給休暇とされる（113条6項）．

以上に加えて，労働者は① 自らの結婚に際して3日，② 実子または養子の結婚に際して1日，③ 父母，配偶者または子の死亡に際して3日の有給休暇を取得できるほか，祖父母または実の兄弟姉妹の死亡，父母または実の兄弟姉妹の結婚に際して1日の無給休暇を取得することができる．

6　労働災害

労働災害，通勤災害については，もっぱら労働安全衛生法（2015年）が定めている．職場で発生した災害や仕事中に発生した災害，または住居と職場との間の合理的な経路かつ妥当な時間帯による往復中に発生した災害が労働災害とされる（45条）．なお，同法はあわせて職業病についても規定している．

労働災害が発生したときは，使用者は応急措置を施し，症状固定までの医療費を清算（医療保険の自己負担分を負担．医療保険未加入者については全額を負担）しなければならない．また，被災労働者の休業期間中の賃金を補償するほか，被災労働者の過失割合と労働力の喪失割合に応じた賠償を行わなければならない．被災労働者が症状固定後に復職する場合は，指定医療機関の診断に基づき，その健康状態に応じた仕事に配置しなければならない（38条各項）．

労災保険料は使用者のみが負担し，毎月の納付額は社会保険料の計算根拠となる賃金総額の0.5％（一定の条件を満たす場合などについては0.3％）である（政府議定58/2020/NĐ-CP 4条各項）．

7　女性労働

（1）　賃金・労働条件の男女差別

使用者は，賃金の支払いにおける平等を保障しなければならず，同一価値労働について男女間で賃金額に差を設けてはならない（労働法典90条3項）．

（2）　生理休憩，育児休憩

女性労働者は，生理期間中は1日30分，12か月未満の子の養育中は1日60分，就労時間中に有給の休憩を取得することができる（労働法典137条4項）．生理休憩は1か月に最低でも3日にわたり取得することができる（政府議定145/2020/NĐ-CP 80条3項a）．

（3） 妊娠，育児中の労働条件

使用者は，① 妊娠7か月（僻地で就労する場合は6か月）以上の労働者，および② 生後12か月未満の子を養育している労働者（本人の同意がある場合を除く）に，深夜労働や時間外労働，または遠隔地での労働をさせてはならない（労働法典137条1項各号）．

重労働・有害危険業務や出産・育児に悪影響を及ぼす仕事に従事する女性労働者から妊娠している旨の申告があったときは，使用者は，生まれた子供が12か月になるまで，その労働者をより軽く安全な仕事に配置するか，賃金額を維持したまま毎日の労働時間を1時間減じなければならない（同条2項）．

使用者は労働者の結婚，妊娠，産休取得，12か月未満の子の養育を理由として解雇してはならず，妊娠中または12か月未満の子を養育中の女性労働者の雇用契約の期間が満了したときは優先的に新しい雇用契約を締結しなければならない（同条3項）．

妊娠中の女性労働者は，就労が胎児に悪影響を与える旨の医療機関からの証明書を得たときは，雇用契約を一方的に解約し，もしくは中断することができる（138条1項）．中断の期間は使用者との合意により決める（同条2項）．

（4） 産 休

女性労働者は，出産の前後6か月（ただし産前は2か月以内）の産休を取得することができる．多胎の場合は2人目以上1人につき1か月が加えられる（労働法典139条1項）．なお，少なくとも4か月以上の産休を取得した後は，医療機関からの許可を得て復職することができる（同条4項）．復職後の労働条件は従前と同じでなければならず，従前の仕事が存在しない場合には従前と同等以上の賃金の別の仕事に配置しなければならない（140条）．

（5） セクシャル・ハラスメント

現行労働法典（2019年労働法典）は，ベトナムの労働法典として初めて，職場におけるセクシャル・ハラスメントに関する概念規定をおいた（3条9項）．これによれば，「職場における，いずれかの人物（どのような立場の者か問わない）による，他者に対する性的な性質を有する行為であって，当該他者が望まないか，承諾しない行為」がセクシャル・ハラスメントにあたる．「職場」とは，使用者との合意またはその命令により労働者が実際に働くあらゆる場所を指す．行為者や被害者の性別は限定されていない．

8 年少労働

（1） 雇用契約

満18歳未満の労働者は未成年労働者とされ（労働法典第143条1項），雇用契約の締結に際して保護者の同意を要する（144条3項）．満15歳未満の場合は労働契約は書面により，本人およびその法定代理人と締結しなければならない（145条1項a）.

（2）職　種

満15歳以上満18歳未満の労働者については有害危険な一部の職種や職場での使用が禁じられ（労働法典143条2項，147条），満13歳以上満15歳未満の労働者については，雇用が許される職種（芸術表現，スポーツ選手，プログラミングなど）が労働傷病兵社会省の通達（09/2020/TT-BLĐTBXH）において限定列挙されている．満13歳未満の児童については原則として雇用が許されず，芸術，スポーツ分野において専門機関の同意を得た場合にのみ例外的に雇用することができる（労働法典145条3項）.

（3）労働時間

満15歳以上満18歳未満の労働者の労働時間の上限は1日8時間，週40時間であり（労働法典146条2項），芸術表現，スポーツ選手，プログラミングなど労働傷病兵社会省の通達（09/2020/TT-BLĐTBXH）が限定列挙する一部の職種についてのみ残業や深夜労働を行わせることができる.

満15歳未満の労働者については，労働時間の上限は，1日4時間，週20時間であり，残業や深夜労働は禁止されている（146条1項）.

（4）健康診断

満15歳未満の労働者については，少なくとも6か月に1回健康診断を実施しなければならない（労働法典145条1項c）.

9　労働組合・使用者団体

（1）基礎レベル労働者代表組織（基礎労働組合と事業体労働者組織）

社会主義ベトナムの独立と統一の過程においては，フランスなど外国勢力が資本家階級であり，ベトナム人民が労働者階級であるという状態が長く続いた．労働運動は，必然的に民族の独立および国家の統一のための闘いとして展開された．このような背景から，共産党とともに勝利を勝ち取り「歴史的正統性」を有するにいたったベトナム労働組合には，憲法上，ベトナムの全労働者を代表する特別の地位と権限が付与されている（10条）.

このようなベトナム労働組合の特別な位置づけを受けて，たとえば2012年労働法典（旧法典）においては，事業場に「基礎労働組合」（ベトナム労働組合の末端単位組織）が設立されたときは当該事業場のすべての従業員は（非組合員も含め）当該基礎労働組合により代表され，基礎労働組合が未設立の事業場については当該地区の上部組合が直接代表することとされていた（3条4項）.

ところが，ＴＰP11加盟などにともなう外的要因により，労働組合の自由設立を認める法改正が避けられなくなった．そこで，2019年労働法典（現行法典．2021年1月1日施行）では，「基礎レベル労働者代表組織」として，基礎労働組合の他に「事業体労働者組織」が規定され（3条3項），事業体に属する労働者にこれを設立し加入，活動する権利が認められた（170条2項）．設立と活動に際しては所轄国家機関への登録が必要となる（172条1項）．

「事業体労働者組織」については，労働関係における労働者の権利と合法で正当な利益の代表において既存のベトナム労働組合と平等である旨が規定されている（170条3項）．しかし，「事業体労働者組織」を「労働組合」とみなし得るか否かについては，今後の関係法制の展開などを見ながら検討する必要がある．もっとも，そもそも準国家機関である既存のベトナム労働組合を労働組合と見なすこと自体の是非についても別途検討が必要である．

なお，社会主義ベトナムにおいて結社の自由の取り扱いは非常にセンシティブな事柄であり，2016年には「結社法」の法案がいったん国会（第14期国会第2会期）に上程されたものの，取り下げられたまま現在に至っている．

（2） 使用者の代表組織

使用者側は，「合法に設立され，労働関係における使用者の権利と合法な利益を代表・擁護する組織」として「使用者代表組織」を設立し，これに加入し，活動する権利を有する（労働法典3条4項，6条1項b）．

（3） ベトナム労働組合のメンバーシップ

賃金労働者およびインフォーマルセクター労働者は，ベトナム労働組合規約に賛成し，自発的に単位労働組合につながり，規定どおり組合費を納入する限り，原則として誰でもベトナム労働組合に加入することができる（ベトナム労働組合規約1条1項）．ただし，民間セクターの経営陣（当該事業体の取引の締結権限を有する者），外国人，裁判所の判決により服役中の者など，ベトナム労働組合のガイダンス03/HD-TLĐが定めるいくつかの類型の労働者については，ベトナム労働組合の組合員となることができない（3条2項各号）．他方，国家セクターについては，当該事業体，機関などの所有者はあくまで国（すなわち全人民）であるため，社長などについても経営陣とはみなされず，ベトナム労働組合への加入が許されている．

なお，従業員の採用権限を有する民間セクターの管理職や，国家セクターの社長などは，基礎労働組合の主席を兼任することができない（同ガイダンス5条3項）．

（4） 事業体労働者組織のメンバーシップ

事業体労働者組織は，当該事業体で働くベトナム人労働者によって設立される（労働法典170条2項）．メンバーシップの範囲は当該事業体労働者組織の規約により定められるが，1つの事業体労働者組織に一般の労働者と管理職や人事担当者が同時に加入することはできない（174条1項c）．ただし，管理職や人事担当者が別途事業体労働者組織を設立し加入・活動することは許されるものと解される．

なお，国家の安全，人の自由などにかかわる一定の罪につき刑事訴追中，刑の執行期間中または犯罪歴が抹消されていない者については，事業体労働者組織の執行委員となることができない（173条２項）.

（５） 基礎レベル労働者代表組織の保護

使用者は，基礎レベル労働者代表組織（基礎労働組合または事業体労働者組織）の設立，加入または活動を理由として労働者を不利益に取り扱ってはならない（労働法典175条１項）．具体的には，加入，不加入ないし脱退を雇用条件とすること（同項a），解雇，雇止めないし配転（同項b），賃金，労働時間，労働関係におけるその他の権利または義務にかかる差別（同項c），基礎レベル労働者代表組織の活動を弱体化させるための介入や妨害（同項d）を行ってはならない．また，基礎レベル労働者代表組織の代表機能を無効化させるための利益供与や基礎レベル労働者代表組織間の差別的な取り扱いなどによる支配介入も禁止されている（同条２項）．政府は，基礎レベル労働者代表組織の役員が有給で任務にあたることができる最低時間数を規定する（176条２項）.

使用者は，基礎レベル労働者代表組織の役員を解雇または配転しようとするときは当該組織と文書で合意しなければならず，合意に至らないときは，省級人民委員会の労働機関に報告後30日を経てはじめて解雇，配転を決定することができる.

なお，労働組合法（2012年）の定めるところにより，あらゆる事業体は，基礎労働組合の設立のいかんにかかわらず，使用者負担分の労働組合費（全従業員の給与総額の２%）をベトナム労働組合に納付しなければならない（労働組合法26条２項，政府議定191/2013/NĐ-CP ５条）．ただし，現行労働法典（2019年）において事業体労働者組織の設立が認められたこととの調整方法については規定がない.

10　団体交渉・労働協約

（１） 団体交渉

団体交渉権は労使双方が有する．労働者側の権利主体は労働者個々人であり，労働者代表組織を通じて実現する（労働法典５条１項c）．使用者は労働者代表組織に対して団体交渉を請求する（６条１項c）.

団体交渉は，１または複数の労働者代表組織と１または複数の使用者ないし使用者代表組織との間で行われ（65条），原則として公開で行われなければならない（66条）．賃金，労働時間などの労働条件の他，労働者代表組織の活動条件や使用者との関係なども交渉事項となる（67条）.

基礎レベル労働者代表組織は，当該事業体の従業員の中から政府の規定する最低比率以上の構成員を獲得した場合に団体交渉請求権を獲得する（68条１項）．この条件を満たす基礎レベル労働者代表組織が事業体内に複数存在する場合は，構成員が最大の組織が団体交渉請求権を獲得する（同条２項）．事業体内に基礎レベル労働者代表組織が複数存在するがどの組織もこの条件を満たさない場合は，この条件を満たす連合体を形成して団体交渉を請求することができる（同条３項）.

労使のどちらかが団体交渉の開催を請求したときは，双方は７営業日以内に開催の日時と場所を打ち合わせ，使用者側の手配により請求の日から30日以内に開催し（70条１

項)，別に合意する場合を除き90日以内に終了しなければならない（同条２項）．労働者側の出席者は有給となる（同項）．また，労働者側から要求があったときは，使用者側は10日以内に必要な資料（経営・技術上の秘密に関するものを除く）を提供しなければならない（同条３項）．一方からの団体交渉の請求を他方が拒否した場合や，団体交渉が開催されたが所定期限内に双方が合意に至らなかったときは，労使紛争の解決手続に移行する（71条２項）．

産業別団体交渉および複数事業体による団体交渉の進め方は双方当事者の協議による（72条２項）．産業別団体交渉においてはベトナム労働組合傘下の産業別労働組合が労働者側代表となる（同条３項）．なお，複数事業体による団体交渉については，双方は合意に基づき，省級人民委員会に対して団体交渉評議会（双方が決めた評議会主席と双方の代表者および省級委員会の代表者他で構成）の設置を請求し，同評議会において団体交渉を行うことができる（73条各項）．

使用者側は，団体交渉の開催およびその後の労働協約の周知等にかかる経費をすべて負担しなければならない（89条）．

（２）　労働協約

労働協約は，団体交渉に参加した事業体で働くすべての労働者に対して適用される（労働法典78条２項）．これは，いわゆる拡張適用（一般的拘束力）ではなく，ベトナム労働法制における労働協約のそもそもの性質である．このことに由来して，事業体の労働協約は，その協約案について当該事業体の全労働者の過半数が賛成しなければ締結できない（労働法典76条１項）．また，産業別労働協約については参加各事業体の労働者代表組織における全役員の過半数が賛成しなければ締結できず，複数事業体については全労働者または全役員の過半数が賛成しなければ締結できない（同条２項）．

労働協約の期間は１年から３年の間で双方の合意により定められる（78条３項）．

なお，工業区，経済区などにおいて同分野，同業種の労働者または事業体の75％超が１つの産業別労働協約または複数事業体による労働協約の適用を受けるに至ったときは，使用者または労働者代表組織は所轄労働機関に対して当該地区における当該就業規則の全部または一部の拡張適用を申請することができる（84条１項）．

11　労働紛争処理

（１）　労働紛争の分類

労働紛争は個別的労働紛争と集団的労働紛争に大別される．個別的労働紛争は，労働者個人と使用者，派遣先，海外への送り出し組織等との間の紛争である（労働法典179条１項 a）．集団的労働紛争は，労働者代表組織と使用者またはその組織との間の紛争であり，権利に関する集団的労働紛争と利益に関する集団的労働紛争とに大別される（同項 b）．このうち，利益に関する集団的紛争は，団体交渉の過程において，または一方当事者が団体交渉を拒否し，もしくは団体交渉が法定期限内に終了しなかった場合に発生する（同条３項）．

（2） 窓　口

労働紛争処理の申し立ては人民委員会に属する労働に関する専門機関が窓口となり，当該紛争を分類したうえで，5営業日以内に，調停が必要なものは労働調停員に，労働仲裁評議会に仲裁を要求するものは労働仲裁評議会に事案を移送し，裁判所で解決する場合にはその手続きを説明する（労働法典181条）．

（3） 個別的労働紛争の解決手続

個別的労働紛争は，労働調停員（省級人民委員会委員長が任命，労働法典184条1項），労働仲裁評議会（省級人民委員会委員長が設置，185条1項）および裁判所の3段階により解決される（187条）．懲戒解雇または労働契約の一方的解約にかかる案件，労働契約の解約に際しての損害賠償や手当に関する案件，家事労働者と使用者との間の案件，社会保険，医療保険，失業保険または労災保険に関する案件，労働者と使用者との間の損害賠償に関する案件，および派遣労働者と使用者との間の案件を除く案件については，労働調停員による調停の前置が義務付けられている（188条1項各号）．労働調停員は案件を受け取った日から5営業日以内に調停を終結させなければならない（同条2項）．

調停が前置されない場合，調停が5営業日以内に終結しない場合，または不調に終わった場合，各紛争当事者は労働仲裁評議会または裁判所に対して紛争の解決を申し立てることができる（同条7項各号）．

労働仲裁評議会は，紛争解決の申し立ての日から7営業日以内に設置され（189条2項），設置の日から30日以内に仲裁判断を出す（同条3項）．労働仲裁評議会が7営業日以内に設置されない場合，または労働仲裁評議会の設置から30日以内に仲裁判断が出されない場合，各紛争当事者は裁判所に対して紛争の解決を申し立てることができる（同条4項）．

（4） 権利に関する集団的労働紛争の解決手続

権利に関する集団的労働紛争については，労働調停員による調停が義務付けられている（労働法典191条2項）．調停の手続きは個別的労働紛争の解決手続きについて見たところと同様である（192条1項）．労働法令の解釈ないし履行，または労働者代表組織の保護に関する紛争について違法行為が確認されたときは，労働調停員は当該案件を所轄機関に移送する（同項）．調停が5営業日以内に終結しないとき，または不調に終わったときは，各紛争当事者は労働仲裁評議会または裁判所に対して紛争の解決を申し立てることができる（同条2項各号）．

労働仲裁評議会は，紛争解決の申し立ての日から7営業日以内に設置され（193条2項），設置の日から30日以内に仲裁判断を出す（同条3項）．ただし，労働法令の解釈ないし履行，または労働者代表組織の保護に関する紛争について違法行為が確認されたときは，労働仲裁評議会は仲裁判断を出さず，当該案件を所轄機関に移送する（同項）．労働仲裁評議会が7営業日以内に設置されないとき，または労働仲裁評議会の設置から30日以内に仲裁判断が出されないとき，もしくは紛争当事者のどちらかが仲裁判断に従わないときは，各紛争当事者は裁判所に対して紛争の解決を申し立てることができる

（同条5項，6項）.

（5） 利益に関する集団的労働紛争の解決手続

利益に関する集団的労働紛争については，労働調停員による調停が義務付けられている（労働法典195条2項）．調停の手続きは個別的労働紛争の解決手続きについて見たところと同様である（196条1項）．調停が成立した場合の議事録には双方当事者と労働調停員が署名し，事業体における労働協約と同様の法的効力を持つ（同条2項）．調停が5営業日以内に終結しない場合，または不調に終わった場合，もしくは成立した調停内容を紛争当事者の一方が履行しないときは，各紛争当事者は労働仲裁評議会に対して紛争の解決を申し立てることができ（同項a），労働者代表組織についてはストライキの実施のための手続きをとることもできる（同項b）．

労働仲裁評議会は，紛争解決の申し立ての日から7営業日以内に設置され（197条2項），設置の日から30日以内に仲裁判断を出す（同条3項）．労働仲裁評議会が7営業日以内に設置されないとき，または労働仲裁評議会の設置から30日以内に仲裁判断が出されないとき，もしくは使用者側当事者が仲裁判断に従わないときは，労働者側当事者である労働者代表組織はストライキの実施のための手続きをとることができる（同条4項）．

12　ストライキとロックアウト

（1） ストライキ

利益に関する集団的労働紛争が労働調停員による調停や労働仲裁評議会による仲裁で解決されない場合において，ストライキの実施のための手続きをとる労働者代表組織は，全労働者または交渉に参加した各労働者代表組織の全役員から①ストライキの是非，②具体的な方法および要求内容案に対する意見を聴取し，過半数の賛成を得たときはストライキの実施を決定して，開始の5営業日前までに使用者，所轄の県級人民委員会および省級人民委員会に通告しなければならない（労働法典198条～202条）．

ストライキが決定された場合でも，ストライキに参加するか否かは労働者各人の自由である．ストライキに参加した場合は無給となり（207条2項），ストライキには参加しないが職場でストライキが行われたために休業せざるを得なかった者については，最低賃金額以上で使用者と合意する金額の賃金が支払われる（同条1項）．

国防，公共の安寧秩序，人々の健康の観点から，政府はストライキが禁止される職場のリストを規定する（209条各項）．また，国民経済，公共の利益，国防，公共の安寧秩序，人々の健康に重大な影響を与えるおそれが認められるときは，省級人民委員会主席は当該ストライキの延期または中止を決定する（210条1項）．

（2） ロックアウトの要件と保護内容

使用者は，ストライキのために通常の活動を維持できず，または財産を守ることができないときは，一時的に職場を閉鎖することができる（労働法典203条3項b）．ただし，ストライキ開始の12時間以上前およびストライキの中止以降に閉鎖してはならず（206条各項），閉鎖開始の3営業日前までに，ストライキを実施する労働者代表組織，所轄の県級人民委員会および省級人民委員会に通告しなければならない（205条各項）．

参考文献

香川孝三『ベトナムの労働・法と文化――ハノイ滞在記』信山社，2006年．

熊谷謙一『改訂増補版 アジアの労使関係と労働法』日本生産性本部 労働情報センター，2021年．

斉藤善久『ベトナムの労働法と労働組合』明石書店，2007年．

※2019年労働法典（現行労働法典）の和訳として，JETRO 訳45-2019-QH14-jp.pdf（jetro.go.jp）．

（斉藤善久）

第 15 章
ラ　オ　ス

1　ラオスの概要

ラオスはベトナム，カンボジア，タイ，ミャンマー，中国にかこまれた内陸国で，山間部が多く，平地が少ない．面積は日本の本州と同じくらいで，人口は2020年で約728万人であり，15歳から64歳までの労働力人口は約450万人とされている．熱帯モンスーンの気候帯に属し，農林水産業の従事者が72％を占めており，農業が中心の国ではあるが，鉱工業部門やサービス部門が少しずつ伸びてきている．

ラオスは1975年以来，人民革命党の一党支配が続く社会主義国であるが，1986年11月第４回党大会で「チェンターカンマイ」（新思考）が決議され，市場経済化を目指すことになった．2020年までに後発開発途上国を脱却することを目指してきたが，その実現は遅れそうである．しかし，海外からの投資が増加し，「タイプラス１」の製造業の拠点として注目を浴びつつあるし，東西経済回廊の建設による交通網の整備によって経済成長がなされてきている．特に中国から首都ビエンチャンまでの高速鉄道が2021年12月に開通したことにみられるように，中国から政治・経済面のサポートを受けているので，その影響が大きくなってきている．

労働法分野の制定法としては2007年労働組合法（2017年12月に一部改正）と2013年労働法が重要である．

2　労働市場法

ラオスの就職は多くが友人，親族の紹介によって縁故採用される事例が多い．フェイスブックやホームページを利用する事例も徐々に増加している．公的な職業紹介制度は確立されていない．日本のように学校が学生の就職のあっせんをすることは原則的にない．したがって，卒業後に求職活動をして仕事をみつけるのが通常である．労働法では就労の機会を増やすために，学校でのジョップ・フェア開催や農村から都市に移動しやすくするための仕組が定められている．さらに，民間の職業紹介事業の設立要件を定め，そこに職業紹介を認めているが，主にラオス人を海外に派遣する役割を果たしている．

経済開発を実現するためには人材育成が不可欠である．ラオスでは，就学率が向上し，初等教育の就学率は98.8％までに上昇し，それに伴って識字率も上がり基礎学力の向上もみられる．しかし，教育の質に問題があり，今後製造業の拡大を支えるためには中等教育の充実が望まれている．人材育成のために職業訓練機関の充実も望まれている．技能レベルを１級から５級まで定めて，それぞれの資格を取るための研修を実施し，有資格者の証明書を発行する仕組みを構想していることが労働法から読み取れる．

失業した場合，社会保障基金から失業手当が支給される制度がある．11.5%の保険料のうち，労使それぞれが1%ずつ負担して，失業前6か月の平均給与の60%が支給される．期間は保険料を支払った期間が12か月から36か月の場合3か月，37か月から144か月の場合6か月，145か月以上の場合12か月間給付される．2017年度には1032人が失業手当を受けていた．

3　労働契約

（1）労働契約の締結

労働契約は口頭または書面で締結することができる．ただし，一方または両当事者が法人または組織である場合は書面でなければならない．非識字者の場合，口頭で締結するときには録音することが認められている．書面の場合，契約を締結する場所，日付，署名または拇印が必要であり，村長または信頼できる双方の立ち合い人による最低3名の署名また拇印が必要となる．書面の労働契約書は公証役場に登録することができる．内容を明確にするためである．ラオス語が公用語であるが，それ以外の言語も使われており，どの言語を使うか決めなければならない．

労働契約には以下の事項を定めなければならない．使用者と労働者の氏名と住所，仕事の範囲や権利義務の内容，賃金とその支払方法，契約の期間，開始日と終了日，試用期間，福利厚生，労働日・休日・週休日，契約終了時に労働者が受けとる報酬，その他労使双方で必要と認める事項である．

試用期間は未熟練労働者の場合30日，熟練労働者の場合60日を超えることはできない．試用期間終了7日前までに本採用するかどうかの通知を書面で行わなければならない．試用期間中の賃金は本採用後の賃金の90%を下回ってはならない．試用期間であっても，未熟練労働者の場合3日，熟練労働者の場合5日の予告期間をおけば労働契約を解約することができる．

期間の定めのある契約の場合3年を超えることはできない．3年を超える場合期間の定めのない労働契約に転換される．期間の定めのある契約の場合，更新したい時には15日前に相手に予告し，60日以内に更新の手続をしなければならない．

（2）労働契約の終了・解雇

期間の定めのない労働契約を解除する場合，予告期間，一定の解雇事由，不当解雇事由に該当しないこと，監督官の許可，解雇手当の支払が必要となっている．

予告期間が不可欠であり，肉体労働（ブルーカラー）に従事する者は最低30日，頭脳労働（ホワイトカラー）に従事する者は最低45日となっている．この予告期間中に1週間のうち1日を有給で再就職先を探すことを使用者は認めなければならない（労働法85条）．

以下の労働者の責めに帰すべき事由がある場合，労働監督官の許可なく使用者は解雇することができる．故意に使用者の損害を与える場合，使用者から警告を受けながらも就業規則や労働契約に違反する場合，正当な理由なく連続4日以上労務提供をしない場合，禁固刑を受けて収監されている場合，他の労働者の権利を侵害する場合が列挙されている．この中で，2番目の就業規則や労働契約に違反する場合であっても労働者は賃金の全額を受け取ることができる（86条）．

以下の場合，監督官の許可を得れば，労働契約を解除できる．労働者に専門的技能が欠けている，健康状態が悪く，医師の診断書を受けて従事することが許可された業務にも従事することができない場合，経営の必要から人員整理が必要で労働組合または従業員代表または過半数を代表する労働者と協議のあと監督官に報告した場合である．

しかし，不当な解雇として解雇できない場合も例示されている．妊娠中や1歳以下の子どもを養育している女性，治療中でリハビリをうけている労働者，従業員代表や組合役員，法廷手続中の労働者，自然災害の被害者，年休中の労働者，使用者に苦情申し立て，または訴訟を提起している労働者である．ただし監督官の許可を得れば解雇することができる（87条）．

解雇が不当となる場合として，正当な理由のない労働契約の解約，解雇権の濫用に該当する場合，労働者や従業員代表から抗議を受けたにもかかわらず，使用者が労働契約に違反し，解決しようとせず，そのために労働者を退職させた場合が列挙されている（88条）．この場合，労働者は，原職復帰やその他の適切な業務の割り当てを求める権利を有する．

不当な解雇の場合，原職復帰または金銭的な救済（解雇手当金）の支払を行わなければならない．専門的技能が欠ける場合や健康悪化のために仕事に従事できない場合の解雇手当金は，解雇された月の前の月に支払われた額の10％に勤続月数をかけた額である．ただし，88条に基づく不当な解雇の場合，解雇された月の前の月に支払われた額の15％に勤続月数をかけた額が解雇手当金となる（90条）．

労働法で定めた解雇事由以外の理由で解雇できることを労働契約や就業規則で定めている場合には，あらかじめ労働契約や就業規則で解雇手当金の額を定めることが必要である．

期間の定めがある労働契約の場合，両当事者の合意または一方当事者が契約不履行の場合，契約解除ができる．不履行を行った当事者は一方当事者に損害賠償支払義務が発生する．

労働者側から退職を申し出る場合，解雇の場合と同じ予告期間を満たし，退職金の支払いを受けて退職することができる（83条）．健康状態が悪くて医師の証明によって新たな職務に就いたが，それを履行できない場合，使用者に申し出ていた改善がみられない場合，転勤によって職務を果たすことができず，それを従業員代表や村役場が書面によって証明する場合，使用者による妨害，横暴，性的ハラスメントがなされたり，それを放置する場合に退職することができる．

労働者が死亡した場合，労働契約は終了し，90条の補償金の50％を遺族に支払わなければならない．

4 就業規則

使用者は，就業規則制定を義務づけられている．使用者は，労働組合，従業員代表または事業所の過半数以上の労働者代表との協議を経て，労働管理局の承認を得る必要がある．就業規則はラオス語で作成されるが，それ以外の言語が使われている地域では地域の言語で作成することができる．外国人がいる場合は，その母国語に翻訳しなければならない．周知義務を果たすために事業所に掲示したり，印刷して配布しなければならない．

就業規則に記載する事項は，事業所の所在地，事業内容，始業時間と終業時間，休憩時間，食事時間，週休日，病気休暇やその他の休暇，労働安全対策，労働紛争解決手続，懲戒処分手続，福利厚生に関する事項である．労働法を管轄する労働・社会福祉省は「モデル就業規則」を作成しており，それに準じていれば労働監督局の承認を得やすい．

5 賃　　金

（1） 最低賃金制度

最大月26日勤務，週６日，１日８時間労働を前提とする基本給の最低限を定めるのが最低賃金とされており，その中に諸手当は含まれていない．ラオスの最賃は1991年以来，全国一律であり，月額で決められている．政労使の三者による審議会で検討し，首相が最終的に決定する仕組みになっている[1]．2018年５月１日から110万キープ（129ドル）が新しい最賃額である．ただし，労働環境が厳しい業務，放射線や感染症にさらされる業務，危険有害にさらされる業務，地下・水の中・高所での業務，非常な低温・高温での業務，常時振動する業務，へき地での業務の場合には最賃額に15％増しを最賃額とする．日給・時間給・出来高払・成功報酬の場合であっても，１か月の給与は最賃額を下回ってはならない．

最賃は労働者の生活の底上げを図ると同時に，ラオス企業の国際競争力を示す役割を果たしている．工業化する上で安い賃金によって外国企業の進出を引き付けてきたが，最賃が上がることによって東南アジアの他の国々との競争で，外国企業の誘致が厳しくなってきている．

（2） 賃金支払の原則

賃金は最低月１回支払われる．出来高払いの場合は２か月に１回以上支払われる．通貨または現物で支払うことができる．現物の場合は換算割合で計算された額が示されなければならない．出産，死産，流産，疾病，事故を理由として期日前に賃金支払いを求める場合，それが適切と判断されれば使用者はそれに応じることができる．この前払い分を次の賃金から控除するとき，支払い賃金額の２割を超えてはならない．

労働者の責めに帰すべき事由によって損害が発生した場合，賠償額を賃金から控除できるのは支払い賃金額の２割までである．

使用者の過失によって操業できない場合や自然災害や停電によって操業できない場合，休業手当として賃金額の少なくとも50%を支払わなければならない．企業が解散や倒産した場合，労働者の賃金は他の債権より優先して支払われる．

ボーナスの規定は労働法にはないが，労使の合意があれば支払う義務が使用者側に生じる．

所得税，社会保障基金，労働基金（労働技能向上，外国で働くラオス労働者やラオスで働く外国人支援のための基金）への掛け金を賃金から控除することが認められている．

使用者は賃金台帳に賃金の内容を記入し，労働者の受領の署名を得なければならない．

6　労働時間と時間外労働の割増率

（1）労働時間

労働時間は1日8時間，週48時間が原則とされる．身体に危険をおよぼす場合は監督官の許可を得れば，1日6時間，週36時間労働とすることができる．

（2）時間外労働

時間外労働が可能になるのは，事前に労使の合意があり，労働組合または従業員代表の事前の合意が必要とされている．

時間外労働は1日3時間，1か月45時間を超えることはできない．災害や不慮の事故が発生した場合や1か月45時間を超える場合には，労働組合や従業員代表の同意を得た上で監督官の許可が必要である．連続して4日以上の時間外労働を禁止している．

時間外労働の割増率が5通りある．労働日の午後5時から10時までの残業は150%，労働日の午後10時から午前6時（深夜勤務）までの残業は200%，祝日や週休日の勤務は250%，祝日や週休日の午後4時から10時までの残業は300%，祝日や週休日の午後10時から午前6時（深夜勤務）までの残業は350%になっている．支払いの基礎になる1時間の単価は月26日，1日8時間働いたものとして計算されることになっている．

時間外労働の規制は厳しい上に，割増率が高く設定されており，時間外労働を認めるより新たに人材を増やした方が人件費コスト面で使用者側に有利になるよう誘導している．

（3）休　憩

労働者は60分の昼食時間が認められている．さらに2時間働いたあと5～10分の休憩がとれるよう労働時間の配分をしなければならない．

（4）休　日

少なくとも週1日または1か月4日の休日が認められている．休日が日曜日である必要はない．

公休日として以下が認められている．建国記念日（12月2日），新正月（1月1日），国際女性の日（3月8日女性だけ），ラオスの正月（4月中の3日間），メーデー（5月1

日)，教師の日（10月7日教師だけ)，外国人労働者の場合，それぞれの建国の日．これ以外にも労使の合意によって休日とすることができる．宗教的伝統的慣習によってオークパンサー（雨安居明け)，タートルアン祭が休日とされる．

(5) 休　暇

年次有給休暇として，1年勤務した労働者に15日の年休が付与される．放射線や感染症にさらされる業務，有害物，化学物質を扱う業務，坑内や地下の業務，非常な高温や低温での業務等健康を害するおそれのある業務に従事する者には18日の年休が付与される．勤続年数が増加すると年休日数が増えるという制度は採用されていない．事前に使用者との合意で年休日を設定する手続が必要となる．使用者側の事情で未消化の年休が残った場合は，使用者が買い上げなければならない．労働者側の事情で年休を取得しなかった場合，未消化の年休の扱いについての定めが労働法にはない．そこで労使の合意や就業規則の定めによって決めることができると解釈されている．

医師の診断書を添えて使用者に申請すれば疾病休暇を有給でとることができる．月給制の労働者の場合，疾病休暇は年30日を超えることはできない．

個人的事情による休暇制度がある．家族の介護，家族の葬式，家族の結婚，出産や流産の場合，災害によって甚大な被害を受けた場合，その理由を証明できる書類を添付して，労働組合または従業員代表の合意を得た上で申請すれば3日間の休暇を有給でとれる．

7　女性労働者への配慮

(1) 女性労働者の処遇

2003年ラオス憲法では，性別による差別を禁止し（35条)，両性の平等の権利を定め（37条)，国，社会や家族によって女性の発展や進歩を奨励する政策によって女性の権利や利益を保護することを定めている（29条)．これを受けて「女性の地位向上および保護関連法」が2004年に成立している．これは男女平等を目指す基本法であり，政治的，経済的，社会的，文化的に，さらに家族関係の中で男女平等を求め，国，特にラオス女性同盟の役割が重要になっている．人身取引とドメスティック・バイオレンスにより被害を受ける女性の救済措置を定めている．そのために特別法（2014年女性および子どもに対する暴力防止法，2015年人身取引法）を制定している．タイに人身取引されて悲惨な労働条件のもとで労働させられたり，買春を強要される事例が起きている．

2013年労働法には，同一労働同一賃金の権利を女性に認め，就職や研修，技能向上面で女性であることによる差別を禁止している．採用手続中に妊娠の検査をすることが禁止されている．婚姻や妊娠中の女性に差別的な勤務条件を設定することが禁止されている．さらに婚姻や妊娠を理由に解雇することが禁止されている．従業員を募集するときに，正当な理由なく男性のみ募集という書き方は間接的差別の事例とされている．

男女の雇用上の格差は日本と比べても小さい．2021年版ジェンダー格差指数は156か国中で36位，フィリピンに続いてアジアの中では2番目に高いランクになっている．特に経済分野への女性の進出が世界1位にランクされている．年齢別の女性の労働力参加率のグラフを描くと台形型になっており，結婚・出産・子育て期に退職せず働き続けていることがわかる．

(2) 出産休暇

産前産後合わせて105日の休暇をとることができる．そのうち産後は42日以上取らなければならない．双子の場合は120日の休暇を取ることができる．出産の中には流産や死産も含まれている．妊娠中や1歳未満の子どもを育てる女性に深夜や休日勤務，危険業務（2メートルの高さでの業務，10キロ以上の重量物の扱い，連続2時間以上の立ち仕事）が禁止されている．これらの業務に従事していた場合，臨時的に適切な業務に転換させなければならず，その際に賃金を低下させてはならない．

(3) 育児時間

出産後1年以内の女性労働者は，1日1時間の授乳時間，子どもの予防接種のための休暇をとることができる．育児休業制度は普及していない．子育ては両親や親族で助け合って行っているケースが多いためであろう．

8 児童労働・年少労働

労働法上では，12歳以上14歳未満の者を身体，精神，健康面でマイナスにならないことや教育訓練を受ける妨げとならない範囲で，軽微な業務に従事させることを認めている．14歳以上18歳未満の年少労働者については残業および危険な業務，債務労働，人身取引，売春やポルノ製造，麻薬製造販売にかかわる業務を禁止している．

年少労働者については氏名，年齢，生年月日，業務開始日，業務内容を記載した記録を作成し，労働監査局や関係部局に提出しなければならない．

さらに2006年子どもの権利と利益保護法が制定されており，18歳未満の子どもに，ナイトクラブ，ホテル，レストランでの勤務禁止，麻薬や酒の使用のためのホテルの利用禁止，ポルノへの出演禁止，授業期間外でのゲームやギャンブル禁止が定められている．

2010年の調査では5歳から17歳までの人口約176万7000人のうち，26万5500人が働き，全体の15％を占めていた．そのうち9割が農林業に従事していた．悲惨な労働条件のもとで搾取されて働いていた者は17万8014人もおり，危険有害な業務に従事していた．これらの者は教育を受ける機会を失っていた．

9 障がい者

ラオスには独立後の内戦やベトナム戦争等の間に敷設された地雷や不発弾の爆発や交通事故によって障がい者が生まれている．2013年労働法の中で身体障がい者に職業技能を習得させ，就労の機会を与えるよう配慮することを定め，そのために2018年障がい者法を制定した．ここでは身体障がい者だけでなく，あらゆる障がい者を対象とし，障がいを理由とする差別を禁止し，教育職業訓練の提供，就職の促進，情報・公共輸送へのバリアフリー，社会福祉施設や介護の提供を定めている．予算不足のために十分な施策が実行されておらず，海外のNGOの支援に頼っている．

10　外　国　人

ラオス人の雇用を優先する原則があるが，肉体労働者の場合は全労働者の15％，頭脳労働者の場合25％を限度として外国人の雇用を認めている．政府によって大規模事業や重点事業がなされる場合はこの割合にこだわらない．

外国人は20歳以上で，適切な技術と専門レベルを有し，犯罪歴がなく，健康であることが求められる．雇用期間は12か月以下であるが，最大5年まで延長が可能である．経営者や専門家は別途考慮される．

外国人の雇用は労働・社会福祉省の許可が必要であるが，許可を得て，さらに労働ビザを取得すれば，1か月以内に外国人には労働許可証が発行される．

外国人はラオス人労働者と同等の取り扱いを受ける権利を有する．ラオスの法令や伝統的慣習を遵守し，ラオス人に技術移転を図る義務，納税の義務，期間終了後，労働許可証を返納してラオスを退去する義務を有する．

11　安全衛生と労災補償

使用者に安全衛生を保持する義務が課せられ，安全基準やリスクを定期的に点検し，最低年1回労働監査局に報告する．企業内で労働組合や従業員代表と協議して安全衛生に関するルールを作成する．責任者を選任し，さらに安全及び健康管理委員会を設置し，従業員の安全衛生研修を実施する．50人以上の労働者を雇用する事業所では最低1名の医療スタッフを配置し，50人未満の場合には医薬品を常備し，応急処置責任者を配置する．最低年1回の健康診断を実施する．危険業務や夜間業務に従事する者には年2回の健康診断を実施する．

資材の適切な配置，落下防止策，高所での作業の際のロープや安全ベルトの装着，足場の固定，照明設備，換気，騒音対策，有害化学物質の適切な管理，防具の配給等こまかに定められている．飲料水，食堂，休憩所，ロッカー，駐車場，男女別トイレ，洗面所，送迎バスの手配等も定められている．

ラオスでは国家労働安全衛生計画が設定されて2006年以降実施されているが，安全衛生を担当するスタッフの人材育成，監督業務の実施，労災や職業病の労働監査局への報告制度が十分に機能していない問題を抱えている．

2013年社会保障法によって設置された社会保障基金から労災・職業病への手当が支給される．治療が必要な場合その費用が社会保障基金から支払われる．治療やリハビリを受けていながらも働けない場合傷病手当が支給される．過去6か月間の平均給与の70％を最大6か月間支給される．退職している場合はその半額が支給される．

傷病手当の支給期間が終わっても労働能力の喪失が続いている場合，労働能力の喪失の程度によって8種類のカテゴリーに分けられ，それぞれのカテゴリー1～5までは障害手当，カテゴリー6～8には一時金が支給される．

12　労働組合と使用者団体

2007年成立した労働組合法は，労働組合法という名称が使われているが，実質的にラオスの労使関係の基本法となっている．この一部改正が2017年に国会で成立して2018年3月12日に公布された．この改正案は労働・社会福祉省から国会に提出された法案ではなく，ラオス労働連盟から提出された．この点に社会主義国の特徴を読み取ることができる．ラオス労働連盟はラオス女性同盟，ライス青年同盟等とともにラオス国家建設戦線を構成し，社会・大衆組織として社会主義体制を維持する母体となっている．このことから国会に法案を提出する権限が認められている．

ラオスの労働組合は4層の構造になっている．全国レベルのラオス労働連盟，県・中央直轄市レベル，郡・市レベル，最末端に労働単位レベル（企業や事業所レベル）で基礎労働組合と呼ばれている．基礎労働組合は労働単位に10人以上の労働者が雇用されている場合，結成することが義務づけられているが，組合員数100人未満までに限定されており，100人以上の場合は上位の郡・市レベルに位置づけられている．

基礎労働組合は企業別組合であり，活動を開始してから6か月経過した企業では設立が義務づけられている．10人未満の企業では複数の労働単位で組合を結成することができる．さらに労働単位に属さないフリーランサー，サービス事業者，農業従事者や学生は基礎労働組合の結成が認められている．この4層の労働組合以外の組合の結成は認められていない．ということは，ラオス労働組合連盟以外の組合を選択することはできない．組合選択の自由がないために，ILO87号・98号条約は批准されていない．

全国レベルのラオス労働連盟は，労働・社会福祉省のもとでの労働政策を立案するための政労使三者の審議会に労働代表として委員を出すことやILOに労働者側委員を派遣する権限が認められている．組織拡大，組合員への教育・広報，下部組合への助言・指導，友好関係を持つ国際組織との協力関係維持等が主要な役割である．大会はラオス人民革命党の大会に合わせて原則5年毎に開催されている．

組合員は18歳以上のラオス国籍を有する者でなければならない．外国籍の者は組合員資格を持たない．これは組合が社会・大衆組織として人民革命党の活動を支える役割をもっており，それを外国人に強制することは望ましくないと考えられているためである．しかし，性別，宗教，政治的地位，社会経済的地位，教育レベル，民族のいかんにかかわらず差別されてはならない．労働単位では管理職も組合員資格を有しており，公務員組合でも管理職や政府関係者も組合員資格を有している．組合は政府や企業と一体化している．組合役員は公務員として政府から給与が支給されている．ここに社会主義国の特色が表れている．

組合員は組合の方針や規則に従い，役員になるための投票権や被投票権を有する．組合の運営に意見を述べ，組合からの支援を受ける権利を有する．さらに労働単位の生産計画に参加し生産性向上に協力する．大衆組織の一員として政治活動に参加し，労働単位の中で昇進するにはラオス人民革命党の党員になって政治活動する方が有利になる．組合員は市民としての義務を果たすこと，違法行為をしないこと，組合員カードを利用して不正行為をしないこと，治安を乱したり騒乱をおこさないこと等が定められている．

組合費は正規労働者の場合，１か月5000キープであり，その60％が基礎労働組合，24％が郡レベル，9.6％が県レベル，6.4％が全国レベルの組合に割り当てられる．それ以外の経費は政府，外国からの支援によって賄われている．

組合の組織率は国有企業では100％であるが，民間企業や外資系企業では不明である．５～10％の間ではないかと推測されている．組合の組織化が義務づけられているが，まだそれが実現していなことを示している．

そこで従業員代表制度を組合のない労働単位に導入している．従業員が10人から50人の場合１名，51人から100人までの場合２名，それ以上は100人増加するごとに１名の従業員代表を増やしていく．従業員代表は選任されてから15日以内に労働単位を管轄する上位の組合の承認を得なければならない．もし，その労働単位に労働組合が結成されれば従業員代表は解任される．従業員代表は労働組合の役員と同じ役割をもっている．使用者と団体交渉して労働協約を締結し，労働単位内の規則の制定に意見を述べ，労使紛争において調停申請する権限を有する．従業員代表は労働組合の結成ができるように従業員の研修や動員をかけることができる点がユニークである．

使用者団体としてラオス全国商工会議所が1989年に設置されている．労働・社会福祉省のもとで労働政策・最低賃金を審議する政労使三者の審議会に使用者側委員を派遣している．

13　団体交渉・労働協約

基礎労働組合及び従業員代表に労働条件について使用者と団体交渉する権限が認められている．ただ使用者にそれに応じる義務は課せられていない．団交に応じることを強制する仕組は取られていない．そのために，組合の主要な活動が組合員の福利厚生やレクレーション活動に置かれている．しかし，団体交渉がなされるケースは存在している．団体交渉の結果，労働協約が書面で締結されるからである．

2012年段階の資料によれば，約１万8000の企業の中で250件の労働協約が締結されている．ラオス労働連盟での2018年２月のヒヤリングでは490件ぐらいの労働協約が登録されており，その多くが国有企業の事例であるという．労働協約は労働監査局に提出され，そこで法律上問題がないか，公正なものかどうかが確認されれば，両当事者および承認が署名をし，公証役場に登録される．ラオス労働連盟は「モデル労働協約」を作成しており，それに準拠した労働協約の締結を推奨している．

14　ストライキとロックアウト

社会主義国ではストライキやロックアウトを認める国と認めない国がある．ラオスでは，労働法上では一定の範囲でストライキを認めている．労働紛争手続中の労働者の労務不提供や使用者の労務受領拒否を禁じている．ただし，深刻な事態が発生する場合，三者機関が労務提供拒否や労務受領拒否に同意すれば，ストライキやロックアウトは可能になる．しかし，労働・社会福祉省ではストライキはおきていないとしている．したがってストライキ件数の統計は存在しない．社会主義国としての建前から言って，ストライキがおきることは認めがたいであろう．しかし，新聞報道では小規模ではあるが，集団的な労務提供拒否がおきている．ラオスの労働者は労働条件に不満がある場合，使用者と交渉して，まとまらなければストライキに至るというより，離職して労働条件にいいところに移っていくケースが多いので，ストライキという深刻な事態にならないのであろう．

15　労使紛争処理

労働法による労使紛争処理手続は以下のように定めている．当事者の話し合いによる解決がある．話し合いの提案がなされて15日以内に合意に至れば解決する．使用者と労働組合や従業員代表との団体交渉で30日以内に合意に至って労働協約を締結し，それが登録されればそれで解決に至る．それで解決しない場合，行政機関による調停がなされる．以下のように村，郡，県および直轄市，中央の４ランクに区分けされている．

村レベルでは労働単位以外で働く未登録の労働者や家事労働者や請負労働者にかかわる紛争を村の労働社会福祉係が調停を試みる．その調停が成功しない場合は郡レベルに紛争調査書が送られる．郡レベルでは，村レベルから上がってきた事件と，10人未満の労働者を含む労働単位での紛争を，郡の労働社会福祉事務所が調停を試みる．それが成功しない場合，紛争調査書が県および直轄市レベルに送られるとともにラオス人民裁判所に紛争を提起することができる．郡レベルから上がってきた事件と，10人以上99人以下の労働者を含む労働単位での紛争を，県および直轄市レベルの労働社会福祉局のもとで労働紛争解決委員会が調停を試みる．それが成功しない場合，労働社会福祉省に紛争調査書が送られるか，ラオス人民裁判所に提起することができる．県および直轄市レベルから上がってきた事件と100人以上の労働者を含む労働単位での紛争を労働社会福祉省のもとで労働紛争解決委員会が調停を試みる．それが成功しない場合，ラオス人民裁判所に提起することができる．

紛争は利益紛争と権利紛争に分けられている．利益紛争の場合，中央と県および直轄市に政労使による三者制の労働紛争解決委員会が設置されており，ここに付託する場合労使それぞれに１万キープが必要になる．調停手続中は労働者は労務提供しなければならない．使用者側が労働安全基準を遵守しない場合は労働者は労務提供を拒否でき，そのことを労働紛争解決委員会に通知しなければならない．逆に，使用者側は労働紛争解決委員会の許可がなければ労働者を作業場から締め出すことはできない．それによって労務提供できなかった労働者には賃金を支払う義務が生じる．

権利紛争の場合，ラオス人民裁判所に提訴できる．請求額が３億キープ未満の場合は地域人民裁判所，それ以上の場合は県または直轄市人民裁判所に提訴することができる．労働契約に関する紛争，労働契約解除をめぐる解雇手当金をめぐる紛争，労災における損害金をめぐる紛争，賃金をめぐる紛争等が取り扱われる．裁判の審理は20日以内に開始し，9か月以内に結審しなければならない．裁判所の決定がでてから15日以内に強制力を有し，それで最終的に解決される．

労働社会福祉省の発表によると2009～2014年の5年間に労働争議件数が254件あり，55%が調停で解決し，25%が取り上げられ，19%が裁判所に付託され，あとは未解決になっている[2)]．

注

1）香川孝三「ラオスの最低賃金の改訂問題」労働法律旬報1910号，2018年，4－5頁．

2）Thipmany Inthavong, Labour Disputes Settlement in Laos P. D. R.（2015年 Asian Society of Labour Law 第5回東京大会に提出された論文）．

参考文献

香川孝三「アセアン後発4か国における解雇法理」金子由芳編『アジアの市場経済化と民事法』神戸大学出版会，2019年，272-295頁．

労働政策研究・研修機構編（駿河輝和・北澤謙・香川孝三共著）『ラオスの労働・雇用・社会――日系進出企業の投資環境』労働政策研究・研修機構，2020年．

One Asia Lawyers Group/ 弁護士法人 One Asia『最新東南アジア・インドの労働法務』中央経済社，2021年，512-552頁．

（香 川 孝 三）

コラム②

アジア労働法とILO

ILOは1919年設立された労働諸問題を専門に扱う国際組織である．ILOの主な活動は国際労働基準をILO条約や勧告によって設定すること，労働にかかわる技術協力を提供すること，労働にかかわる調査研究活動を行うことである．

アジア諸国のほとんどの国がILOに加盟しており，ILOはアジア太平洋地域総局をバンコックに設置している．そこでアジア太平洋諸国の労働諸問題を管轄し，ILO条約批准の促進やそのための技術協力を実施している．４年毎にアジア太平洋地域会議を開催し，アジア地域におけるディーセントワークや持続可能な開発の推進をめぐる問題について討議している．

アジア諸国の労働法制定や改正においてILO条約が大きな影響を与えている．ILO

表１　中核的労働基準にかかわるILO条約の批准状況

国　名	87号	98号	29号	105号	100号	111号	138号	182号
バングラデシュ	1972	1972	1972	1972	1998	1972		2001
カンボジア	1999	1999	1999	1999	1999	1999	1999	1999
中　国					1990	2006	1999	2002
インド			1954	2000	1958	1960	2017	2017
インドネシア	1998	1957	1950	1999	1958	1999	1999	2000
日　本	1965	1953	1932		1967		2000	2001
ラオス			1964		2008	2008	2005	2005
マレーシア		1961	1957	1958	1997		1997	2000
ミャンマー	1955		1955					2013
ネパール		1996	2002	2007	1976	1974	1997	2002
パキスタン	1951	1952	1957	1960	2001	1961	2006	2001
フィリピン	1953	1953	2005	1960	1953	1960	1998	2000
シンガポール		1965	1965	1965	2002		2005	2001
スリランカ	1995	1972	1950	2003	1993	1998	2000	2001
タイ			1969	1969	1999	2017	2004	2001
ベトナム	2023 批准予定	2019	2007	2020	1997	1997	2003	2000

注：ILOの８条約ごとの批准した年を表示．87号と98号は結社の自由，29号と105号は強制労働廃止，100号と111号は差別禁止，138号と182号は児童労働廃止．

出所：ILO NORMLEX, Ratifications of fundamental conventions by country.

条約を批准すれば，それに違反しないように労働法を制定・改正をしなければならない．制定・改正の際に ILO の技術援助によって助言を得ている．ただアジア諸国の ILO 条約の批准状況はヨーロッパ諸国と比較して低い．特に中核的労働基準を定める8つの ILO 条約は批准をしていなくても遵守することが ILO 総会で決議されており，重要な条約となっているが，表1のように批准率が100%にはなっていない．

アジア地域では児童労働や人身売買という悲惨な労働形態が見られ，それらを撲滅するための技術協力がなされているし，最近では「アジアにおける責任あるサプライチェーン」プロジェクトのように多国籍企業とそのサプライチェーンの活動において，責任ある企業慣行の推進を目指す活動にも ILO が乗り出している．これは国連が進めている「ビジネスと人権」をめぐる行動規範の遵守にもつながってきている．

（香 川 孝 三）

索　引

《執筆者紹介》（執筆順，＊は編著者）

＊香川孝三（かがわ　こうぞう）［はしがき，第1・6・7・8・10・11・12・15章，コラム1・2］
神戸大学名誉教授・大阪女学院大学名誉教授
主要業績
『インドの労使関係と法』（成文堂，1986年）
『マレーシア労使関係法論』（信山社，1995年）
『グローバル化の中のアジアの児童労働』（明石書店，2010年）

新谷眞人（あらや　まさと）［第2章］
日本大学法学部特任教授
主要業績
『市民社会の変容と労働法』（共著，信山社，2005年）
「韓国における非正規労働者と労働組合——労働法学の視点から」（アジア法研究第5号，2011年）
『労働契約論の再構成——小宮文人先生古稀記念論文集』（共著，法律文化社，2019年）

根岸　忠（ねぎし　ただし）［第3章］
高知県立大学文化学部准教授
主要業績
「台湾における外国人労働者受け入れをめぐる法規制」（季刊労働者の権利328号，2018年）
「台湾における外国人介護労働者の労働条件保護——労働条件保護のあり方をめぐる議論の検討をとおして」（問題と研究49巻1号，2020年）
「家事使用人の労働条件保護はどのようになされるべきか——台湾における家事労働者への労働法適用をめぐる議論の検討をとおして」（日本労働法学会誌133号，2020年）

神尾真知子（かみお　まちこ）［第4章］
日本大学法学部特任教授
主要業績
「フィリピン労働法——歴史と法理」（季刊労働法174号，1995年）
「フィリピンの女性労働とジェンダー——海外就労を中心に」（季刊労働法260号，2018年）
「フィリピンの女性労働におけるジェンダーと階層」（アジア法研究2018年号）

吉田美喜夫（よしだ　みきお）［第5章］
立命館大学名誉教授
主要業績
『タイ労働法研究序説』（晃洋書房，2007年）
「タイにおける非正規労働者の法的保護」西谷敏先生古稀記念論集『労働法と現代法の理論〔下〕』（日本評論社，2013年）
「タイ「労働関係法」改正法案の概要と特徴」（労働法律旬報1941号，2019年8月上旬号）

イク　ファリーダ（Ike Farida）［第9章］
ファリーダ法律事務所代表，一橋大学非常勤講師
インドネシア労働法コンサルタント協会創設
主要業績
「Perjanjian Perburuhan（労働契約）」（インドネシア大学法学部出版部，2013年）
「Kewarganegaraan di Indonesia（インドネシアの国籍法）」（インドネシア大学プレス，2016年）
「Hukum Kerja Outsourcing di Indonesia（インドネシアの労働派遣法）」（インドネシア大学プレス，2017年）

鬼　正一（おに　しょういち）［第９章］
ファリーダ法律事務所顧問，日本ムスリム協会ジャカルタ支部代表

烏蘭格日楽（おらんげれる）［第13章］
京都女子大学法学部教授

主要業績

「中国法における解雇の金銭解決——経済補償金について」（季刊労働法252号，2016年）
「中国労働法における『同一労働同一賃金』原則に関する基礎考察」（季刊労働法257号，2017年）
「中国における女性の就労と妊娠・出産に関する法制」（京女法学20号，2021年）

斉藤善久（さいとう　よしひさ）［第14章］
神戸大学大学院国際協力研究科准教授

主要業績

『ベトナムの労働法と労働組合』（明石書店，2007年）
「ベトナムにおける『労働力輸出』産業の実態と問題点」（季刊労働法248号，2015年３月）
「技能実習生・留学生への入管の対応と問題点」（特集：コロナ危機と労働法）（季刊労働法271号，2020年12月）

アジア労働法入門

2022年 3 月10日　初版第 1 刷発行　　＊定価はカバーに表示してあります

編著者　香　川　孝　三©
発行者　萩　原　淳　平
印刷者　江　戸　孝　典

発行所　株式会社　晃　洋　書　房
〒615-0026　京都市右京区西院北矢掛町 7 番地
電話　075（312）0788番㈹
振替口座　01040-6-32280

装丁　尾崎閑也　　印刷・製本　共同印刷工業㈱
ISBN978-4-7710-3599-7